JN097820

Marketing Research

マーケティング・リサーチに従事する人のための
データ分析・解析法

多変量解析法と継時調査・時系列データの分析

（一社）日本マーケティング・リサーチ協会
監修

島崎 哲彦
編著

中山 厚穂
大竹 延幸
鈴木 芳雄
著

学 文 社

はじめに

本書と前編の『マーケティング・リサーチに従事する人のための調査法・分析法―定量調査・実験調査・定性調査の調査法と基礎的分析法―』は，（一社）日本マーケティング・リサーチ協会が2014～2019年にマーケティング・リサーチ従事者の教育のために遂次開講した講座のテキストを加筆・修正・再編集して刊行したものである。

1．『マーケティング・リサーチに従事する人のための調査法・分析法―定量調査・実験調査・定性調査の調査法と基礎的分析法―』（2020年３月刊行）
（１）「マーケティング・リサーチ基礎講座（Ⅰ）マーケティング・リサーチの定義と調査設計から実施まで」
（２）「マーケティング・リサーチ基礎講座（Ⅱ）データ入力，集計から報告書作成まで」
（３）「テスト・実験調査基礎講座」（2019年未開講）
（４）「定性調査入門講座」

2．『マーケティング・リサーチに従事する人のためのデータ分析・解析方法―多変量解析法と継時調査・時系列データの分析―』（本書）
（１）「マーケティング・リサーチ応用講座（Ⅰ）予測要因分析」
（２）「マーケティング・リサーチ応用講座（Ⅱ）構造分析」
（３）「マーケティング・リサーチ応用講座（Ⅲ）時系列分析」

本書は，上記２のテキストを再編集したものである。本書の内容は，実務経験４～５年程度で，前掲の『マーケティング・リサーチに従事する人のための調査法・分析法―定量調査・実験調査・定性調査の調査法と基礎的分析法―』に記載した調査法・分析法の基礎的知識を習得した人を対象に，よく利用される調査データの高度な分析・解析法の習得を目標に編集している。また，読者の理解促進のために，事例を数多く用いている。したがって，これから多変量解析や時系列データの分析を学ぼう，用いてみようとする人びとにも，理解できる内容となっている。

本書で分析・解析法を学ぼうとする人は，まず調査法・分析法の基礎的知識を『マーケティング・リサーチに従事する人のための調査法・分析法—定量調査・実験調査・定性調査の調査法と基礎的分析法—』によって整理・体系化した上で，本書にとりかかることをお勧めする。

この２冊を活用することで，マーケティング・リサーチ従事者が幅広いリサーチの知識を習得し，リサーチの企画能力，リサーチの実施能力，リサーチ・データの分析能力を向上し，多くのリサーチ課題を解決していくことを期待している。

また，本書は（一財）統計質保証推進協会統計検定センターが実施する「統計調査士」，「専門統計調査士」の資格試験出題の参照基準にも対応しており，これらの資格取得を目指す人びとにも是非お勧めしたい。

なお，本書のみでは理解が不足する方には，（一社）日本マーケティング・リサーチ協会が開講する公開講座の受講をお勧めする。

最後に，本書出版にあたって各種データをご提供くださった企業・団体の方がた，データを利用させていただいた官公庁等の方がたと，出版をお引き受けいただいた（株）学文社の田中千津子社長に篤く御礼申し上げる。

2020年３月

（一社）日本マーケティング・リサーチ協会
ＨＲマネジメント委員会教育分科会
担当理事　渡邊久哲
前担当理事　大竹延幸
顧問・編者　島崎哲彦

目　次

第Ⅰ部　データの基礎知識—質問・回答形式とデータ分析—

第Ⅱ部　相関と分散分析

第Ⅲ部　予測要因分析

第Ⅳ部　構造分析

第Ⅴ部　継時調査と時系列データの分析

第Ⅰ部

データの基礎知識

―質問・回答形式とデータ分析―

多変量解析では，n 人（個）のサンプルそれぞれに対し p 個の変数（変量）が観測されている $n \times p$ の形式の多変量データを対象に分析を行う。そこで，まずデータの基礎知識について，さらにマーケティング・リサーチにより収集されたデータを扱うので，調査票（質問，回答形式）とデータ分析の関係について説明する。データについては，「JIS X0001情報処理用語（基本用語）1994改正，01.01.02データ」（日本産業標準調査会）では，データを「情報の表現であって，伝達，解釈又は処理に適するように形式化され，再度情報として解釈できるもの。（備考１）データに対する処理は，人間が行ってもよいし，自動的手段で行ってもよい」と定義している。即ち，データは「処理可能なように形式化され再度解釈ができるもの」である。

 測定（数量化）と尺度

数値でデータを得るには，測定という操作が必要となる。測定は「ある規則に従って対象の持つ特性に数値を割り当てること」と定義される（池田央，1980）。

対象の持つ特性に数値を割り当てることによる問題点として，次の点があげられる。マーケティング・リサーチを含め調査では，一般的には測定の対象に対し測定装置を用いた直接測定ではなく，測定しようとする対象と密接に関連すると思われる測定可能な対象（操作的定義，操作概念）によって代表させ，それをもって測定とみなす間接測定が大半である。そこで，測定しようとする対象を正しく測定しているかが重要である。そのため，測定では妥当性と信頼性が重要となる（青井和夫，直井優，1983）。

妥当性：測定しようとする対象（特性）を測定しているか。

信頼性：繰り返し測定しても同様の結果が得られるか。

こうした問題点がある一方で，数量化には，次のような利点がある。

正確性：あいまいさを排除し客観的な記述が可能になる。

要約性：簡潔な表現でデータ全体の特徴・傾向を記述することが可能になる。

比較性：他のデータと比較が可能になる。

統計処理が可能：分析結果に基づいて，客観的で合理的な結論を導くことが可能になる。

測定するためには，尺度が必要となる。身長や体重などは量的な基準が明確であり，既に尺度が存在している（直接測定が可能であり，身長計や体重計を使う。測定単位は分析・測定者が決める）。一方，基準が必ずしも明確でない間接測定では，尺度を作成した上で測定することになる。例えば，ある商品の購入意向を測定しようとした場合，既存の尺度がないので尺度を作成する必要がある。商品の購入意向の測定には，さまざまな尺度が考えられる。そこで，重要なのが尺度の妥当性と信頼性であり，課題解決に必要な尺度を作成することである。

ちなみに，測定と尺度について『大辞林』では，次のように記述されている。

測定：長さ・重さ・速さなど種々の量を器具や装置を用いてはかること。直接行う方法と，理論によって間接的に行う方法とがある。また，広く自然や社会の現象を記述するため，一定の規則に従いその対象の量に数値をわりあてることをいう。

尺度：（１）物の長さをはかる道具。ものさし。（２）長さ。寸法。（３）物事の評価をしたり，判断を下すための規準・標準。

簡略に表現すると，尺度とは測定対象に対し数値を対応させるための規準である。

データの種類

(1) データの種類（データの尺度水準）

測定対象に対し数値を対応させるための規準として広く用いられているのは，Stevens, S.S. によって提案された尺度水準である。Stevens は４つの尺度水準を提案し，また高位の水準は低位の水準に変換が可能としている（Stevens, S.S. 1946）。データ分析は，この尺度水準に依存している。そのため，適応しようとするデータ分析方法に応じた尺度水準で測定する必要がある。また，質問ごとの回答形式と関連付けて理解することも重要である。

Stevensの尺度水準は，表Ⅰ－２－１に示すように大きく質的データと量的データに大別し，さらにそれぞれ2水準に分類している。

表Ⅰ－２－１　Stevensの尺度水準

		尺度の意味（情報）	代表的な統計量	演算	例
質的データ	名義尺度	排他的分類	度数，最頻値，連関	不可	性別
	順序尺度	順序（単調性）	中央値，５数要約，順位相関係数	不可	成績順位
量的データ	間隔尺度	測定値間の間隔	平均値，分散，積率相関係数	加減算	気温
	比例尺度	比	幾何平均，調和平均，変動係数	四則演算	価格

① 名義尺度

排他的分類だけに意味がある。質問の回答選択肢に付されたコードは分類だけの意味をもち，数値としての意味はない。そのため計算をすることはできない。基本的にコードごとの度数（反応数）をカウントする。主に利用される統計量は，度数（反応数，応答数），最頻値，連関などである。

例：性別（「１．男性」，「２．女性」），未既婚（「１．未婚」，「２．既婚」，「３．離死別」），国籍（「１．日本国籍」，「２．日本国籍以外」）等。

② 順序尺度

大小，優劣，強弱などの順序に意味があり，測定値間の差（間隔）に意味はない。そのため，計算することはできない。主に利用される統計量は，名義尺度で利用可能な統計量に加え，中央値，５数要約，順位相関係数などである。

例：製品Aの満足度（「１．満足」，「２．まあ満足」，「３．どちらともいえない」，「４．やや不満」，「５．不満」）等。

製品満足度を評定尺度で測定した場合，評定尺度は本来順序尺度であるが，マーケティング・リサーチでは便宜上間隔尺度とみなしてデータ分析することがある（詳細は「Ⅰ－４調査票の設計とデータ分析」を参照）。

③ 間隔尺度

測定値間の差（間隔）に意味がある。ただし，原点（０）は任意であり，「無し」を意味しない（０もひとつの測定値）。このため，加減算だけをすることができる。主に利用される統計量は，順序尺度で利用可能な統計量に加え，算術平均，分散（標準偏差），積率相関係数などである。

例：気温（摂氏：℃，華氏：°F），偏差値，西暦等。

④ 比例尺度

原点（０）が「無し」をあらわし，基点の意味をもつ。このため，測定値間の比を計算することができる（四則演算が可能）。ほとんどの統計量を計算することができる。

例：価格，年収，身長，体重，血圧等。

間隔尺度と比例尺度の違いを具体例で説明する。気温が20℃から30℃になった時，気温が1.5倍になった，あるいは50％上昇したとはいわず，気温は10℃上がったという。20℃から30℃になった時も，０℃から10℃になった時も，ともに気温は10℃上がったということになる。一方体重は，50kg から60kg になった時は10kg 増で20％増，100kg から110kg になった時は10kg 増で10％増という。同じ10kg 増だが前者は20％増に対し，後者は10％増と比を計算することができる。

(2) 離散量と連続量

値は，そのとり方により離散量と連続量に分けられる。

① 離散量（離散的データ）

値が飛び飛びの値を取る。例えば人数は，１人，２人，３人……n 人であり，１人と２人の間の値はとらない。

② 連続量（連続的データ）

値と値の間が連続的に変化し，論理的にはその値は無限である。例えば，身長の175cm と176cm の間は無限にその値をとる。

(3)　1次データと2次データ

①　1次データ

1次データとは，調査ニーズをもつ人が自ら調査企画，調査票設計を行い，実査によりデータ収集を行った場合のデータをいう。

②　2次データ

2次データとは，分析者が自ら調査企画，調査票設計を行わず，実査によりデータ収集を行っていない場合のデータをいう。例えば，食品の購買行動を総務省が実施した家計調査のデータを利用して分析する場合，調査票の企画・設計，データ収集のための実査は総務省によって行われている。あるいは，自社で数年前異なる担当者が食品の購買行動調査を実施して得たデータを再分析した場合，自社内ではあるが異なる担当者により企画・実施されている。このようなデータを2次データという。

(4) データの相と元

データの相はひと組の対象を意味し，元は相が合計で何個組み合わされているかをあらわしている。例えば，下記のようになる。

単相2元データ：満足度調査の項目別満足度間の相関係数行列（調査項目×調査項目）

2相2元データ：都道府県別のスマートフォンの普及率（調査項目×都道府県（標本））

2相3元データ：項目別満足度間の相関係数行列3年分（調査項目×調査項目×年次）

3相3元データ：ブランドイメージ調査3年分（調査項目×サンプル×年次）

通常は一般化して，M個の相とN個の次元をもつデータをM相N元データ（$M \leqq N$）と呼ぶ。（アラビ, P., キャロル, J. D., デサルボ, W. S., 1987＝1990）

(5)　構造化データと非構造化データ

データが構造化されているか，いないかという分類がある。構造化データにはさまざまな定義の仕方があるが，ここでは簡単に行と列に整理されたデータとしておく。質問紙法により収集されたデータは，行に標本，列に調査項目という形でデータ入力されるので，構造化データである。データ分析では，これまでこうした構造化データを分析対象としてきた。

一方，行と列という概念を持たないデータがある。例えば，自分で出した10回分のメールの文章は，行列形式に整理されていない。写真や絵といった画像も同様である。こうした非構造化データを構造化することで，データ分析を可能にしようという研究が進んでいる。例えば，画像認識や分類で良好な結果を出しているCNN（畳み込みニューラルネットワーク）では，画像を「高さ×幅×チャンネル」の行列形式にデータを構造化することで，データ分析を可能としている。あるいはSNSやE-mailの分析で利用されることがあるRandom ForestやSVMも同様に，SNSやE-mailの内容を構造化することで統計解析を可能にしている。非構造化データの構造化とは，どのような規則性をもたせるかということである。このような研究がさらに進むことで，データ分析の可能性が広がっていくであろう。

データセットの種類

調査法は，調査設計によって「横断的調査」,「比較調査」,「縦断的調査」,「パネル調査」に大別され，そこから得られるデータは大きく異なる。どのような調査設計でデータを収集するかにより分析できる内容が異なるため，分析の目的・課題に沿ったデータ収集が必要である。以下，得られるデータセットについて説明する。

横断的調査で得られるデータは横断的データ（クロスセクションデータ）と呼ばれ，単一の調査母集団に対し一時点（一回限り）で実施された調査から得られるデータである。何らかの層別に収集したデータであり，層別あるいは属性による差違を分析することを目的としている。

比較調査は調査時点が一時点（一回限り）で，複数の調査対象集団に対し実施されるので，データは複数の横断的データ（クロスセクションデータ）となる。比較調査は，調査対象集団間での意見や態度の分布の違いを分析することを目的としている。

縦断的調査で得られるデータは縦断的データ（時系列データ）と呼ばれ，異時点で反復して実施された調査から得られるデータである。似た調査方法にパネル調査がある。パネル調査も，同一の調査対象者に対して，異時点で反復して実施される調査で得られるデータは，パネルデータと呼ばれる。一方，縦断的調査は異なる調査対象に対し実施される。縦断的データ（時系列データ）は，同一の項目について継続的に収集したデータであり，時間の経過による調査対象集団の変化を把握することを目的としている。一方パネルデータは，同一の標本について継続的に収集したデータであり，調査対象の意見や態度がどのように変化をしたか，かついかなる要因が変化をもたらしているかを明らかにすることを目的としている。他方，横断的調査（横断的データ），比較調査は，調査対象の意見や態度の変化とその要因，調査対象集団の変化を分析することはできない。横断的調査，比較調査は記述的，縦断的調査，パネル調査は説明的といわれる所以である。（青井，直井，1983）

④ 調査票の設計とデータ分析

データ分析は尺度水準の制約を受けるので，回答形式と尺度水準の対応を理解する必要があり，その上で調査票を設計する必要がある。表Ⅰ－4－1にその対応関係を整理しておく。

二項分類型，多項分類型（多項分類型は，カテゴリー一つひとつが二項分類型であり，その集合ということになる）は名義尺度である。このため，度数分布，最頻値，２変数間の関連の測度である連関（クロス集計）などといったデータ分析が主な分析手法である。グラフ化による分析も，離散量であるから棒グラフが中心となる。

ただし，名義尺度のデータはダミー変数化することで，量的データとして取

表Ⅰ－4－1　回答形式と尺度水準

質問例	回答形式		尺度水準	回答形式	尺度水準
未既婚	二項分類型		名義尺度		
商品購入理由	多項分類型	SA，MA，LA	名義尺度		
製品満足度	評定尺度型		順序尺度	間隔尺度と見做すことがある	
ブランド選好度	ランキング		順序尺度		
年収，購入金額	数量型		比例尺度	尺度型	順序尺度
身長，体重	数量型		比例尺度	尺度型	順序尺度
出勤時刻	数量型		間隔尺度	尺度型	順序尺度

り扱うことができる。ダミー変数化した変数間で積率相関を計算することは，不適である点に留意する必要がある。したがって，主成分分析や因子分析といった積率相関係数（分散共分散）行列を分析する手法には不適ということになる。

評定尺度型は，基本的には順序尺度である。下記に例を示す。

1．満足　2．まあ満足　3．どちらともいえない　4．やや不満
5．不満

この場合，満足度の程度について，1＞2＞3＞4＞5という順序性は満たされている。しかし，1と2，2と3，3と4，4と5の間隔がそれぞれ1という仮定は満たされない。また同じ刺激（質問）に対し，同じ回答選択肢（評定尺度）を呈示した場合の回答規準は個人間で異なるだけでなく，個人内でも異なる。こうした点から，四則演算になじまないとされている。順序尺度を分析するには，下記の3通りの扱い方がある（狩野裕，三浦麻子，2002)。

(1) 連続変数とみなす。
(2) 多分相関係数（polychoric correlation coefficient)，多分系列相関係数（polyserial correlation coefficient）を使う。
(3) 多項分布に基づく方法

(1) の方法は，従来の簡便的，妥協的方法である。(2) は「R」には関数

が実装されており，適応可能な方法である。実際に積率相関係数と多分相関係数を計算してみると，確かにその値が大きくなることが確認できる。ただし，多分相関係数で因子分析を実行したとしても，因子構造は大きく変わらない。あくまでも，統計的な厳格性を担保することを意味している。では，実際にはどうすればよいのかについて，狩野・三浦は，２値データは（2）か（3）の方法を適用する，３ないし４件法（段階）はグレーゾーン，５件法（段階）以上だと連続量とみなせるとしている。さらに順序尺度の観測変数を連続変数とみなす場合は，質問項目に工夫を凝らし，分布に大きな偏りを生じないようにするとしている（狩野，三浦，2002）。経験的には，製品やサービスの重視度，満足度，評価の測定で，分布に偏りが生じる可能性が高くなる傾向がある。

評定尺度は，データ分析にあたって尺度水準を順序尺度とするか，間隔尺度とするかにより，適用する解析法が異なる。表Ⅰ－４－２に検定法，表Ⅰ－４－３に多変量解析法を例示する。

表Ⅰ－４－２　尺度水準と検定法

	間隔尺度	順序尺度
基本統計量	平均値，分散	中央値，四分位範囲
t 検定（対応なし）	t 検定（ウエルチ検定）	ウイルコクスンの順位和検定
t 検定（対応あり）	t 検定	ウイルコクスンの符号順位検定
分散分析（対応なし）	分散分析（ANOVA）	フリードマン検定
分散分析（対応なし）	分散分析（ANOVA）	クラスカル・ウォリス検定

表Ⅰ－４－３　尺度水準と多変量解析法

	目的変数	説明変数	
		間隔尺度以上	順序尺度以下
相関係数	－	積率相関係数	多分相関係数（ポリコリック相関係数）
予測要因分析	間隔尺度以上	重回帰分析	ダミー変数による重回帰分析，数量化Ⅰ類
予測要因分析	名義尺度	判別分析	ダミー変数による判別分析，数量化Ⅱ類
構造分析	－	主成分分析	簡便法，多分相関係数の利用
構造分析	－	因子分析	簡便法，多分相関係数の利用
構造分析	－		数量化Ⅲ類，コレスポンデンス分析
MDS	－	計量的方法	非計量的方法

多変量解析を行う場合，まず解析対象となる各変数の基礎的な分析の情報（分布，基本統計量，２変量間の関連等）を出力し，必要に応じてリ・カテゴリー，ダミー変数化，中心化，標準化，対数変換などのデータの加工や変換を考慮する手順を踏む。

第Ⅱ部

相関と分散分析

第Ⅱ部では，「多変量解析」の解説の前段として，「相関」と「分散分析」を取り扱う。相関にかかわる各種の相関係数と分散分析は，それら単独でデータ分析の手法として用いられる。さらに，「相関」は，「構造分析」では説明変数間の関係を分析する基礎的手法であり，「予測要因分析」では目的変数（従属変数，外的基準，被説明変数ともいう）と説明変数（独立変数ともいう）との関係，複数の説明変数間の関係を見極める重要な要素である。また，「分散分析」は，各種の多変量解析の結果の妥当性と信頼性を確認する手法として利用されている。

1　相　関

(1) 相関関係とは

① データの分類（尺度）

データは，質的データと量的データに大別される（「表Ⅱ－1－1」を参照)。このデータ区分は，適切なデータの分析方法を選択する上で極めて重要である。

データを取り扱う際には，名義尺度なのか，順序尺度なのか，間隔尺度とみなすことができるのかなど，どのようなデータを扱っているのかを吟味，判断しなければならない。

表Ⅱ－1－1　データの型の種類とその特徴

データの型	データの尺度	データのもつ情報	例
質的データ	名義尺度	違いのみ	性別，未既婚
	順序尺度	大きさの比較が可能	順位，選好度
量的データ	間隔尺度	足し算や引き算が可能	気温，偏差値
	比例尺度	掛け算や割り算が可能	長さ，重さ

質的データは性別（男性か女性）や未既婚（未婚か既婚）の分類といった排他的分類と，野球やサッカーのリーグ戦の順位やブランドの好きな順をあらわすようなカテゴリーで表現されるデータであり，名義尺度と順序尺度の2つの尺

度が含まれる。

- 名義尺度は，性別や未既婚に振られたコード（1．男，2．女）のように，違い（排他性）だけをあらわしている。
  名義尺度では各コードの違いのみを情報としてもっていることから，頻度を求めるなど　違いをあらわす集計のみが可能である。
- 順序尺度は順位（順位はコードであり固有の数値ではない）のように，違いに加え順序（大小や優劣など）にも意味がある。
  順序尺度は順序関係に意味があるので，大小の比較を行うというような集計が可能である。

量的データは，気温，年収や年齢のように既存の尺度（既に測定のモノサシがある）で測定できるデータであり，間隔尺度と比例尺度とがある。

- 間隔尺度は，気温や偏差値のように順序に加えて間隔（差）に意味があり，原点（0）が絶対的な意味（原点が無しをあらわす）をもたない（原点が任意）。
  間隔尺度では，平均値（分散）や相関係数を算出することができる。
- 比例尺度は年齢や収入のように，原点（0）が絶対的な意味（原点が無しをあらわす）をもつ尺度（0円はお金をもっていない）である。
  比例尺度では，調和平均や幾何平均などを求めることができる。

②相関関係

多変量解析を行う場合に限らず，データを解析する際には，まずデータの基本的な特徴を捉えるために，基本統計量や度数分布表などを用いてデータの1変数ごとに平均値やバラツキを確認する。次に，2変数に対して分析を行い，2変数以上の関係を説明するための手法を適用すべきかどうか検討する。2変数以上の関係の説明には，関連と予測の視点に基づいた分析が存在する。

2つの変数間の関連をあらわすのが相関である。相関とは，一方の変数が変化するともう一方の変数も変化するような関係があることをいう。

量的データの場合には，散布図により視覚的に相関関係を吟味し，相関が存在する場合には，相関係数によりその方向と程度を確認する。

質的データの場合には，クロス表により2変数間の関連の有り様を吟味し，関連の有り無しはクロス表に対する独立性の検定により評価する。独立性の検定の結果変数間に関連性がみられた場合は，連関係数や順位相関係数によりその程度を確認する。

③ 因果関係

2変数間に相関関係が存在したとしても，それは因果関係があることにはならない。因果関係を特定するためには，一方の変数を原因，他方の変数を結果とした因果モデルを構成し，その因果モデルが受容されるか否かを検証する必要がある。

統計的には，質的なデータの場合はグッドマン・クラスカルの予測指数，量的なデータの場合は回帰分析などにより検証することになる。因果モデルを構成する際，以下の点を考慮する必要がある。

- 原因変数は，結果変数に対し時間的先行性がある。
  例えばアイスクリームの売り上げと気温の変動の場合，気温が変動した結果アイスクリームの売り上げが変動する。気温の方が，アイスクリームの売り上げよりも現象として先に生じている。したがって非対称な関係である。
- 現象が反復して観測される。
  ある一定期間，因果関係が反復して観測できることが必要である。ただし，アイスクリームの売り上げが季節性を弱める（例えば秋冬でもよく売れる）といった場合，因果関係は弱くなる，といったことが生じることも十分あり得るであろう。
- 原因と結果の間に，定量的関連がある。
  マーケティング・リサーチで測定されるような社会現象は，定量的関連が明確ではないことが多多あり，定量的関連に関しては絶対ではない。

(2) 相関係数

① 説明に用いるデータ

ここでは，2014年～2015年の家計調査における家計収支編の２人以上世帯でのアイスクリーム・シャーベットへの支出金額と，東京都の平均気温のデー

表Ⅱ－１－２　アイスクリーム・シャーベットへの支出金額と平均気温のデータ

年月	平均気温	アイスクリーム・シャーベット【円】
2014年１月	6.3	404
2014年２月	5.9	343
2014年３月	10.4	493
2014年４月	15.0	575
2014年５月	20.3	921
2014年６月	23.4	1,019
2014年７月	26.8	1,149
2014年８月	27.7	1,303
2014年９月	23.2	805
2014年10月	19.1	739
2014年11月	14.2	587
2014年12月	6.7	561
2015年１月	5.8	486
2015年２月	5.7	470
2015年３月	10.3	564
2015年４月	14.5	609
2015年５月	21.1	899
2015年６月	22.1	946
2015年７月	26.2	1,295
2015年８月	26.7	1,325
2015年９月	22.6	760
2015年10月	18.4	667
2015年11月	13.9	564
2015年12月	9.3	633

(アイスクリーム・シャーベットへの支出金額は「政府統計の総合窓口（e-Sat)」，東京都の平均気温は気象庁の「過去の気象データ検索『観測開始から毎月の値』」より作成)

タを用いる（「表Ⅱ－１－２」を参照)。

アイスクリーム・シャーベットへの支出金額の基本統計量は，表Ⅱ－１－３のとおりである。アイスクリーム・シャーベットへの支出金額の平均が754.875円，中央値が650円となっており，右に歪んだ分布となっている（右に歪んだ分布：右に長く裾を引いた分布型，この場合値が小さい方から最頻値，中央値，平均値の順に並ぶ。左に歪んだ分布では逆の順に並ぶ)。歪度も0.746となっており，同じ傾向を読み取ることができる。歪度はデータの分布の偏り具合を表現し，負のとき左に歪み，0のとき左右対称，正のとき右に歪んでいることを示す。標準偏差が285.747となっており，何らかの要因によりこの変動が生じていると考えられる。同様に尖度が負になっており，相対的に裾が重たい（裾を長く引く）分布となっていることが分かる。尖度はデータの分布の尖り具合を表現し，0より大きいとき尖り，小さいとき裾が重たくなる（3と比較する場合もあるが，ここでは分かりやすさのために正負で比較できるように変換している)。この場合，支出金額にみられる変動が平均気温により生じていると考えており，以降はその支出金額と平均気温の2変数の関係についてみていく。今回のデータは2年分のデータを用いており，2峰性の分布となっていることが考えられるので，層別，平均するということも状況に応じて検討の余地がある。

表Ⅱ－1－3　アイスクリーム・シャーベットへの支出金額の基本統計量（単位：円）

	アイスクリーム・シャーベット
平均	754.875
標準誤差	59.582
中央値（メジアン）	650
最頻値（モード）	564
標準偏差	285.747
分散	85201.332
尖度	−0.482
歪度	0.746
範囲	982
最小	343
最大	1325
合計	18117
標本サイズ	24

② 散布図

表Ⅱ－１－２のアイスクリーム・シャーベットへの支出金額と平均気温のデータを眺めると，平均気温が高い時アイスクリーム・シャーベットへの支出金額が多いという傾向を読み取ることができる。またその傾向が，若干曲線的ではあるが直線的であると読み取れる。このように，２変数間に何らかの関連性がある場合，２変数間の関連性を視覚的にあらわすために散布図を用いる。散布図では，原因系変数（説明変数）を横軸，結果系変数（目的変数，被説明変数）を縦軸に配置することで，原因系変数の値の変化による結果系変数の変化を捉えることができる。原因と結果が区別しにくい場合には，時系列的にどちらの変数が先に存在するかを考えるのもひとつの判断方法である。

図Ⅱ－１－１は，アイスクリーム・シャーベットへの支出金額と，平均気温の散布図である。平均気温が上昇すると，アイスクリーム・シャーベットへの支出金額が増加していることが視覚的に分かる。このように，一方の変数が増加すると他方の変数も増加するような場合には正の相関があるといい，逆に一

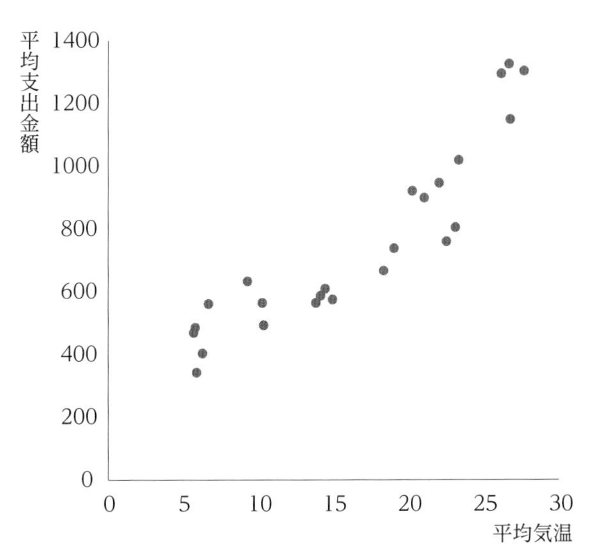

図Ⅱ－１－１　アイスクリーム・シャーベットへの支出金額と平均気温の散布図

方の変数が増加すると他方の変数が減少するような場合には負の相関があるという。

③ ピアソンの積率相関係数

図Ⅱ－１－１の散布図から２変数間の相関関係を視覚的に読み取ることができるように，散布図から２変数間に相関が存在することが分かった場合，相関の程度（直線的関連の程度）を明らかにする必要がある。ピアソンの積率相関係数は相関の程度（直線的関連の程度）を数値により表現したものであり，散布図でうかがわれる相関の正負の方向とその強さの程度をあらわす。n 個のデータからなる２つの変数 x と y がある時にそれぞれの変数の平均を $\overline{x}$ と $\overline{y}$ とすると，２変数 x と y のピアソンの積率相関係数は以下の式で計算される。

$$r=\frac{\frac{1}{n}\sum_{i=1}^{n}(x_i-\overline{x})(y_i-\overline{y})}{\sqrt{\frac{1}{n}\sum_{i=1}^{n}(x_i-\overline{x})^2}\sqrt{\frac{1}{n}\sum_{i=1}^{n}(y_i-\overline{y})^2}}$$

$$=\frac{\sum_{i=1}^{n}(x_i-\overline{x})(y_i-\overline{y})}{\sqrt{\sum_{i=1}^{n}(x_i-\overline{x})^2}\sqrt{\sum_{i=1}^{n}(y_i-\overline{y})^2}}$$

$$=\frac{(x_1-\overline{x})(y_1-\overline{y})+(x_2-\overline{x})(y_2-\overline{y})+\cdots+(x_n-\overline{x})(y_n-\overline{y})}{\sqrt{(x_1-\overline{x})^2+(x_2-\overline{x})^2+\cdots+(x_n-\overline{x})^2}\sqrt{(y_1-\overline{y})^2+(y_2-\overline{y})^2+\cdots+(y_n-\overline{y})^2}}$$

（2.1.1）

この計算式でのΣ記号は，Σの右側の値を，添字 i を変化（1，2，3，…，n）させながら加算することを意味する。Σの下部の $i=1$ と上部の n により，加算の際に変化させる添字の範囲を指定する。$\sum_{i=1}^{n}x_i$ であれば，１番目のデータから n 番目までのデータの値の合計 $x_1+x_2+x_3+\cdots+x_n$ を意味する。Σの右側が計算式である場合は，各計算の結果の値を加算する。$(x_i-\overline{x})$ は，平均値と個個のデータの値の差（平均からの偏差）を意味する。なお，偏差の総和は０になる。ピアソンの積率相関係数の計算式では，分母の２変数の標準偏差の積で分子の共分散を除している。これは，共分散がデータの単位に依存して変化するのを標準化するためである。したがって，分子で計算されている共分散がデータのどのような傾向を捉えた指標かを理解できれば，ピアソンの積率相関係数がデータのどのような傾向を表現する指標であるかを理解できる。共分散は，２つの変数 x と y の平均からの偏差の積の和をデータ数で除しており，平均からみて２つの変数がどのように変動しているかを示している（「図Ⅱ－１－２」を参照）。

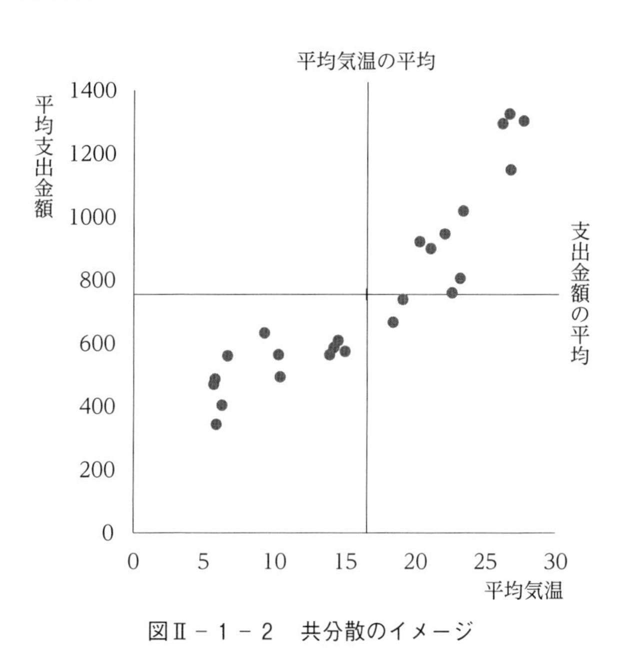

図Ⅱ－１－２　共分散のイメージ

図Ⅱ－１－２のように，平均よりも気温が高く支出金額が多い，もしくは平均よりも気温が低く支出金額が少ないというように，平均に対して同じ傾向を示す右上と左下の領域にデータが位置する場合には，２変数の平均からの偏差の積は正となる。この領域にデータがより多く位置している場合，共分散は正の大きな値となり，２変数間に正の相関が存在することになる。図Ⅱ－１－２において，平均よりも気温は低いが支出金額は多い，平均よりも気温は高いが支出金額は少ないというように，平均に対する傾向が左上と右下の領域にデータが位置する場合には，２変数の平均からの偏差の積は負となる。この領域にデータがより多く位置している場合，共分散は負の大きな値となり，２変数間に負の相関が存在することになる。

共分散は，２変数が平均からみて同じような傾向を示している程度とその方向をあらわしている。共分散が影響を受けないように，２つの変数の標準偏差で除したものが相関係数となる。

ピアソンの積率相関係数 r は $-1 \leqq r \leqq 1$ の範囲をとり，その評価の目安は表Ⅱ－１－４のとおりとなる。この評価基準は目安であり，実質的に意味があるかは，利用の目的によって異なる場合や，使われる文脈，データの性質，変数の内容に依存する場合もある。

表Ⅱ－１－４　相関係数の評価の目安

相関係数の値	評価
$1.0 \geqq r > 0.7$	強い正の相関がある
$0.7 \geqq r > 0.4$	中程度の正の相関がある
$0.4 \geqq r > 0.2$	弱い正の相関がある
$0.2 \geqq r \geqq -0.2$	ほとんど相関なし（0.0は無相関）
$-0.2 > r \geqq -0.4$	弱い負の相関がある
$-0.4 > r \geqq -0.7$	中程度の負の相関がある
$-0.7 > r \geqq -1.0$	強い負の相関がある

社会調査では間隔尺度以上の水準でデータが得られていることはまれであり，順序尺度である評定尺度で測定されている場合が多い。この順序尺度を間隔尺度とみなして分析をする場合には，散布図で両変数のそれぞれの取りうる値（１～５）が標本サイズに比べて少なく，同一点に位置する対象が多く存在し，２変数間の関連が捉えにくくなるので注意が必要である（岡太彬訓・都築誉史・山口和範，1995）。

実際に，今回のアイスクリーム・シャーベットへの支出金額と平均気温のデータでピアソンの積率相関係数を計算すると，（２．１．１）式に従って0.912となり，強い正の相関があることが分かる（以下の式は，分母・分子を$\frac{1}{24}$せずに計算しても，計算結果の値は同じである）。

$$r=\frac{\frac{1}{24}\sum_{i=1}^{24}(x_i-\bar{x})(y_i-\bar{y})}{\sqrt{\frac{1}{24}\sum_{i=1}^{24}(x_i-\bar{x})^2}\sqrt{\frac{1}{24}\sum_{i=1}^{24}(y_i-\bar{y})^2}}=\frac{1937.481}{7.433\times 285.747}=0.912$$

④ 散布図とピアソンの積率相関係数の関係

散布図でデータの散らばり具合とピアソンの積率相関係数との関連を理解しておくと，２変数間の関連性を読み解く上で便利である。図Ⅱ－１－３の中央のほとんど相関がない散布図から左の散布図になるにつれて正の相関が強まり，

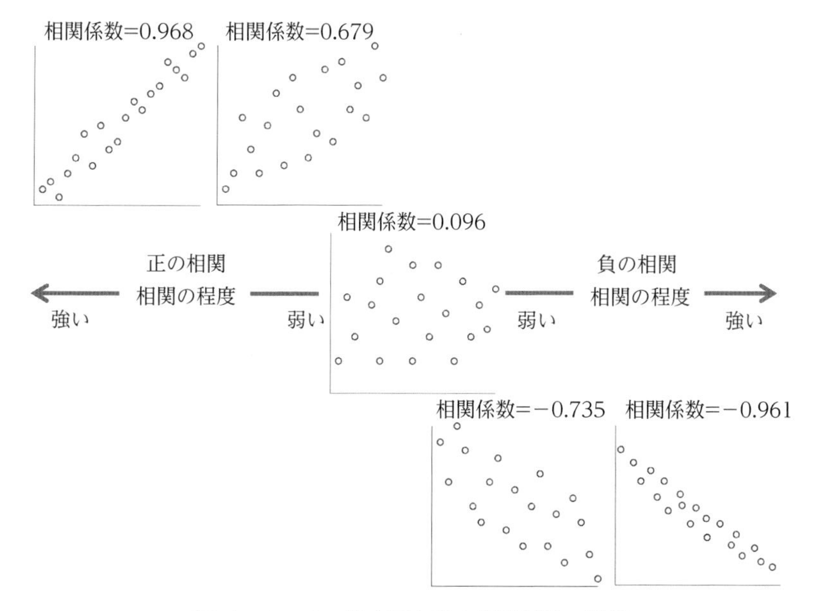

図Ⅱ－１－３　散布図と積率相関係数の関係

一方の変数が増加すると他方の変数が増加する右上がりの直線上にデータが散らばっている関係を視覚的に読み取ることができる。直線からの逸脱の度合いが大きくなるにつれ，変数間の関連性（相関）は弱くなる。

図Ⅱ－１－３の中央のほとんど相関がない散布図から右の散布図になるにつれて負の相関が強まり，一方の変数が増加すると他方の変数が減少する右下がりの直線上にデータが散らばっている関係を視覚的に読み取ることができる。

散布図では，２変数のデータ対が一直線上に乗るような関係がある場合，２つの量的変数が完全に関連する（相関する）という。相関係数 r は $-1 \leqq r \leqq 1$ の範囲をとり，中央から左の散布図になるにつれて正の相関が強まり，相関係数の値が１に近づき，中央から右の散布図になるにつれて負の相関が強まり，相関係数の値が－１に近づいていることが分かる。

⑤ ピアソンの積率相関係数の注意点

㈠ 非線形な関係

ピアソンの積率相関係数は，直線的な関連を捉えている。関連は，直線的な関連だけではないということに注意が必要である。例えば，図Ⅱ－１－４の紅茶のおいしさと温度の関係のような，非線形な２変数間の関連の程度については捉えることはできない。ピアソンの積率相関係数では，非線形関係（曲線的関係），例えば２次曲線（放物線）上や各領域に円上に分布しているような関係については，捉えることができない。ピアソンの積率相関係数のみで２変数間

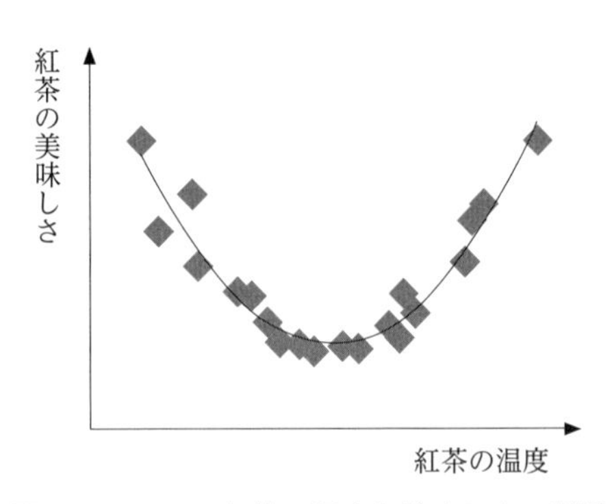

図Ⅱ－１－４　紅茶の温度と美味しさの関係

の関連を捉えようとすると判断を誤ってしまう場合があるので，散布図を併用し視覚的にも確認しながら関連を把握することが重要である。

(ロ) 外れ値の影響

ピアソンの積率相関係数は外れ値の影響を受けるので，外れ値についても注意が必要である。外れ値の影響による相関関係の誤った解釈は，散布図を併用し視覚的にデータの分布状況を確認しながら分析を進めていくことで防ぐことができる。図Ⅱ－1－5の左の散布図において，外れ値を含めてピアソンの積率相関係数を算出すると0.602と中程度の正の相関が生じるが，外れ値を除いてピアソンの積率相関係数を算出すると0.290となり，2変数の間には弱い正の相関が存在してことが分かる。

図Ⅱ－1－5の右の散布図において，外れ値を含めてピアソンの積率相関係数を算出すると－0.330となり弱い負の相関が存在していることになるが，外れ値を除いてピアソンの積率相関係数を算出すると－0.632となり，中程度の負の相関が生じていることが分かる。

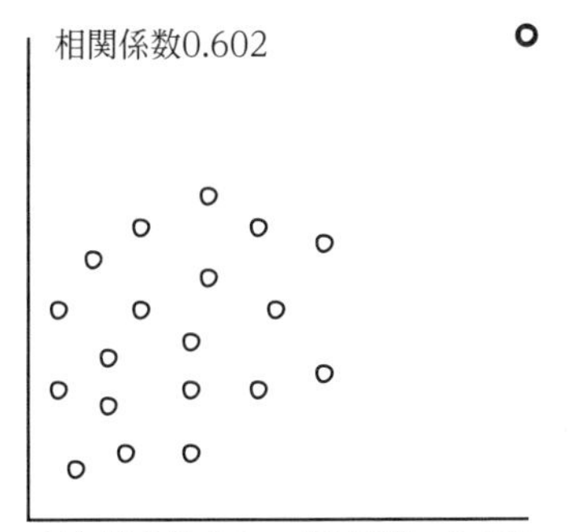

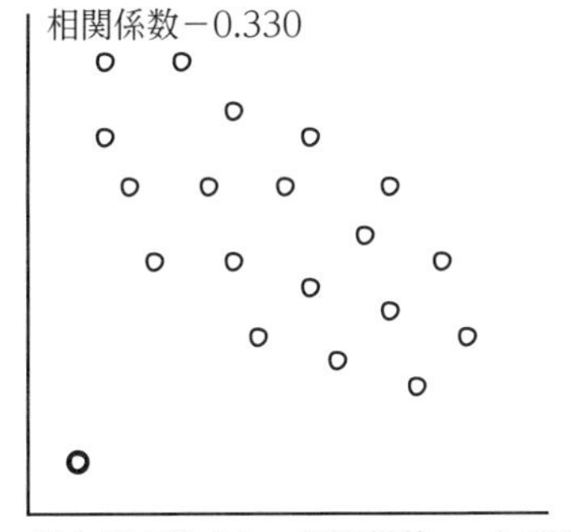

図Ⅱ－1－5　外れ値が相関係数に及ぼす影響の例

(ハ) 床面効果と天井効果

変数がとることのできる値の範囲に制約があると，ピアソンの積率相関係数が影響を受ける場合がある。床面効果とは，試験内容が難しすぎるため，全員が最低得点（0点）付近に分布し，試験がもっと簡単であれば（最低点が0点に制限されていなかったら）測定できたかもしれない能力を測れないような場合には，正しいピアソンの積率相関係数が算出できない可能性があることを意味している（「図Ⅱ－1－6」左図を参照）。天井効果とは，試験内容が簡単すぎるため，最高得点（100点）付近に多く分布し，試験がもっと難しければ（最高点が100点に制限されていなかったら）測定できたかもしれない能力を測れないような場合であり，正しいピアソンの積率相関係数が算出できない可能性があることを意味している（「図Ⅱ－1－6」右図を参照）（岡太彬訓・中井美樹・元治恵子，2012）。

床面効果も天井効果も，散布図を併用しデータの分布を確認することで把握できる。

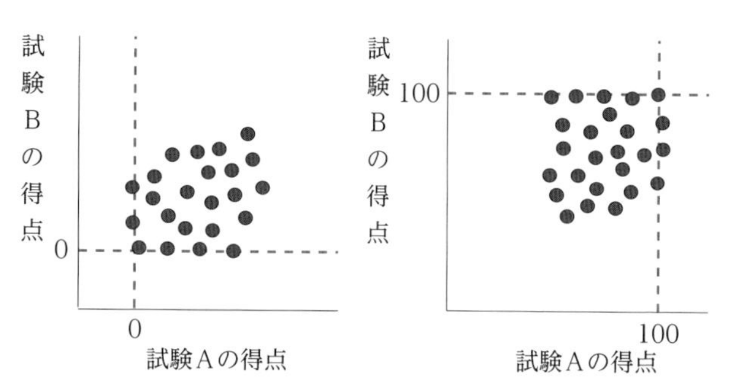

図Ⅱ－1－6　床面効果（左図）と天井効果（右図）の例

㈡ 切断効果

偏った範囲のデータしか得られていない場合，ピアソンの積率相関係数が低くなることがあるが，これを切断効果と呼ぶ。例えば，図Ⅱ－1－7の点線の右側部分のように，入学試験の得点と入学後の成績には相関があまりないことが多い。これは，入学試験では合格最低得点以上の受験者を選抜しているため，入学試験の得点が低く入学できなかった受験者の入学後の成績が存在しないことが影響している。図Ⅱ－1－7の合格最低点以下の受験者を全員入学させて入学後の成績を調べたとすると，入学試験の得点と入学後の成績には相関がみられると考えられる（岡太・都築・山口，1995）。

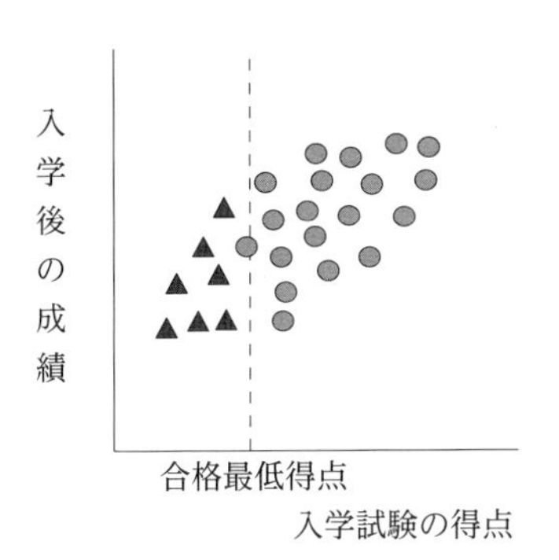

図Ⅱ－1－7　入学試験の得点と入学後の成績

(ホ) 分割相関（層別相関）

グループごとの情報が得られている時には，グループごと（層別）にしてピアソンの積率相関係数を求めたり散布図を描いたりすることが，2変数間の関連性を捉えるのに有効な場合がある。

関連が層間で異なっている場合，層ごとの相関を分割相関もしくは層別相関という。例えば，小学生の50m走のタイムと漢字書き取り能力の関係を示した散布図（「図Ⅱ－1－8」を参照）において，学年ごとにみると，50m走のタ

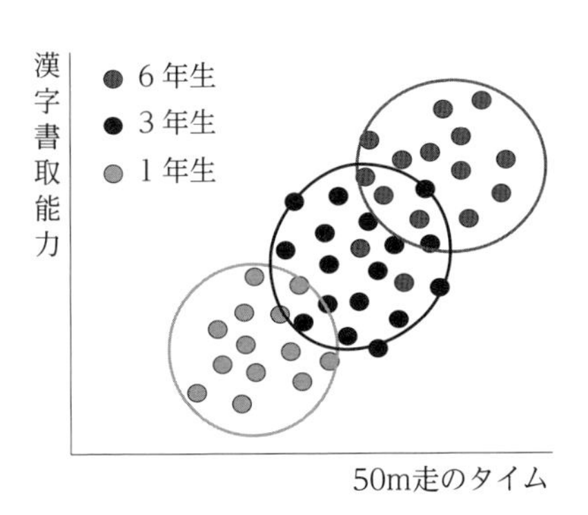

図Ⅱ－1－8　学年ごとの50m走のタイムと漢字書き取り能力の散布図

イムと漢字書き取り能力には関連（相関）はみられない。しかし，各学年をまとめて散布図を描くと，学年が上がると，50m 走のタイムと漢字の書き取り能力がともに向上するため相関がみられる。

(3) 偏相関係数

① 見かけの相関

見かけの相関とは，第 3 番目の変数により 2 変数間に相関関係が生じているようにみえる，あるいは生じていないようにみえることを指す。第 3 の変数の影響で 2 変数間の相関係数が見かけ以上に大きくなる場合には疑似相関と呼ばれ，第 3 の変数の影響で 2 変数が見かけ上は無相関になる場合には，疑似無相関と呼ばれる。例えば，小学生から大学生までの身長と体重のデータからピアソンの積率相関係数を計算すると，年齢という第 3 の変数の影響により非常に大きな値になるが，年齢という第 3 の変数の影響を除くと身長と体重のピアソンの積率相関係数は低くなる。

② 偏相関係数の意味（変数が 3 個の場合）

第 3 番目の変数の影響を取り除いた上での相関係数を，偏相関係数と呼ぶ。偏相関係数は第 3 の要因の影響を除いた相関係数であり，x と y の間の相関を考える際に z からの影響を制御したものが偏相関である。z の影響を制御した x と y の間の偏相関係数は，以下の式のように計算できる（多変数の場合の偏相関係数は「Ⅲ－２－（５）ダミー変数による重回帰分析」を参照）（竹内啓・柳井晴夫，1972）。

$$r_{xy|z} = \frac{r_{xy} - r_{xz} r_{zy}}{\sqrt{(1-r^2_{xz})(1-r^2_{zy})}} \qquad (2.1.2)$$

③ 偏相関係数の例

プロ野球選手の好打者の特徴として，安打の多い打者は選球眼が良くボール球には手を出さないので三振が少ないのではないかという仮説を，表Ⅱ

表Ⅱ－１－５　2015年度プロ野球パリーグの個人打撃成績（規定打席以上）

	打席	安打	三振		打席	安打	三振
柳田悠岐	605	182	101	ペーニャ	492	109	111
秋山翔吾	675	216	78	栗山巧	622	143	88
近藤健介	504	142	59	中島卓也	617	136	93
清田育宏	548	155	93	中田翔	611	142	120
中村晃	590	152	47	鈴木大地	564	128	58
角中勝也	484	125	52	糸井嘉男	565	127	78
松田宣浩	603	153	135	松井稼頭央	501	114	82
森友哉	531	136	143	クルーズ	532	128	66
田中賢介	596	151	58	中島裕之	483	100	93
内川聖一	585	150	55	安達了一	593	121	68
李大浩	584	144	109	後藤光尊	444	98	48
中村剛也	599	145	172	メヒア	525	111	153
西川遥輝	521	122	98	レアード	554	115	129
藤田一也	451	106	30	今宮健太	530	104	83
浅村栄斗	627	145	136	炭谷銀仁朗	443	84	87

（日本野球機構「シーズン成績『2015年度パシフィック・リーグ　パシフィック・リーグ個人打撃成績（規定打席以上）』」より作成）

－１－５の「2015年度プロ野球パリーグの個人打撃成績（規定打席以上）」のデータをもとに吟味する。安打と三振のピアソンの積率相関係数を算出すると0.080となり，安打と三振にはほとんど相関はみられない。ここで，安打と三振にほとんどピアソンの積率相関がみられないという結果となった理由を検討する。打席に立つ機会が多ければ，安打の可能性も三振の可能性もともに高くなると考えられる。打席と安打のピアソンの積率相関係数は0.801，打席と三振のピアソンの積率相関係数は0.282となり，打席と安打には強い正の相関，打席と三振には弱い相関がみられる。打席という第３の変数が影響しているために安打と三振には相関がみられない可能性が考えられる。（2.1.2）式に従って打席の影響を除いた安打と三振の偏相関係数を求めると－0.255となり，安打と三振に負の弱い相関がみられる。

(4) 順位相関係数

順位相関係数は，一方の変数が増加（減少）すると，もう一方の変数も増加（減少）するという単調増加（減少）関係の程度を測るための指標である。順位相関係数は，順序尺度のデータ，外れ値が存在する，単調増加（減少）の関係だけを論じたい，データが数値によってあらわされていない場合などに，2変数間の関係を捉えるのに有効である。

① スピアマンの順位相関係数

表Ⅱ－1－6のように，n 個の対象について，P と Q が1位から n 位までの順位 p_1，p_2，…，p_n と q_1，q_2，…，q_n，を付けられているとする。

表Ⅱ－1－6　n 個対象に P と Q が順位付け

	対象1	対象2	…	対象 n
P の順位	p_1	p_2	…	p_n
Q の順位	q_1	q_2	…	q_n

このとき，P と Q の順位の間の相関係数 r_s は，次式によって計算できる。

$$r_s = \frac{\frac{1}{n}\sum_{i=1}^{n}(p_i-\overline{p})(q_i-\overline{q})}{\sqrt{\frac{1}{n}\sum_{i=1}^{n}(p_i-\overline{p})^2}\sqrt{\frac{1}{n}\sum_{i=1}^{n}(q_i-\overline{q})^2}} \qquad (2.1.3)$$

$$= \frac{\sum_{i=1}^{n}(p_i-\overline{p})(q_i-\overline{q})}{\sqrt{\sum_{i=1}^{n}(p_i-\overline{p})^2}\sqrt{\sum_{i=1}^{n}(q_i-\overline{q})^2}}$$

$$= \frac{(p_1-\overline{p})(q_1-\overline{q})+(p_2-\overline{p})(q_2-\overline{q})+\cdots+(p_n-\overline{p})(q_n-\overline{q})}{\left(\sqrt{(p_1-\overline{p})^2+(p_2-\overline{p})^2+\cdots+(p_n-\overline{p})^2}\right)\left(\sqrt{(q_1-\overline{q})^2+(q_2-\overline{q})^2+\cdots+(q_n-\overline{q})^2}\right)}$$

と計算できる。ただし，

$$\bar{p}=\bar{q}=\frac{n+1}{2}$$

$$\sum_{i=1}^{n}(p_i-\bar{p})(q_i-\bar{q})=\sum_{i=1}^{n}(p_i-\bar{p})^2-\frac{1}{2}\sum_{i=1}^{n}(p_i-q_i)^2$$

$$\sum_{i=1}^{n}(p_i-\bar{p})^2=\sum_{i=1}^{n}(q_i-\bar{q})^2=\frac{1}{12}n(n^2-1)$$

であり，

$$r_s=1-\frac{6\sum_{i=1}^{n}(p_i-q_i)^2}{n(n^2-1)} \qquad (2.1.4)$$

と変形できる。

このスピアマンの順位相関係数の式は同順位がない場合の式であり，同順位がある場合には，平均を取った順位（平均順位）や同順位に対応した式を使う必要がある。スピアマンの順位相関係数は，対応する各対象の順位が2変数間でどの程度一致しているのかを示しており，順位が完全に一致していれば1，完全に逆転している場合には－1となる。評価の目安は，表Ⅱ－1－4のピアソンの積率相関係数の評価の目安に準じる。　　　　（森敏昭・吉田寿夫，1990）

表Ⅱ－1－7は，直属の上司との関係を一般職が，直属の部下との関係を管理職が，どのように意識しているかを，それぞれ「1．そう思う」，「2．ややそう思う」，「3．あまりそう思わない」，「4．そう思わない」の評定尺度で測定した結果の平均値である。平均値をみると，一般職と管理職で平均値が異なり，すべての項目において一般職の方が管理職よりも平均値が高くなっている。

一般職と管理職の関係に対する意識の順序の一致度を考察するために，表Ⅱ－1－8のように順序化し，（2.1.4）式に従って対応する項目ごとの順位の差の2乗和を計算して，スピアマンの順位相関係数を求める。スピアマンの順位相関係数を計算すると，以下のようになる。

$$r_s=1-\frac{6\sum_{i=1}^{10}(p_i-q_i)^2}{10(10^2-1)}=1-\frac{6\times 20}{10(10^2-1)}=0.879$$

一般職と管理職で，対応する項目の意識には強い相関がみられる。

表Ⅱ－１－７　一般職の直属の上司との関係と管理職の直属の部下との関係についての意識

	一般職
1．上司によく相談をもちかけている	2.649
2．上司は親身になって相談に乗ってくれる	2.439
3．上司と業務においてコミュニケーションを取れている	2.375
4．上司と業務外でのコミュニケーションを取れている	2.788
5．上司との信頼関係を築けている	2.399
6．上司のことを尊敬している	2.482
7．上司にはリーダーシップがある	2.480
8．上司による部下の育成方法に満足している	2.716
9．上司から褒められる方だと思う	2.580
10．上司から叱られる方だと思う	3.012
	管理職
1．部下からよく相談をもちかけられている	2.260
2．部下に対し親身になって相談に乗っている	2.016
3．部下と業務においてコミュニケーションを取れている	1.992
4．部下と業務外でのコミュニケーションを取れている	2.459
5．部下との信頼関係を築けている	2.130
6．部下から尊敬されている	2.455
7．部下に対してリーダーシップがある	2.325
8．部下の育成方法に自信を持っている	2.630
9．部下を褒めている方だと思う	2.236
10. 部下を叱っている方だと思う	2.833

（株式会社サーベイリサーチセンター（SRC）自主調査「職場における『ほめる効果』に関するアンケート」より作成）

表Ⅱ－１－８　一般職と管理職の各項目の意識の平均値の順位

項目番号	一般職の順位	管理職の順位	順位の差の２乗
1	7	5	4
2	3	2	1
3	1	1	0
4	9	8	1
5	2	3	1
6	5	7	4
7	4	6	4
8	8	9	1
9	6	4	4
10	10	10	0
２乗和			20

② ケンドールの順位相関係数

表Ⅱ－１－６のPとQがn個の対象に順位付けしたデータにおいて，n個の対象から２つの対象を選んで順位を比較する組み合わせは，$\frac{1}{2}n(n-1)$とおりとなる。対象１と２の２つの組を考え，PとQの順位を比較し，

P：対象１の順位p_1＜対象２の順位p_2

Q：対象１の順位q_1＜対象２の順位q_2

のように，順位の大小関係が一致していれば，対象１と２の組に＋１を与える。また，対象１と２の２つの組を考え，PとQの順位を比較し，

P：対象１の順位p_1＜対象２の順位p_2

Q：対象１の順位q_1＞対象２の順位q_2

のように，順位の大小関係が反対となっていれば，対象１と２の組に－１を与える。このようにして，すべての組に点数を与え，Kを点数＋１の数，Lを点数－１の数として，次のような相関係数を考える。

$$\tau=\frac{K-L}{\frac{1}{2}n(n-1)}=\frac{2K}{\frac{1}{2}n(n-1)}-1=1-\frac{2L}{\frac{1}{2}n(n-1)} \quad (2.1.5)$$

ただし，$K+L=\frac{1}{2}n(n-1)$である。

この相関係数をケンドールの順位相関係数，またはケンドールのτと呼ぶ。このケンドールの順位相関係数の式は同順位がない場合の式であり，同順位がある場合には同順位に対応した式を使う必要がある。順位がまったく同じなら$L=0$となり$\tau=1$，順位がまったく逆順序なら$K=0$となり$\tau=-1$となる。評価の目安は，表Ⅱ－１－４のピアソンの積率相関係数の評価の目安に準じる。どのような場合にスピアマンとケンドールの順位相関係数を用いたらよいのかという区別は特になく，尺度化の方法が異なるだけでどちらもほぼ同じ傾向を示す（脇本和昌，1973）。

スピアマンの順位相関係数の計算例に用いた表Ⅱ－１－７の直属の上司との

関係を一般職が，直属の部下との関係について管理職がどのように意識しているかについて評価した評定尺度の平均値のデータを順位化したデータ（「表Ⅱ－１－８」を参照）を用いて，ケンドールの順位相関係数を求める。一般職と管理職との意識の順位の一致件数を求めると，表Ⅱ－１－９のようになる。表Ⅱ－１－９は管理職×管理職のクロス表で，対応する項目の順位が表側の方が表頭よりも順位が高ければ１，表側の方が表頭よりも順位が低ければ０が入力されている。一般職の順位の昇順で項目が並べられているため，表側の方が表頭よりも順位が高い件数が，一般職と管理職の順位の高低が一致する件数となる。項目数が10であり，順位の一致する件数が39，一致しない件数が６であるので，ケンドールの順位相関係数は以下のとおりとなる。

$$\tau = \frac{39-6}{\frac{1}{2}\times 10\times(10-1)} = 0.733$$

スピアマンの順位相関係数の値0.879とは異なっているが同様の傾向を示しており，正の強い相関があり，一般職と管理職の意識には関連があるといえる。

表Ⅱ－１－９　順位が一致する件数

			管理職の順位										
項目	一般職の順位	管理職の順位	1	3	2	6	7	4	5	9	8	10	計
3	1	1		1	1	1	1	1	1	1	1	1	9
5	2	3			0	1	1	1	1	1	1	1	7
2	3	2				1	1	1	1	1	1	1	7
7	4	6					1	0	0	1	1	1	4
6	5	7						0	0	1	1	1	3
9	6	4							1	1	1	1	4
1	7	5								1	1	1	3
8	8	9									0	1	1
4	9	8										1	1
10	10	10											
												計	39

(5) 連関係数

連関係数は，カテゴリー化された2変数間の関連の程度を示す指標である。尺度が名義尺度の場合に，2変数間の関連の程度を連関係数により評価することができる。

① 四分位点相関係数

2変数XとYについての2×2のクロス表が表Ⅱ－1－10のように得られており，n_{11}，n_{12}，n_{21}，n_{22}が対応する各セルの頻度とすると，四分位点相関係数ϕ（ファイ係数）は次式で求められる。

$$\phi=\frac{n_{11}n_{22}-n_{12}n_{21}}{\sqrt{n_{1\cdot}n_{2\cdot}n_{\cdot 1}n_{\cdot 2}}} \qquad (2.1.6)$$

計算結果の値は$-1 \leqq \phi \leqq 1$となる。評価の目安は，表Ⅱ－1－4のピアソンの積率相関係数の評価の目安に準じる。四分位点相関係数では，$n_{11}n_{22}=n_{12}n_{21}$の関係から遠いほど，2つの変数間には関連があると考えられる。

（森・吉田，1990）

表Ⅱ－1－10　2×2のクロス表

	Y_1	Y_2	計
X_1	n_{11}	n_{12}	$n_{1\cdot}$
X_2	n_{21}	n_{22}	$n_{2\cdot}$
計	$n_{\cdot 1}$	$n_{\cdot 2}$	n

職場において有益な情報が共有されているかどうかと，職場におけるコミュニケーション全般に満足しているかどうかについての2×2のクロス表（「表Ⅱ－1－11」を参照）を用いて，（2.1.6）式に従って四分位点相関係数を計算する。実際のデータは4段階の評定尺度で測定されているが，今回の例では2値データにまとめている。

四分位点相関係数は，下記のとおりである。

$$\phi = \frac{397 \times 140 - 87 \times 41}{\sqrt{484 \times 181 \times 438 \times 227}} = 0.557$$

職場において有益な情報が共有されているかどうかと，職場におけるコミュニケーション全般に満足しているかどうかには，中程度の正の相関があることが分かる。

表Ⅱ－１－11　有益な情報の共有と職場におけるコミュニケーションへの満足

	満足している	満足していない	計
共有されている	397	87	484
共有されていない	41	140	181
計	438	227	665

(株式会社サーベイリサーチセンター（SRC）自主調査「職場における『ほめる効果』に関するアンケート」より作成)

② ユールの連関係数

表Ⅱ－１－10の２変数 X と Y についての 2×2 のクロス表に対して，ユールの連関係数 Q は，下記の式に従う。

$$Q = \frac{n_{11}n_{22} - n_{12}n_{21}}{n_{11}n_{22} + n_{12}n_{21}} \qquad (2.1.7)$$

計算結果は $-1 \leqq Q \leqq 1$ となる。四分位点相関係数と同様に，ユールの連関係数も $n_{11}n_{22} = n_{12}n_{21}$ の関係から遠いほど２つの変数間には関連があると考えられる。評価の目安は，表Ⅱ－１－４のピアソンの積率相関係数の評価の目安に準じる。２変数のうちどちらか一方が名義尺度のデータの場合には，符号には意味がなく，２変数ともに順序尺度の場合に符号には意味がある。ただし，2×2 のクロス表以外の場合には，グッドマン・クラスカルの予測指数が用いられる。　(森・吉田，1990)

表Ⅱ－１－11の有益な情報の共有と職場におけるコミュニケーションへの満

足のデータを用いてユールの連関係数を計算すると，下記のとおりになる。

$$Q=\frac{397\times140-87\times41}{397\times140+87\times41}=0.879$$

職場において有益な情報が共有されているかどうかと，職場におけるコミュニケーション全般に満足しているかどうかには強い正の相関があることが分かる。

この例のように，同じデータに適用しても四分位点相関係数とユールの連関係数の値が大きく異なることがある。

四分点相関係数は2×2のクロス集計表で用いられ，名義尺度の場合は1/0型データ（ダミー変数）化した上で算出されるピアソンの積率相関係数であり，2変数間の直線的な関連の程度をあらわしている。ユールの連関係数は，オッズ比（OR）を－1～＋1に正規化した値である（オッズ比とは，ある事象の起こりやすさを2群で比較して示す統計量である）。$Q=\frac{OR-1}{OR+1}$ で計算される。「満足している」，「情報が共有されている」のオッズは4.563（397/87=4.563），「満足していない」，「情報が共有されていない」のオッズは0.293（41/140=0.293）である。オッズとは，ある事象（情報の共有）が起きる確率Pの，その事象が起きない確率（$1-P$）に対する比である。オッズ比は4.563/0.293=15.573である（オッズ比が1とは，事象の起こりやすさ（情報の共有）が両群（満足している，満足していない）で同じということであり，1より大きいとは，事象（情報の共有）が第1群（満足）でより起こりやすいということになる。オッズ比は必ず0以上になる）。オッズ比は15.573と1を越えているので，満足群は満足していない群に比べ情報共有されているということになる。ユールの連関係数は $Q=\frac{15.573-1}{15.573+1}=0.879$と計算される。当然であるが，ユールの連関係数を直接求めた数値と一致している。

③ クラメールの連関係数

2×2のクロス表以外のクロス表における2変数間の関連は，クロス表の独立性の検定で用いたχ^2値を利用したクラメールの連関係数Vを用いる。2×2のクロス表以外の場合には，χ^2値の最大値は総頻度とカテゴリー数に影響されるため，クラメールの連関係数はχ^2値の最大値で除すことによって0から1の範囲をとるように定義される。nを標本サイズとして，表Ⅱ－1－12のような行数がl，列数がmである$l \times m$のクロス表のχ^2値の最大値は，行数lと列数mの小さい方の数をkとすると$n(k-1)$であるため，クラメールの連関係数Vは下記によって計算される（森・吉田，1990）。

$$V = \sqrt{\frac{\chi^2}{n(k-1)}} \qquad (2.1.8)$$

$l \times m$のクロス表のχ^2の最大値$n(k-1)$で除すことで，$0 \leqq V \leqq 1$となるように定義している。

表Ⅱ－1－12　$l \times m$のクロス表

	Y_1	Y_2	$\cdots$	Y_m	計
X_1	n_{11}	n_{12}	$\cdots$	n_{1m}	$n_{1\cdot}$
X_2	n_{21}	n_{22}	$\cdots$	n_{2m}	$n_{2\cdot}$
$\vdots$	$\vdots$	$\vdots$	$\vdots$	$\vdots$	$\vdots$
X_l	n_{l1}	n_{l2}	$\cdots$	n_{lm}	$n_{l\cdot}$
計	$n_{\cdot 1}$	$n_{\cdot 2}$		$n_{\cdot m}$	n

表Ⅱ－1－13は，従業員育成の取組と従業員表彰制度の有無の関係を捉えるために集計した結果である。このデータに対して，クロス表の独立性の検定を行う。

表Ⅱ－１－13　従業員育成の取り組みと従業員表彰制度の有無のクロス集計結果

	従業員表彰制度ある	従業員表彰制度ない	計
積極的に育成に取り組んでいる	57	25	82
	69.50%	30.50%	100.00%
ある程度育成に取り組んでいる	149	175	324
	46.00%	54.00%	100.00%
あまり育成に取り組んでいない	51	110	161
	31.70%	68.30%	100.00%
ほとんど育成に取り組んでいない	16	64	80
	20.00%	80.00%	100.00%
わからない	4	14	18
	22.20%	77.80%	100.00%
計	277	388	665
	41.70%	58.30%	100.00%

（株式会社サーベイリサーチセンター（SRC）自主調査「職場における『ほめる効果』に関するアンケート」より作成）

クロス集計表での独立とは，表頭と表側の項目が無関連であるという意味である。帰無仮説は，表頭と表側の項目は互いに独立である（関連があるとはいえない）。期待値は周辺度数より表Ⅱ－１－14のように計算できるので，この期待値と表Ⅱ－１－13の観測値との対応するセルの値の差の２乗を当該期待値で除す計算をすべてのセルについて行い，その和を求めることでχ^2値を算出すると約53.514となる。有意確率は0.000となり，従業員育成の取り組みと従業員表彰制度の有無には関連があることが分かる。有意確率は，帰無仮説のもとでの検定統計量がその観測値よりも極端な値をとる確率である。

クロス集計表の独立性におけるχ^2値をもとに，（2.1.8）式に従ってクラメールの連関係数を求めると，次のようになる（標本サイズが665人で，行数が５と列数２であり，小さい方の数は２である）。

$$V=\sqrt{\frac{53.514}{665\,(2-1)}}=0.284$$

したがって，従業員育成の取り組みと従業員表彰制度の有無には弱い相関があることが分かる。

表Ⅱ－1－14　従業員育成の取り組みと従業員表彰制度の有無の期待値

	従業員表彰制度ある	従業員表彰制度ない
積極的に育成に取り組んでいる	34.156	47.844
ある程度育成に取り組んでいる	134.959	189.041
あまり育成に取り組んでいない	67.063	93.937
ほとんど育成に取り組んでいない	33.323	46.677
わからない	7.498	10.502

④ グッドマン・クラスカルの順位相関係数

グッドマン・クラスカルの順位相関係数γは，表頭と表側の変数が共に順序尺度である場合のクロス表に対する順位相関係数である。ケンドールの順位相関係数と同じように，順序が一致する組み合わせ数と一致しない組み合わせ数から計算することができる。

表側と表頭の変数の順序が一致する組み合わせ数をP，一致しない組み合わせ数Qとすると，次式により計算される。　（森・吉田，1990）

$$\gamma = \frac{P - Q}{P + Q} \qquad (2.1.9)$$

計算結果は$-1 \leqq \gamma \leqq 1$となる。評価の目安は，表Ⅱ－1－4のピアソンの積率相関係数の評価の目安に準じる。表Ⅱ－1－12のような$l \times m$のクロス表を考えると，PとQは，それぞれ次のように計算できる。

$$P = \sum_{i=1}^{l-1} \sum_{j=1}^{m-1} f_{ij} \left(\sum_{r=i+1}^{l} \sum_{s=j+1}^{m} f_{rs} \right) \qquad (2.1.10)$$

$$Q = \sum_{i=1}^{l-1} \sum_{j=2}^{m} f_{ij} \left(\sum_{r=i+1}^{l} \sum_{s=1}^{j-1} f_{rs} \right) \qquad (2.1.11)$$

なお，f_{ij}は$l \times m$のクロス表のi行j列目の頻度をあらわす。

表Ⅱ－1－15は，上司の褒め方への満足度と上司の叱り方への満足度の関係を捉えるために，クロス集計した結果である。このデータを用いて，(2.1.10)式と(2.1.11)式に従ってグッドマン・クラスカルの順位相関係数を計算する。

$P = 20\,(126+65+9+14+73+17+2+7+39) + 26\,(65+9+73+17+$

$$7+39)+9\,(9+17+39)+9\,(14+73+17+2+7+39)+126\,(73+17+7+39)+65\,(17+39)+2\,(2+7+39)+14\,(7+39)+73\times39$$

$$=38816$$

$$Q=26(9+2+0)+9\,(9+126+2+14+0+2)+1(9+126+65+2+14+73+0+2+7)+126\,(2+0)+65\,(2+14+0+2)+9\,(2+14+73+0+2+7)+14\times0+73\,(0+2)+17\,(0+2+7)$$

$$=4564$$

$$\gamma=\frac{38816-4564}{38816+4564}=0.790$$

グッドマン・クラスカルの順位相関係数は0.790となり，上司の褒め方への満足度と上司の叱り方への満足度には強い正の相関があることが分かる。

表Ⅱ－１－15　上司の褒め方への満足度と上司の叱り方への満足度のクロス表

		上司の褒め方への満足度			
		満足	やや満足	やや不満	不満
上司の叱り方への満足度	満足	20	26	9	1
	やや満足	9	126	65	9
	やや不満	2	14	73	17
	不満	0	2	7	39

(株式会社サーベイリサーチセンター（SRC）自主調査「職場における『ほめる効果』に関するアンケート」より作成)

分散分析

(1) 分散分析とは

分散分析は，ある要因の効果の群ごとの差を検定するための方法である。対ごとに検定をするのではなく，それぞれの平均値間に全体として差があるかどうかを検定する。分散分析では，特性値のバラツキを平方和として表現し，その平方和を要因ごとに分けて，偶然による平方和（誤差）に比べて大きな影響を与えている要因が何であるかを統計的に推測する。

(2) 一元配置の分散分析

ここでは，もっとも基本的な一元配置の分散分析について説明する。一元配置とは，水準（群）を識別する要因がひとつであることを意味する（コーヒーの選好度に砂糖含有量が及ぼす影響，砂糖含有量は3gと5g：砂糖含有量は要因，3gと5gは水準)。要因とは，検定する変数に影響を及ぼす可能性を有する原因である。また，ひとつの要因は最低でも2水準（要因を構成する群）以上で構成される必要がある。標本が異なっていたとしても同一の母集団からの標本とみなし，以下のような帰無仮説と対立仮説を設定する（3水準の場合3対の組合せがある)。

帰無仮説 H_0：すべての水準間（3対すべて）の母平均値は等しい

対立仮説 H_1：いずれかの水準間（3対のいずれかの対）の母平均値は等しくない

分散分析では，母集団の平均の真の値の推定値として，各水準の平均の平均である全体平均（大平均）を求め，データに生じているズレが平均の差により生じているのか，それとも偶然生じているのかを検証する。もし，平均の差による影響が大きければ，平均の差は偶然により生じているのではなく，水準間に有意差があると考える。

データの全体平均からのズレ＝平均の差により生じているズレ＋偶然により生じているズレ

水準（群）の数を k，全データ数を n，各水準のデータ数を n_j，全体平均を $\overline{X}$，第 j 水準における平均を $\overline{x}_j$ として，データから全体平方和 S_t，水準（群）間平方 S_b，水準（群）内平方 S_w を以下のように計算する。

$$S_t = \sum_{j=1}^{k} \sum_{i=1}^{n_i} (x_{ij} - \overline{X})^2 \qquad (2.2.1)$$

$$S_b = \sum_{j=1}^{k} n_j (\overline{x}_j - \overline{X})^2 \qquad (2.2.2)$$

$$S_w = \sum_{j=1}^{k} \sum_{i=1}^{n_i} (x_{ij} - \overline{x}_j)^2 \qquad (2.2.3)$$

ただし，$j=1$，2，…k は次のとおりである。

$$\sum_{j=1}^{k} n_j = n$$

この全体平方和，水準（群）間平方和，水準（群）内平方和から F 値を計算し，第1自由度 $k-1$，第2自由度 $n-k$ の F 分布表から有意確率を求め，帰無仮説を棄却できるか否かを検討する。これらの数値は，表Ⅱ－2－1のような分散分析表にまとめて整理する（「表Ⅱ－2－1」を参照）。データの全体平均からのズレが全体平方和（S_t），平均の差により生じているズレが水準（群）間平方和（S_b），偶然により生じているズレが水準（群）内平方和（S_w）にあたる（巻末「付表1　F 分布表」を参照）。（森・吉田，1990）

表Ⅱ－2－1　分散分析表

変動要因	平方和	自由度	平均平方	F 値
水準（群）間	S_b	$df_b=k-1$	$V_b=\frac{S_b}{df_b}$	$F=\frac{V_b}{V_w}$
水準（群）内	S_w	$df_w=n-k$	$V_w=\frac{S_w}{df_w}$	
全体	$S_t=S_b+S_w$	$df_t=n-1$	$V_t=\frac{S_t}{df_t}$	

分散分析は，要因の効果が存在する（有意な差がある）か否かを検証するための方法であり，水準間（すべての個個の対水準間）の差を検定するものではない。各水準間の平均値の差を検定したい場合には，多重比較を用いなければならない。多重比較の詳細については島崎・大竹（2017）を参照のこと。2群に分けて，t 検定を繰り返してどの水準間（群間）に差があるかを同じ有意水準（有意確率）で繰り返し検定することは，第1種の過誤をおかす確率が大きくなるので望ましくない。多重比較は3群以上の場合に用いる。2群の場合には t 検定の結果と一致する。

表Ⅱ－2－2は，2011年に北関東3県（群馬，栃木，茨城）の魅力度について調査したデータである。このデータを用いて，一元配置の分散分析の手順について説明する。このデータについての調査の詳細は，株式会社ブランド総合研究所「地域ブランド調査2011」，各指標の算出方法については株式会社ブランド総合研究所「地域ブランド調査2008調査指標の見方」を参照のこと。表Ⅱ－２－２で群馬，栃木，茨城の３県を比較すると，栃木，群馬，茨城の順に魅力度の平均値が低くなっている。北関東３県の魅力度の平均には統計的に有意な差があるといえるかを，一元配置の分散分析により検証する。帰無仮説 H_0 と対立仮説 H_1 はそれぞれ以下のとおりである。

帰無仮説 H_0：北関東３県すべての対間（３県間）の母平均値は等しい

対立仮説 H_1：北関東３県のいずれかの対間の母平均値は等しくない

水準の数が３（$j=1$，２，３），各水準のデータ数が６（$n_1=n_2=n_3=6$），データ数 n が18であるので，水準（群）間，水準（群）内，全体の自由度はそれぞれ２（＝３－１），15（＝18－３），17（＝18－１）となる。

表Ⅱ－２－２　2011年の北関東３県（群馬，栃木，茨城）の魅力度

居住地域	群馬	栃木	茨城
北海道・東北	6.0	15.5	5.7
関東	14.8	13.4	9.5
中部	10.4	6.8	4.3
近畿	4.6	7.3	7.9
中国・四国	5.3	7.8	8.3
九州・沖縄	5.9	8.3	4.1
平均	7.83	9.85	6.63

（株式会社ブランド総合研究所，2015より作成）

全体平均は，北関東３県の魅力度の平均値の平均により（7.83+9.85+6.63）/３=8.11と求めることができる。

水準（群）間平方和 S_b は，（２.２.２）式に従って下記のとおりである。

$$S_b = \sum_{j=1}^{k} n_j (\bar{x}_j - \bar{X})^2$$

$= 6\ (7.83 - 8.11)^2 + 6\ (9.85 - 8.11)^2 + 6\ (6.63 - 8.11)^2 = 31.778$

水準（群）内平方和 S_w は，（2．2．3）式に従って次のとおりである。

$$S_w = \sum_{j=1}^{k} \sum_{i=1}^{n_i} (x_{ij} - \bar{x}_j)^2$$

$$= (6.0 - 7.83)^2 + (14.8 - 7.83)^2 + (10.4 - 7.83)^2 + (4.6 - 7.83)^2 + (5.3 - 7.83)^2 + (5.9 - 7.83)^2 + (15.5 - 9.85)^2 + (13.4 - 9.85)^2 + (6.8 - 9.85)^2 + (7.3 - 9.85)^2 + (7.8 - 9.85)^2 + (8.3 - 9.85)^2 + (5.7 - 6.63)^2 + (9.5 - 6.63)^2 + (4.3 - 6.63)^2 + (7.9 - 6.63)^2 + (8.3 - 6.63)^2 + (4.1 - 6.63)^2$$

$$= 171.362$$

全体平方和 S_t は，（2．2.1）式に従って次のとおりである。

$$S_t = \sum_{j=1}^{k} \sum_{i=1}^{n_i} (x_{ij} - \bar{X})^2$$

$$= (6.0 - 8.11)^2 + (14.8 - 8.11)^2 + (10.4 - 8.11)^2 + (4.6 - 8.11)^2 + (5.3 - 8.11)^2 + (5.9 - 8.11)^2 + (15.5 - 8.11)^2 + (13.4 - 8.11)^2 + (6.8 - 8.11)^2 + (7.3 - 8.11)^2 + (7.8 - 8.11)^2 + (8.3 - 8.11)^2 + (5.7 - 8.11)^2 + (9.5 - 8.11)^2 + (4.3 - 8.11)^2 + (7.9 - 8.11)^2 + (8.3 - 8.11)^2 + (4.1 - 8.11)^2$$

$$= 203.069$$

水準（群）間，水準（群）内，全体の平均平方は，それぞれの平方和を各各の自由度で除すことで得られるので，以下のように計算できる。

水準（群）間平均平方和 =31.708/2=15.854

水準（群）内平均平方和 =171.362/15=11.424

全体平均平方和 =203.069/17=11.945

F 値は，水準（群）内の平均平方で水準（群）間の平均平方を除すことで得られるので，以下のとおりである。

$$F = 15.854/11.424 = 1.388$$

以上の結果は，分散分析表として表Ⅱ－2－3にまとめられる。

表Ⅱ－2－3　北関東3県（群馬，栃木，茨城）の魅力度についての分散分析表

変動要因	平方和	自由度	平均平方	F 値
水準（群）間	31.778	2	15.888	1.388
水準（群）内	171.362	15	11.424	
全体	203.069	17	11.945	

F 値がある程度大きい場合には，水準（群）間の平均に違いがあると考えられる。F 値は，水準（群）間と水準（群）内の自由度（$k-1$，$n-k$）の F 分布に従う。水準（群）間の自由度 $k-1$（$=df_b$）を分子の自由度，水準（群）内の自由度 $n-k$（$=df_w$）を分母の自由度と呼ぶ。

F 値が自由度（$k-1$，$n-k$）の F 分布の有意水準 α の臨界値 $F_{k-1,\, n-k(\alpha)}$ より大きい場合，有意水準 α で帰無仮説を棄却し，臨界値以下の場合には帰無仮説を棄却することができない。F 分布表に該当する自由度がない時には，第1種の過誤の確率が有意水準 α 以下になるように，より大きな臨界値が得られる自由度を用いる。有意水準を5％とすると，有意水準5％（上側0.05）の片側境界値は，「巻末付表1　F 分布表」から読み取ることができる。「巻末付表1　F 分布表」では，分子（群内）の自由度 df_w を行が，分母（水準（群）間）の自由度 df_b を列があらわし，今回の自由度（2，15）の F 分布の有意水準5％の臨界値 $F_{2,15(0.05)}$ であれば，df_w である行が15，df_b である列が2である3.682を読み取る。帰無仮説を棄却する棄却域は3.682より大きい範囲であり，F 値は1.388であるので臨界値3.682よりも小さく棄却域に入らないので，北関東3県の母平均値は等しいという帰無仮説は棄却することができず，北関東3県の母平均には差があるとはいえない（巻末「付表1　F 分布表」を参照）。

第Ⅲ部

予測要因分析

予測要因分析とは

多変量解析法は，データの形式と分析の目的により，大きく分けて目的変数（外的基準）をもつ予測要因分析と，目的変数をもたない構造分析という２つに分類することができる（回帰分析では目的変数を従属変数，説明変数を独立変数と呼ぶ）。前者は，特定の現象に影響を及ぼしている変数が何なのかを探り，変数と変数の因果関係を明らかにし，管理・統制を行うための方針や戦略を導くために用いると有効な予測や要因分析のための手法である。後者の手法は，すべての変数からいくつかの重要な情報を抽出するための手法など，いくつもの変数を整理・分類して多変量データを単純化するのに適した手法である。この手法は，大量のデータから重要な情報を抽出することに向いており，構造分析のための手法である。

予測要因分析のための手法は，ある変数が他の変数に与える影響を明らかにし，管理・統制を行う際に利用される。分析の目的となる（影響を受ける）目的変数（被説明変数）と，それを説明するために用いられる説明変数というような変数間の区別が存在する。例えば，47都道府県に対する魅力度の評価（目的変数）を，認知度，情報接触度，居住意欲度，観光意欲度，産品購入意欲度の各説明変数を基に予測する。この時に，目的変数や説明変数が量的データと質的データのいずれで測定されているかにより，用いられる分析方法が異なる。

- 重回帰分析：量的なある特性（従属変数）を他の量的変数（独立変数）で説明したり，予測したりする手法（重回帰分析では目的変数は従属変数，説明変数は独立変数と呼ぶ）
- 数量化Ⅰ類：量的なある特性（目的変数）を他の質的変数（説明変数）で説明したり，予測したりする手法
- 判別分析：量的な説明変数により質的な目的変数の区分（カテゴリー変数）に対象を判別するための手法
- 数量化Ⅱ類：質的な説明変数により質的な目的変数の区分（カテゴリー変

数）に対象を判別するための手法

- コンジョイント分析：全体に対する選好から要素ごとの部分効用を推定するための手法で，全体に対する選好（目的変数）は質的，量的いずれの場合もあり，説明変数は質的ある。

 回帰分析

(1) 単回帰分析

① 単回帰分析とは

散布図と相関係数から，２変数間には関連性（正もしくは負の相関）があることが分かった時，この直線的な関係はどのように説明，定式化できるかが問題となる。２変数間の関係を定式化することができれば，２変数間の関連性を客観的に説明することが可能となる。２変数間の関係を定式化するために用いられる方法が回帰分析である。

「Ⅱ－１－(2)　相関係数」で用いた2014年～2015年の「家計調査家計収支編」の二人以上世帯でのアイスクリーム・シャーベットへの支出金額と東京都の平均気温のデータであれば，支出金額に影響を与えている原因系である平均気温は独立変数（独立変数という用語は回帰分析特有の用語である。同義用語に説明変数がある），結果系として影響を受けている変数である支出金額は従属変数（従属変数という用語は回帰分析特有の用語である。同義用語に目的変数（被説明変数）がある）と呼ばれる。回帰分析では，データの傾向にできるだけよくあてはまる直線で表現される関係式を基に，平均気温（独立変数）の値から支出金額（従属変数）の値を予測し，同時にあてはまりの程度も評価する。平均気温を横軸に，支出金額を縦軸にとった散布図（「図Ⅱ－１－１」を参照）では，この2変数間の直線的な関連を２次元平面上の直線により表現することができる。

② 単回帰分析と最小二乗法

図Ⅲ－２－1の散布図のような独立変数 x と従属変数 y が与えられている時

に，回帰分析により予測を行う最適な直線（予測式）を導く方法について説明する。支出金額を気温で予測する式（予測式）を回帰分析により求める場合のように，独立変数が気温ひとつである場合には，単回帰分析と呼ばれる。独立変数が複数ある場合には重回帰分析と呼ばれるが，基本的な考え方は単回帰分析と同一である。

回帰分析では，最小二乗法により観測値と予測値の差の２乗和を計算し，その2乗和を最小化するような直線を求めることで，最適な予測式を導く。最小二乗法を，β_0（切片）とβ_1（傾き）により平面上に表現される予測式$\hat{y}=\beta_0+\beta_1 x$を基に説明する（「図Ⅲ－２－１」を参照)。切片は定数（定数項）とも呼ばれる。最小二乗法の手順は以下のとおりである。

① 観測値y_iと予測値$\hat{y}_i(=\beta_0+\beta_1 x_i)$との誤差$e_i$を計算する。

② 正と負の誤差が存在するので，誤差を二乗し，その2乗和を計算する。

③ この誤差の２乗和を最小とするような，β_0（切片）とβ_1（傾き）の組を求める。

最小二乗法の目的は「切片であるβ_0と傾きをあらわす回帰係数β_1の値を変化させ，観測値と予測値との誤差（残差）の平方和の値を最小にする」ということにある。独立変数をx，従属変数をyとし，データ数をn，i番目に観測された独立変数の値をx_i，従属変数の値をy_iとすると，単回帰分析は図Ⅲ－２－１のようなデータに対する直線（予測式）を求めるイメージとなる。

この時，求める予測式の回帰係数をβ_1，切片をβ_0とすると，予測式は下記のような平面上の直線として表現される。

$$\hat{y}=\beta_0+\beta_1 x \qquad (3.2.1)$$

x_iに対する予測値は，次式で求められる。

$$\hat{y}_i=\beta_0+\beta_1 x_i \qquad (3.2.2)$$

単回帰分析では平面上の直線により，実際のデータの値（観測値）y_iと予測される値（予測値）$\hat{y}_i$との誤差e_iを最小にするような直線を決定する。この誤

差 e_i が最小となるような直線を求めるための方法が最小二乗法と呼ばれ，各観測値（実測値）y_i と予測値 $\hat{y}_i$ の誤差（残差）の平方和が最小となるような係数 β_0（切片）と β_1（傾き）を決定する。

$$\sum_{i=1}^{n} e_i^2 = \sum_{i=1}^{n} (y_i - \hat{y}_i)^2 \qquad (3.2.3)$$

なお，予測式の誤差項は独立変数の値によらず，予測式により説明することのできなかった誤差（残差）の分布は等しい（等分散である），誤差の期待値は０，誤差はランダムである，という前提に基づいて回帰分析は行われている。

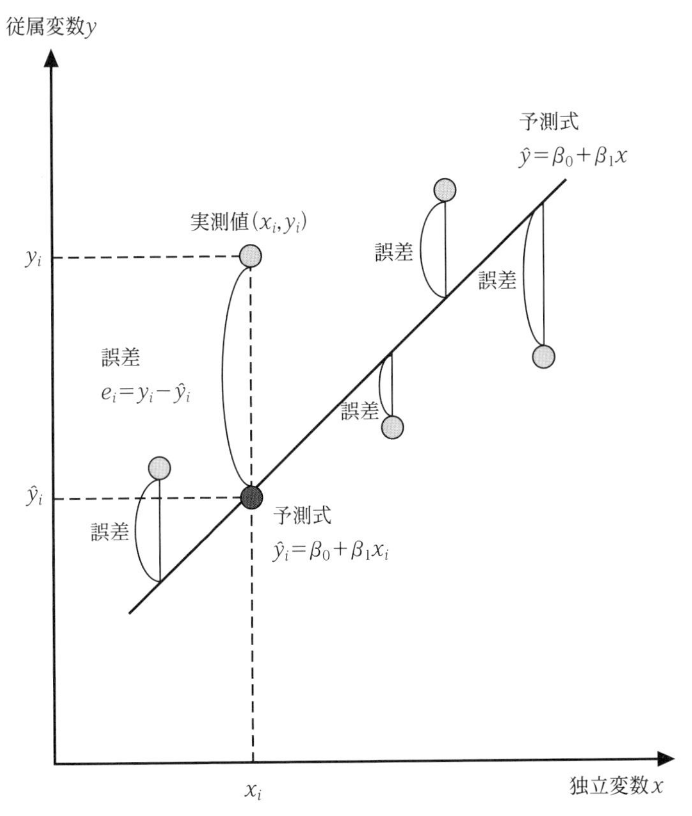

図Ⅲ－２－１　単回帰分析におけるデータに対する直線（予測式）

これまでの説明は線形な直線により予測を行う線形回帰分析についての説明であるが，販売価格と販売数量や広告投下量と新商品の認知率のように，線形的に関係が変化するのではなく，図Ⅲ－２－２にあるように，曲線的に変化する場合もある。このような場合には，曲線回帰を行った方が線形回帰より妥当な予測が得られる場合がある。代表的な曲線回帰には逓減型，逓増型，S字型などがある（「図Ⅲ－２－２」を参照）（守口剛，2002）。

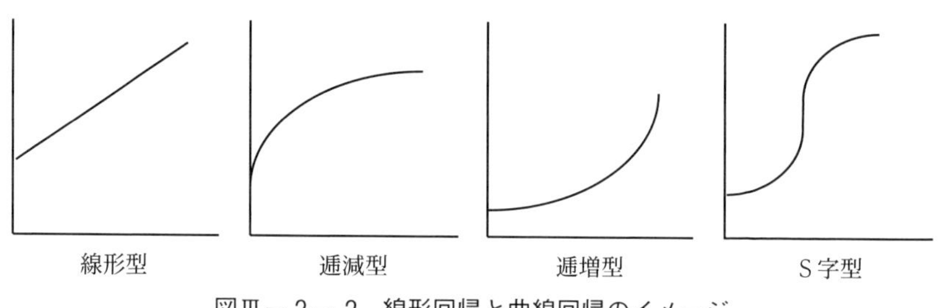

図Ⅲ－２－２　線形回帰と曲線回帰のイメージ

(2) 単回帰分析による分析例

ここでは第Ⅱ部で利用した2014年～2015年の「家計調査家計収支編」の二人以上世帯でのアイスクリーム・シャーベットへの支出金額と，東京都の平均気温のデータを用いる（「表Ⅱ－１－２」を参照）。アイスクリーム・シャーベットへの支出金額と平均気温には，強い正の相関があることが分かっている。この時，平均気温によってアイスクリーム・シャーベットへの支出金額を説明する（予測する）ことができるかが課題になる。アイスクリーム・シャーベットへの支出金額を従属変数，平均気温を独立変数として回帰分析を行うと，図Ⅲ－２－３のような結果を得る。

最小二乗法により，予測値と実測値の誤差の2乗和を最小化するβ_0（切片）とβ_1（傾き）の値を（3.2.2）式に従って求めると，平均気温により支出金額を予測するための予測式は，下記となる。

$$\hat{y}=176.87+35.07x$$

予測式の傾きの値が支出金額に対する気温の影響度を示し，傾きの35.07は

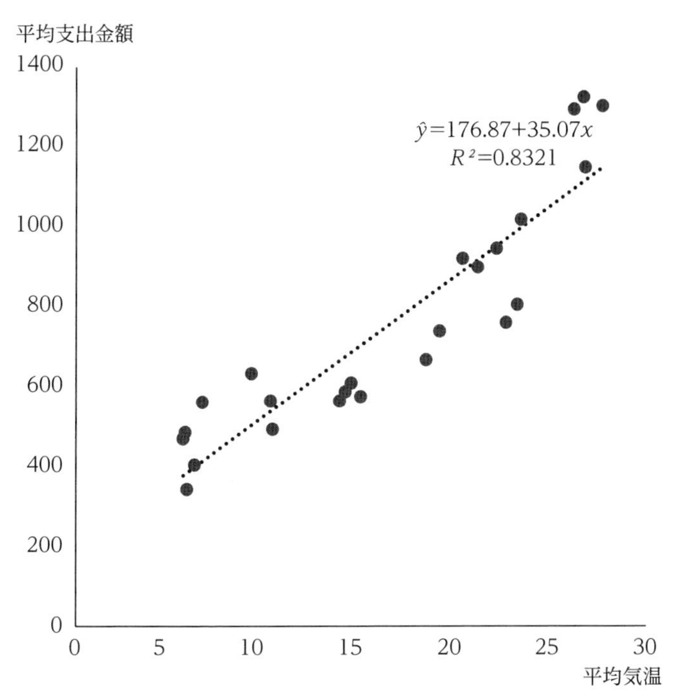

図Ⅲ－２－３　アイスクリーム・シャーベットへの支出金額と平均気温の予測式

気温が1度上がると支出金額が35.07円増えると予測できることを意味する。この予測式により，気温と支出金額の関係をどの程度説明できるのかを示す指標は決定係数 R^2 と呼ばれ，売上（従属変数）の変動のうち独立変数により説明できる割合を示す。決定係数 R^2 は $0 \leqq R^2 \leqq 1$ の範囲をとり，０がもっともあてはまりが悪く，１がもっともあてはまりがよい。決定係数 R^2 は，一次データの分析の場合には0.5以上あればある程度の予測ができていると考えられ，その予測式を採用する。二次データの分析では，R^2 が0.7以上あれば，予測式はデータによくあてはまっており，独立変数により従属変数は十分説明できていると考え，予測式を採用する。今回の分析での決定係数 R^2 は0.8321となっており，８割程度は気温により支出金額を説明可能であり，結果として支出金額は十分説明できると考えられる。

(3) 重回帰分析

重回帰分析は，複数の量的な説明変数で量的な従属変数を予測や制御をするための手法である（重回帰分析では目的変数は従属変数，説明変数は独立変数と呼ぶ）。図Ⅲ－２－１で説明した単回帰分析は，ひとつの独立変数により従属変数との関係を説明したが，重回帰分析では複数の独立変数を用いて説明する。重回帰分析では，推定する係数が増え予測式が複雑になるが，基本的な概念は単回帰分析と同様であり，観測値 y と予測値 $\hat{y}$ との誤差（残差）e を最小にするような独立変数の数＋１個の係数と切片を推定する。

従属変数 y を p 個の独立変数 $x_1, x_2, \cdots, x_p$ で予測する重回帰分析の予測式では，下記のように従属変数への影響は直線的かつ加算的に表現される。

$$y=\beta_0+\beta_1\times x_1+\beta_2\times x_2+\beta_3\times x_3+\cdots+\beta_p\times x_p+e \qquad (3.2.4)$$

独立変数が p 個あるので，推定する係数は切片を含めて $p+1$ 個となる。なお，e は観測値 y と予測値 $\hat{y}$ との誤差（残差）である。重回帰分析では，独立変数間は無相関が前提となり，独立変数間の交互作用は考慮されていない（独立とは無相関という意味である）。重回帰分析における交互作用は，ある独立変数が従属変数に与える効果が，他の独立変数がどのような値をとるかによって異なることを意味するが，各独立変数間に交互作用を仮定することができない。交互作用を仮定したい場合には，一般化線形モデル（GLM）を用いる。また，独立変数の値によらず残差（誤差）の分布は一定であり，残差は平均が０で分散が一定（σ^2）の正規分布に従う（分布の中心は回帰直線上にあり，残差の散らばり具合は一定）（「図Ⅲ－２－４」を参照）。（中山厚穂，2009）

一般化線形モデルは回帰分析の拡張とみなすことができ，２つの説明変数の間の交互作用を説明変数の積として扱う。また，これまで説明をしてきた重回帰分析は線形モデルであり，残差が正規分布に従う仮定に基づいているが，データが正規分布に従うという保証はなく，非線形データについて線形変換を行って線形モデルで分析可能だが，そのような分析は不自然な尺度で歪んだ結果となる危険がある。一般化線形モデルは，正規分布を含んだ分布族にデータを対応させて非線形の現象を線形モデルと同様に扱うことができ，不自然な尺度ではない分析を可能とする。また一般化線形モデルは，目的変数が２値データでも分析可能である。例えば，２つの説明変数を用いてその説明変数間の交互作用を考慮して予測する場合の回帰式は，$y=\beta_0+\beta_1x_1+\beta_2x_2+\beta_3x_1x_2$となる。交互作用の項の回帰係数$\beta_3$に対して，説明変数そのものの回帰係数$\beta_1$と$\beta_2$は主効果と呼ばれることが多い。このように，一般化線形モデル（GLM）では交互作用の項を説明変数に含めることができる（粕谷英一，2012）。

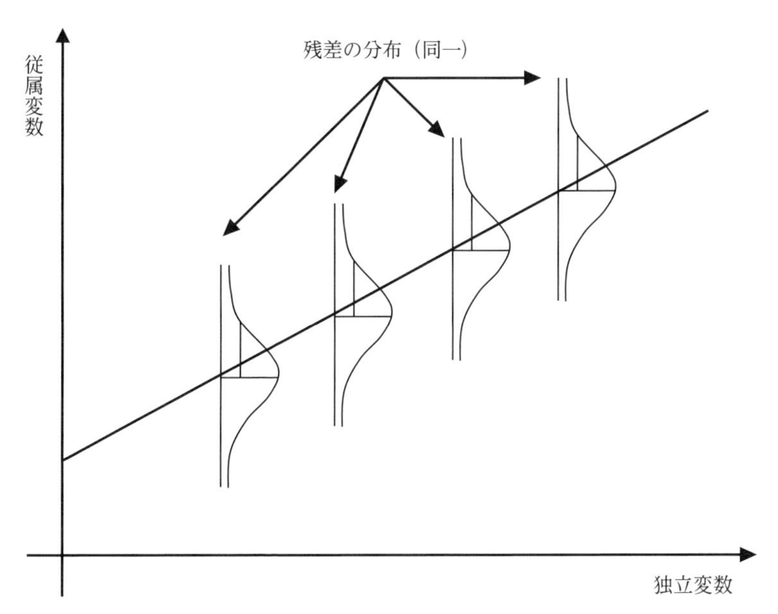

図Ⅲ－２－４　重回帰分析における残差についての仮定

(4) 重回帰分析による分析例

① 分析例

表Ⅲ－２－１に示す2011年の47都道府県の魅力度，認知度，情報接触度，居住意欲度，観光意欲度，産品購入意欲度を調査したデータを用い，重回帰分析について説明する（このデータについての調査の詳細は株式会社ブランド総合研究所「地域ブランド調査2011」，各指標の算出方法については「地域ブランド調査2008調査指標の見方」を参照のこと）。47都道府県に対する魅力度を従属変数とし，魅力度に影響を及ぼしていると考えられる認知度，情報接触度，居住意欲度，観光意欲度，産品購入意欲度を独立変数として，重回帰分析を行う。独立変数が５個あるので，切片を含めて６個の係数を推定することになる。

魅力度を５個の独立変数で予測する場合の予測式は，下記のとおりである。

$$\text{魅力度} = \beta_0 + \beta_1 \times \text{認知度} + \beta_2 \times \text{情報接触度} + \beta_3 \times \text{居住意欲度} + \beta_4 \times \text{観光意欲度} + \beta_5 \times \text{産品購入意欲度} + e$$

なお，e は魅力度の観測値 y と予測値 $\hat{y}$ との誤差（残差）である。

表Ⅲ－２－１　2011年の47都道府県の魅力度，認知度，情報接触度，居住意欲度，観光意欲度，産品購入意欲度のデータ

	魅力度	認知度	情報接触度	居住意欲度	観光意欲度	産品購入意欲度
北海道	70.7	58.7	64.3	24.3	78.3	93.1
青森県	21.4	44.7	45.4	4.3	41.1	32.6
岩手県	15.5	43.9	66.1	5.7	35.3	28.4
宮城県	21.0	47.1	71.6	6.8	34.2	37.1
秋田県	19.3	43.4	42.1	5.2	40.5	41.0
山形県	14.3	44.2	48.8	5.3	33.1	32.2
福島県	12.6	46.6	74.7	3.5	23.9	16.8
茨城県	7.2	44.1	48.6	4.0	22.6	17.2
栃木県	10.3	42.6	45.0	5.4	29.9	20.1
群馬県	9.8	43.3	43.6	4.0	22.8	12.8
埼玉県	9.6	48.3	44.3	9.4	23.7	8.4
千葉県	20.9	50.9	59.4	11.5	39.1	18.3
東京都	40.3	65.9	78.0	22.2	50.5	23.0
神奈川県	30.6	53.8	52.3	19.6	40.2	15.4
新潟県	17.4	46.4	51.9	6.8	36.6	32.8
富山県	15.3	41.9	37.3	5.2	33.6	24.8
石川県	22.7	43.8	34.8	6.9	43.2	19.6
福井県	10.9	41.8	39.4	4.9	31.9	16.6
山梨県	17.5	44.0	36.3	6.1	35.5	37.2

長野県	28.9	47.0	46.4	10.2	46.2	25.4
岐阜県	12.6	44.4	37.2	6.3	33.0	13.2
静岡県	23.6	49.0	49.0	12.3	40.2	40.4
愛知県	17.7	49.1	44.5	9.2	31.9	27.9
三重県	13.7	45.4	34.7	7.3	35.6	21.9
滋賀県	11.8	42.7	34.7	6.0	33.0	7.9
京都府	53.4	57.2	58.6	21.4	63.4	39.8
大阪府	29.4	57.6	65.3	13.9	42.5	38.3
兵庫県	27.0	50.4	43.8	16.3	45.0	21.0
奈良県	34.0	51.7	45.0	12.6	51.9	10.8
和歌山県	12.9	44.0	36.9	7.6	34.7	19.1
鳥取県	10.8	43.2	31.4	4.3	33.0	12.2
島根県	13.5	39.8	27.5	4.9	33.4	8.4
岡山県	12.1	44.8	31.9	9.4	33.9	26.6
広島県	17.7	48.3	38.6	8.7	38.5	37.2
山口県	11.6	40.1	26.2	5.1	33.3	13.8
徳島県	10.1	40.5	30.0	5.8	32.7	13.0
香川県	13.4	42.4	33.0	5.6	36.8	30.7
愛媛県	12.8	40.3	27.2	5.6	34.0	21.4
高知県	13.0	41.2	32.7	6.3	36.9	18.8
福岡県	26.7	49.1	45.1	14.5	45.7	35.5
佐賀県	7.5	37.8	25.8	3.7	28.7	8.8
長崎県	25.9	46.5	39.4	9.4	46.4	31.2
熊本県	18.1	43.4	35.6	7.7	40.5	18.9
大分県	12.8	39.8	29.3	5.8	35.0	9.6
宮崎県	17.0	43.5	47.9	7.6	39.1	27.8
鹿児島県	20.2	44.7	39.0	7.1	42.8	23.0
沖縄県	50.3	48.3	56.7	20.0	62.4	46.3

（株式会社ブランド総合研究所，2015より作成）

実際に重回帰分析を行う前に，魅力度を各独立変数により予測することが可能かどうかを確認するために，従属変数と各独立変数間の相関係数を求める。また，各独立変数間は無相関が前提であるため，合わせて各独立変数間の相関係数を求める。

表Ⅲ－２－２の魅力度と各独立変数との相関係数から，魅力度と各独立変数には強いもしくは中程度の正の相関があることが分かる。また，独立変数間の相関係数でも強いもしくは中程度の正の相関があるものが存在するため，重回帰分析の前提である独立変数間は無相関であるという前提が満たされない可能性があり，相関がみられる独立変数のいずれかは変数選択により除外する必要がありそうである。各独立変数の中に，互いに相関の強いものが含まれていると，回帰係数の精度が悪くなる。まったく役に立たないわけではないが，それほど影響の強くないと思われる変数や，他の変数と相関の強い変数は分析に用いない方がよい。このような問題は多重共線性と呼ばれる。この問題に対する対処として変数選択が行われ，多くの変数の中で予測に有効な変数だけを選択する手法が用いられる。多重共線性が生じているかどうか確認するための指標として，VIF（Variance Inflation Factor，分散拡大要因）がある。変数選択とVIFついての詳細は後述する（「Ⅲ－２－(4)－⑥　変数選択と多重共線性」を参照）。

表Ⅲ－２－２　魅力度，認知度，情報接触度，居住意欲度，観光意欲度，産品購入意欲度の相関係数

	魅力度	認知度	情報接触度	居住意欲度	観光意欲度	産品購入意欲度
魅力度	1.000					
認知度	0.768	1.000				
情報接触度	0.535	0.736	1.000			
居住意欲度	0.893	0.866	0.518	1.000		
観光意欲度	0.951	0.627	0.340	0.814	1.000	
産品購入意欲度	0.718	0.470	0.440	0.525	0.703	1.000

魅力度を各独立変数により予測する重回帰分析を行うと，表Ⅲ－２－３のような結果を得る。

表Ⅲ－２－３　魅力度に対する重回帰分析結果

	偏回帰係数	標準偏差誤差	標準化偏回帰係数	t 値	有意確率	VIF
切片（定数）	−23.006	6.285		−3.661	0.001	
認知度	−0.018	0.170	−0.008	−0.108	0.914	7.702
情報接触度	0.156	0.043	0.162	3.580	0.001	2.809
居住意欲度	0.602	0.187	0.255	3.216	0.003	8.636
観光意欲度	0.794	0.074	0.654	10.790	0.000	5.061
産品購入意欲度	0.050	0.036	0.057	1.377	0.176	2.379

② 偏回帰係数と標準化偏回帰係数

重回帰分析により得られる予測式の切片項以外の各独立変数に対する係数は，偏回帰係数と呼ばれる。あるひとつの独立変数に対する偏回帰係数は，他の変数を固定した状態でのその独立変数の従属変数に対する影響の大きさをあらわす。例えば，「観光意欲度」の偏回帰係数0.794は，「認知度」，「情報接触度」，「居住意欲度」，「産品購入意欲度」の値を固定した（値が変化しない）場合には，「観光意欲度」の点数が１点高くなると0.794だけ「魅力度」の点数が増加することを意味する。偏回帰係数を求める際には，各独立変数のばらつきの大きさの違いが調整されていないため，偏回帰係数の値は各独立変数のばらつきの大きさの影響を受けており，各独立変数の従属変数への効果の違いを比較できない。今回の分析で用いたデータも，各独立変数により測定に用いられた尺度が異なり，測定尺度の異なるこれらの変数を重み付けている偏回帰係数の大小により，従属変数に与える効果の違いを比較することはできない。実際に従属変数の変化量を計算してみると，偏回帰係数の大きさと変化量の大きさの順番は変わらないが，観光意欲度と居住意欲度は，偏回帰係数の大きさ以上に変化量の大きさに違いがある。表Ⅲ－２－４での範囲（range）は，分析に用いたデータの「最大値－最小値」により計算される。変化は，「偏回帰係数×範囲」により求められる。

表Ⅲ－2－4　魅力度に対する偏回帰係数，範囲（range），変化量

	偏回帰係数	範囲（range）	変化量
認知度	−0.018	28.1	−0.518
情報接触度	0.156	52.2	8.126
居住意欲度	0.602	20.8	12.517
観光意欲度	0.794	55.7	44.243
産品購入意欲度	0.050	85.2	4.241

各独立変数の係数の大小から従属変数への効果の違いを比較するには，各独立変数のばらつきの大きさの違いを調整した標準化偏回帰係数を用いなければならない。標準化偏回帰係数は，すべての変数を標準化（平均０，標準偏差１に変換）して分析を行った場合の偏回帰係数と一致する。標準化は各データの値からその平均を引き，その標準偏差で割ることにより算出される。各変数を異なる尺度で測定し，重回帰分析を行う前に標準化することをせずに重回帰分析を行った場合，標準化偏回帰係数は下式によって計算できる。

$$\text{標準化偏回帰係数} = \text{偏回帰係数}\sqrt{\frac{\text{独立変数の分散}}{\text{従属変数の分散}}} \qquad (3.2.5)$$

例えば，先の例で取り上げた観光意欲度の標準化偏回帰係数は，(3.2.5) 式に従って下式で計算する。（中山，2009）

$$\text{観光意欲度の標準化偏回帰係数} = \text{観光意欲度の偏回帰係数}\sqrt{\frac{\text{観光意欲度の得点の分散}}{\text{魅力度の得点の分散}}}$$

標準化偏回帰係数の値は，独立変数が１標準偏差分だけ増加した場合の，従属変数の標準偏差分の変化量を示す。

なお，標準化偏回帰係数を求めた場合の切片項は０となる（標準化データは，平均が０，分散が１に標準化されているため，標準化データで分析すると切片項は０となる）。認知度，情報接触度，居住意欲度，観光意欲度，産品購入意欲度

の標準化偏回帰係数は，(3. 2. 5) 式に従ってそれぞれ−0.008，0.162，0.255，0.654，0.057となり，観光意欲度がもっとも魅力度に与える影響が大きく，認知度がもっとも影響が少ないと解釈される。観光意欲度（0.654）と２番目に標準化偏回帰係数が大きい居住意欲度（0.255）の値には大きな違いがみられ，変化量の大きさの違いが反映していることが分かる。

③ 決定係数と自由度調整済み決定係数

重回帰分析により得られた予測式がどの程度有効かを測る指標は，単回帰分析の場合と同様に，決定係数の値から判断する。決定係数 R^2 は，下式に従う。

$$R^2 = \text{従属変数の予測値の偏差平方和} S_R / \text{従属変数の偏差平方和} S_T$$
$$= 1 - (\text{残差の偏差平方和} S_e / \text{従属変数の偏差平方和} S_T) \qquad (3.2.6)$$

決定係数 R^2 は $0 \leqq R^2 \leqq 1$ となり，１に近づくほど残差平方和の割合が小さく，データは回帰直線によってよく説明できており，０に近づくほど残差平方和の割合が大きくなり，データは回帰直線によってあまり説明できていないことになる。従属変数の観測値と予測値との相関係数を重相関係数と呼び，決定係数は重相関係数の２乗値と一致する。単回帰分析の場合，決定係数の値は相関係数の２乗に一致するという性質がある。

最小二乗法で回帰係数を求めるために，残差の平方和を最小にすることは，従属変数の予測値の変動では説明できない残差の変動が，全体の変動に占める割合を少なくする回帰係数（定数項）を求めることと同じである。この考え方は図Ⅲ－２－５のように３つの変動により説明することができる。

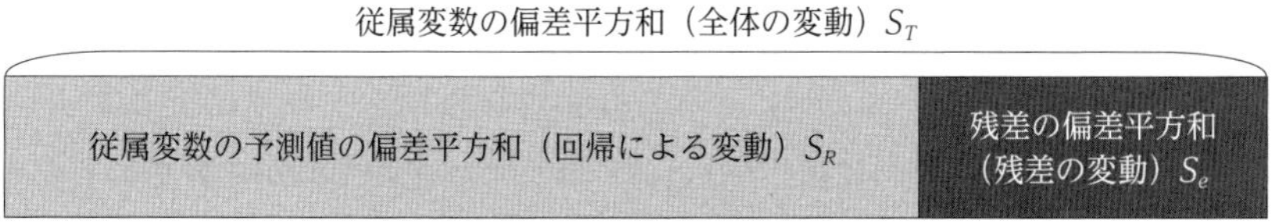

図Ⅲ－２－５　決定係数の仕組み

「従属変数の偏差平方和 S_T」は従属変数が有している全体の変動をあらわし

ており，元の従属変数のデータ全体の偏差平方和を示している。「従属変数の偏差平方和 S_T」はデータ数が n であるときに，「従属変数の分散×($n-1$)」により求められる。「従属変数の予測値の偏差平方和 S_R」は，回帰により得られた「従属変数」の予測値の偏差平方和であり，回帰による変動をあらわし，「従属変数の偏差平方和 S_T－残差の偏差平方和 S_e」により計算できる。この３つの変動は式で表現すると，下記のようになる。

「従属変数の偏差平方和 S_T」＝
「従属変数の予測値の偏差平方和S_R」＋「残差の偏差平方和S_e」　(3.2.7)

「従属変数の偏差平方和」のうちに「従属変数の予測値の偏差平方和」の占める割合が，従属変数のばらつきのうち独立変数により説明できる割合となる。この独立変数により説明できる割合が決定係数 R^2であり，分析により得られた予測式がどの程度有効かをあらわす。

一般的に，決定係数の値は独立変数を増やすと増加する傾向があるため，分析に使用した独立変数の数 p を考慮した上で判断するために，自由度調整済み決定係数 R^{*2}が用いられる。

自由度調整済み決定係数 R^{*2}は，下式に従う。

$$R^{*2} = 1 - \frac{S_e/(n-p-1)}{S_T/(n-1)} \qquad (3.2.8)$$

n はデータ数，p は独立変数の数である。自由度調整済み決定係数 R^{*2}の評価基準は決定係数 R^2と同一である。今回の分析により得られた決定係数と，自由度調整済み決定係数はそれぞれ0.970と0.967であり，従属変数の変動の97％程が説明できていることになる。

「Ⅲ－２－(2)　単回帰分析による分析例」で述べたように，決定係数 R^2は一次データの分析の場合には0.5以上あればある程度の予測ができていると考えられ，その予測式を採用する。二次データの分析では，R^2が0.7以上あれば予測式はデータによくあてはまっており，独立変数により従属変数は十分説明できていると考え，予測式を採用する。今回の分析では，各独立変数により魅

力度を十分に予測することができているといえる。（中山，2009）

④ **偏回帰係数の検定**

ある特定の独立変数の予測に対する寄与について，その変数が予測に有効かどうかを明らかにするために，得られた各回帰係数（重回帰分析では偏回帰係数と呼ぶ）の検定を行う。偏回帰係数の検定では，重回帰分析により得られた偏回帰係数の値を用いて従属変数を予測，統制しようとする時，偏回帰係数により示されている傾向が今回の標本に限ったことなのか，母集団においても一般化することができるのかを検討する。そのために，母集団において各独立変数が「従属変数」に影響を与えない「母偏回帰係数が0である」という帰無仮説を設定して，独立変数の予測に対する寄与を検証する。回帰係数が0とは，回帰直線がxと平行になっている状態である。この状態は，xの値が変化してもyの値は変化しないということになる。

第j番目の偏回帰係数α_jの検定は，分析により得られた偏回帰係数の値をその標準誤差で除した$t=\alpha_j/SE(\alpha_j)$が，自由度$n-p-1$のt分布に従うことを用いて行う。なお，nは標本サイズ，pは独立変数の数である。

偏回帰係数の標準誤差$SE(\alpha_j)$は，下式による。

$$SE(\alpha_j)=\sqrt{S^{ij}\times V_E} \qquad (3.2.9)$$

S^{ij}は独立変数の偏差平方和・積和行列Sの逆行列である。偏差平方和・積和行列の逆行列はS^{-1}で表現され，$S\times S^{+1}=E$となるような行列である。Eは単位行列で，対角要素が1で非対角要素が0であるような行列である。V_Eは残差平方和の不偏分散になる。標本の特性値から母集団の傾向を予測する場合には，分散はデータ数nで除算せず，nから1引いた数，$n-1$で除算したものを利用する($\sum_{i=1}^{n}(x_i-x)^2/(n-1)$)。この値を不偏分散と呼ぶ（標本分散ともいう）。偏差平方和・積和行列Sは，各独立変数の偏差平方和と各独立変数間の偏差積和を計算することにより求められ，対角に偏差平方和，非対角に偏差積和が配置されている。残差平方和の不偏分散V_Eは，残差平方和S_eから$V_E=S_e/(n-p-1)$により計算することができる。得られた残差平方和の不偏分

散 V_E と偏差平方和・積和行列 S の逆行列 S^{ij} を用いて，各独立変数の t 値を計算し，設定した有意水準 α の下での t_α の値との大小を比較することで，設定した帰無仮説を棄却することができるか否かを検討する。有意水準を5％とすれば，t_α が標本より計算した t 値よりも大きければ帰無仮説「母偏回帰係数が０である」を棄却し，小さければ帰無仮説を棄却することはできない。帰無仮説が棄却されれば，母集団において「独立変数」が「従属変数」に影響を与え，予測に寄与していることになる。

表Ⅲ－２－３に示されている認知度，情報接触度，居住意欲度，観光意欲度，産品購入意欲度の有意確率は，それぞれ0.914，0.001，0.003，0.000，0.176となっており，有意水準を５％とするならば情報接触度，居住意欲度，観光意欲度は帰無仮説「母偏回帰係数が０である」を棄却し，魅力度を予測するのに有効であることが分かる。認知度と産品購入意欲度は帰無仮説を棄却することができず，予測に有効であるとはいえないこととなる。

⑤ 得られた予測式の妥当性の検討

分析により得られた予測式に基づいた重回帰モデルが，統計的に意味のあるモデルであるかどうかを検証する必要がある。47都道府県の魅力度に関する標本データに対しては，分析により得られた予測式が役に立つことが決定係数から分かった。母集団においても同様に予測式が有効かどうか確認する必要がある。母集団において得られた予測式は有効ではない，即ち「母偏回帰係数がすべて０である」という帰無仮説を設定し，分散分析により検証する。分散分析は，全体の変動 S_T，回帰による変動 S_R，残差平方和 S_e を利用して，検定統計量が自由度（p, $n-p-1$）の F 分布に従うことを用いて行う（巻末「付表１　F 分布表」を参照）。

$$F=\frac{S_R/p}{S_e/(n-p-1)} \qquad (3.2.10)$$

なお，n はデータ数，p は変数の数を示す。帰無仮説が棄却されるかどうかの判断は，偏回帰係数の場合と同様に，有意確率（P 値）を設定した有意水準との大小を比較することで行う。帰無仮説が棄却されれば，母集団においても得られた予測式における各独立変数の偏回帰係数がすべて０であるとはいえず，この回帰分析における予測式には何らかの意味があるといえる。なお，この結果は表Ⅲ－２－５のような分散分析表としてまとめられる。この分散分析表の有意確率（*P* 値）は0.000となっており，*P* 値は0.05よりも小さく，有意水準５％（もしくは１％）で帰無仮説は棄却される。したがって，母集団においても得られた予測式があてはまることが分かる。そこで，この重回帰分析は意味がないとはいえず，何らかの意味があるといえる。　　　　（中山，2009）

表Ⅲ－２－５　分散分析表

	平方和	自由度	平均平方	*F* 値	有意確率
回帰	7069.208	5	1413.842	267.531	0.000
残差	216.676	41	5.285		
全体	7285.884	46			

⑥ 変数選択と多重共線性

偏回帰係数の統計的有意性検定により，従属変数に対して各独立変数の効果の有無を検討したが，組み込むべき独立変数を選択する方法として，「変数減少法」，「変数増加法」，「変数増減法（ステップワイズ法）」，「総当り法」，「情報量基準を用いた方法」などがある，変数選択を行う目的は，多くの変数の中で有効な変数だけを選択しようとすることである。まったく効力がない無駄な独立変数が予測式に用いられている場合，偏回帰係数や予測値のばらつきが大きくなり，推定精度が悪くなる。必要な独立変数が欠落していると回帰係数や予測値に偏りが生じ，誤差を大きく見積もりすぎる。独立変数間の相関が高すぎる場合には偏回帰係数の推定量が不安定となり，係数の絶対値や標準誤差が非常に大きい，係数の符号が実態に則さないなどの問題が生じる。これは，対角に各変数の分散，非対角に各説明変数間の共分散が配置された行列である分散共分散行列の行列式が，０に近くになってしまうためである。各独立変数の中に互いに相関の強いものが含まれていると，回帰係数の精度が悪くなる。まったく効力がないわけではないが，それ程影響が強くないと思われる変数や，他の変数と相関の強い変数は用いない方がよい。このような問題は，多重共線性と呼ばれる。

多重共線性を回避するためには，変数選択や多重共線性が生じているかどうかを判断する指標である VIF（Variance Inflation Factor，分散拡大要因）が用いられる。今回の分析に用いる独立変数のひとつである変数 x_j を従属変数として，他の変数を独立変数として回帰分析を行った際に得られる決定係数を R_j とした時に，VIF は下式に従う。

$$\mathrm{VIF} = 1/(1-R_j) \qquad (3.2.11)$$

VIF>10であれば多重共線性の可能性を疑う（VIF>５という基準を用いる人もいる)。表Ⅲ－２－３に示されている認知度，情報接触度，居住意欲度，観光意欲度，産品購入意欲度の本分析での VIF は，(3.2.11) 式に従ってそれぞれ7.702，2.809，8.636，5.061，2.379であり，表Ⅲ－２－２では各独立変数間には強いもしくは中程度の正の相関があるものが存在していたが，多重共線性を疑う程ではないことが分かる（VIF>５という基準でみると，居住意欲度，認知度は多重共線性が疑われる)。

以下では，F 値を基準とした変数選択の方法について説明する。

(イ) 変数減少法

本分析に使用している独立変数の F 値を，それぞれ計算する。F 値は，各偏回帰係数の検定に用いた t 値を２乗することで求められ，求めた F 値の中で最小の値が指定した F_{out}（通常２を使用）の値よりも小さければ最小の変数を除外し，再度重回帰分析を行う。再度分析を行った結果から，F 値を再度各各の独立変数について計算し，F_{out} の値よりも F 値が小さくなる独立変数がなくなるまで，独立変数の除外を繰り返す。独立変数を除外することで，重回帰式に含まれる変数がなくなった場合には分析を終了し，分析に用いた独立変数では予測できなかったことになる。F_{out} の値よりもいずれの独立変数の F 値も大きければ，いずれの変数も除外することなく変数選択を終了する。

(ロ) 変数増加法

変数がひとつも含まれない状態から始め，変数をひとつずつ分析に加える。ひとつの変数を加えて重回帰分析を行い，加えた変数の F 値を求めることをすべての独立変数に対して行い，最大の F 値がある値（基準 F 値，例えば2.0）を超えるならば，その変数を独立変数として予測式に残す。その予測式にひとつ独立変数を追加し，基準値を超える最大の F 値を示す変数を含む予測式を採用するという手順を順次繰り返して，最大の F 値が2.0以下になれば変数選択を終了する。

(ハ) 変数増減法（ステップワイズ法）

変数減少法と変数増加法を組み合わせた方法である。変数増加法の手順で新しく含めるべき独立変数をみつけ，その後，その時点で含まれている独立変数の中で不必要なものがないかを変数減少法の手順で確認することで，変数選択を行う方法である。定数のみの回帰式を設定し，基準 F 値よりも大きくその中でもっとも F 値の大きいひとつの変数を回帰式に追加し，基準 F 値よりも大きくまだ加えられていない変数の中で，もっとも F 値の大きいひとつの変数を回帰式に追加する。回帰式に既に含まれている変数の F 値が基準 F 値よりも小さくなれば，その変数を除去する。増加対象や減少対象となる変数がなくなれば，変数選択を終了する。この方法では，F 値そのものではなく，F 値の有意確率に基づいて変数選択を行う場合もある。F 値の有意確率を用いる場合には，回帰式になく F 値の有意確率が十分に小さい変数のうち，その確率が最小の変数を投入する。回帰式に既に含まれている変数の F 値の確率が著しく高くなった場合には，その変数を除去する。また，F 値ではなく，情報量基準（AIC や BIC）に基づいて変数選択を行う場合もある。

(ニ) 総当り法

ひとつの変数からすべての変数までを含む予測式の組み合わせ全部について分析し，どの式を用いるか検討する方法である。検討する際には，自由度調整済み決定係数や情報量基準（AIC，BIC）などを参考にして変数選択を行う。情報量基準は2つ以上のモデルを比較する時に用いられる指標であり，値が小さい方が良いモデルとされる。

本分析において，変数選択を*F*値を基準としたステップワイズ法（増加の基準の*F*値3.84，減少の基準の*F*値2.71）により行うと，表Ⅲ－2－6のような結果となる。モデル1では定数のみの回帰式に，*t*値の2乗により計算される*F*値が増加の基準の*F*値よりも大きい変数の中で，もっとも大きい観光意欲度を独立変数とした分析が行われている。その際に減少基準の*F*値を下回らなかったため，モデル2では，モデル1に*F*値が増加基準の*F*値よりも大きい変数の中で，次に大きい情報接触度が追加されている。このモデル2の回帰式においても減少基準の*F*値を下回らないため，モデル3において，*F*値が増加の基準の*F*値よりも大きい変数の中で，もっとも大きい居住意欲度が追加されている。このモデルでも減少基準の*F*値を下回らないが，増加の基準*F*値よりも大きい変数がほかに存在しないため，認知度と産品購入意欲度が分析から除外されて変数選択が終了している。モデル3の決定係数と自由度調整済み決定係数はそれぞれ0.969，0.967となっており，すべての独立変数を用いて予測を行った場合の自由度調整済み決定係数は0.967であるので，独立変数を3とした場合に，独立変数を5とした場合と同程度の予測がより少ない

表Ⅲ－2－6 モデル選択結果

		偏回帰係数	標準偏差誤差	標準化偏回帰係数	*t*値
モデル1	（定数）	−24.288	2.229		−10.896
	観光意欲度	1.155	0.056	0.951	20.619
モデル2	（定数）	−30.677	1.795		−17.092
	観光意欲度	1.057	0.041	0.870	25.543
	情報接触度	0.230	0.033	0.239	7.027
モデル3	（定数）	−25.152	1.964		−12.805
	観光意欲度	0.858	0.057	0.706	15.044
	情報接触度	0.171	0.031	0.177	5.565
	居住意欲度	0.536	0.122	0.227	4.393

独立変数の簡潔なモデルで実行できていることが分かる（中山，2009）。

なお，今回の変数選択後の魅力度を予測するための予測式は，（3. 2. 4）式に従い下記のようになる。

$$\hat{y}=-25.152+0.858\times\text{観光意欲度}+0.171\times\text{情報接触度}+0.536\times\text{居住意欲度}$$

この予測式が有効なのは，今回の分析で用いた独立変数の値の範囲内のデータを代入した場合（内挿）となる。このことは，以降で説明する判別分析でも同様である。今回の分析に用いた観光意欲度のデータ範囲は22.6から78.3，情報接触度のデータ範囲は25.8から78.0，居住意欲度のデータ範囲は3.5から24.3であるので，この範囲外のデータを予測式に代入（外挿）した場合には，正しい予測ができない場合がある。ただし，実務上は分析に利用した独立変数のデータ範囲内の値を代入する内挿ではなく，範囲外のデータを代入する外挿が予測をするために重要な場合もある。そのような外挿をする場合には，±標準偏差誤差分の変動が偏回帰係数には想定され得るので，その変動を考慮した上で予測を行うことも一案と考えられる。

⑦ 残差分析

回帰分析では，最小二乗法により観測値と予測値との残差の平方和の値を最小化するような回帰係数の値を求めている。その際に，独立変数の値によらず残差の分布は一定であり，残差は平均が０で分散が一定（σ^2）の正規分布に従うという仮定を置いている。残差に何らかの傾向がある場合にはこの仮定が誤っていることになり，残差に何らかの傾向がないかを確認する必要がある。残差グラフを作成して，独立変数が増加するにつれて残差も増加している，残差が何らかの規則性をもっているといった傾向が存在する場合には，回帰直線による予測に問題がある。そのような場合には，直線ではなく曲線で予測を行う，他の独立変数を加えるというように，回帰分析の指針そのものを再検討する必要がある。

(5) ダミー変数による重回帰分析

質的データも，1と0からなるダミー変数化することで独立変数として用いて，ダミー変数による重回帰分析を行うことが可能となる（青木繁久, 2005)。例えば，47都道府県に対する魅力度の評価が男女により異なると考え，性別の違いにより魅力度を予測する場合は，性別は男女の2値の質的な独立変数であるため，これをダミー変数化する必要がある。性別をダミー変数化するためには，男性を1，女性を0とした2値変数（ダミー変数）を作成する。ダミー変数化された性別の変数は，1＝男性，0＝女性という数量化を行ったことになる。また，年代のように20歳代，30歳代，40歳代，50歳代，60歳代と複数のカテゴリーが存在する場合には，どれか1つの年代（例えば，20歳代）を基準のカテゴリーとして，それ以外の年代（30歳代，40歳代，50歳代，60歳代）をそれぞれ2値変数に置き換える。例えば，30歳代を新たな説明変数として1，それ以外の年代を0という変数を作成する。基準となる20歳代については，他の年代を識別するために作成した2値変数においてすべて0になっていれば20歳代であることが分かるので，新たに2値変数を作成する必要はない。このような変数をダミー変数と呼び，データを2値変数に置き換えることをダミー変数化するという。質的な説明変数を含む重回帰分析における注意点には，以下の3点がある。

(イ) ダミー変数化していない質的変数をそのまま数値として，分析を行ってはならない。各年代に1から5までの選択肢番号（コード）が振られている時に，そのコード化されている変数をそのまま用いて重回帰分析を行ってはならず，必ず1/0の2値変数を用いて，ダミー変数化して分析しなければならない。

(ロ) ダミー変数化する際に，どのカテゴリーを基準変数とするかによって結果は変化しない。ダミー変数化する際に基準とする変数を変更しても，基準である0となる変数が変化するだけであり，先の例で20歳代ではなく他の年代のいずれかを基準変数としてダミー変数化して分析しても，その分析結果は変化しない（もちろん出力結果の偏回帰係数の値は異なるが，偏回帰係数を正規化したスコアは同じになる：詳細は後述)。

(ハ) 変数選択を行い，ダミー変数を除外する際には，関連するダミー変数をすべて除外しなければならない。例えば年代をダミー変数化して分析した際に30歳代というダミー変数が除外されたなら，他の年代のダミー変数も除外する必要がある。

株式会社マーケッティング・サービス（MS）の自主調査『車に関する意識調査』のデータを利用して，具体例示す。以下のようなデータ行列（n=461の中の10人分）があるとする。車の保有者に「車の選好度（評定尺度)」，「使用目的（MA)」，「性別（SA)」を聞いた例である。従属変数（y）を「運転の好き嫌い（1.好き～5.嫌い)」，独立変数（x_i）を「使用目的」と「性別」とした重回帰分析により解析を行う。分析の目的は，車の使用目的と車の選好度の関係を分析する，とする。独立変数については多項選分類型（MA）であることから，あてはまる複数の回答選択肢に○がついている。表Ⅲ－2－7のように，データは回答選択肢ごとに○がついている場合1，○がない場合0となっている（データ入力形式はバイナリー形式)。このため，そのままダミー変数として取り扱える。性別は1．男性，2．女性であることからダミー変数化する必要がある。

表Ⅲ－2－7　車の選好度，使用目的，性別に対する回答例

ID	運転好き	通勤通学	買い物	街乗り	日帰りドライブ	宿泊ドライブ	アウトドア	送迎	性別
1	1	1	1	0	0	0	0	0	1
2	1	0	0	1	0	0	0	0	1
3	2	1	1	1	1	1	1	1	2
4	3	0	1	0	0	0	0	0	1
5	3	1	1	0	0	0	0	0	1
6	2	0	1	0	1	0	0	1	1
7	3	1	0	0	0	0	0	0	1
8	2	0	1	1	1	1	1	0	1
9	1	1	1	1	1	1	1	1	1
10	1	0	1	1	0	0	0	0	1

（株式会社マーケッティング・サービス，2013より作成）

性別をダミー変数化したデータ行列は，表Ⅲ－２－８のようになる。

表Ⅲ－２－８　車の選好度，使用目的，性別回答のダミー変数

ID	運転好き	通勤通学	買い物	街乗り	日帰りドライブ	宿泊ドライブ	アウトドア	送迎	性別
1	1	1	1	0	0	0	0	0	1
2	1	0	0	1	0	0	0	0	1
3	2	1	1	1	1	1	1	1	0
4	3	0	1	0	0	0	0	0	1
5	3	1	1	0	0	0	0	0	1
6	2	0	1	0	1	0	0	1	1
7	3	1	0	0	0	0	0	0	1
8	2	0	1	1	1	1	1	0	1
9	1	1	1	1	1	1	1	1	1
10	1	0	1	1	0	0	0	0	1

このデータ形式であれば，重回帰分析により解析を行うことができる。表Ⅲ－２－９は，461人全員の回答を用いて実際に分析した結果である。使用目的の各項目末尾のｙは回答選択肢に○がついており，データとしては１が入力さ

表Ⅲ－２－９　車の選好度，使用目的，性別の重回帰分析結果

	Estimate	Std. Error	*t* value	*Pr* (>|*t*|)	
(Intercept)	3.078	0.143	21.588	0.000	***
通勤通学 y	−0.292	0.131	−2.233	0.026	*
買い物 y	0.052	0.134	0.383	0.702	
街乗り y	−0.261	0.110	−2.377	0.018	*
日帰りドライブ y	−0.095	0.126	−0.756	0.450	
宿泊ドライブ y	−0.326	0.121	−2.681	0.008	**
アウトドア y	−0.264	0.142	−1.858	0.064	.
送迎 y	−0.033	0.110	−0.298	0.766	
性別 m	−0.536	0.103	−5.181	0.000	***

Signif. codes：0 '***' 0.001 '**' 0.01 '*' 0.05 '.' 0.1 ' ' 1

Residual standard error:1.088 on 452 degrees of freedom, Multiple R-squared:0.1219, Adjusted R-squared：0.1064, F-statistic：7.845 on 8 and 452 DF, p-value: 6.829e-10

れていることを示している。性別の m は，男性であれば 1 が入力されていることを示している。

461人全員の回答を用いて分析した表Ⅲ－２－９の分析結果をみると，使用目的では「買い物 y」以外は偏回帰係数がマイナスである．従属変数は「1．好き～5．嫌い」であるから，値が小さくなる方が好きという傾向をもつことが分かる。各使用目的で値が小さければ，その目的での使用者は車を好む傾向があることになる。性別は「男性」でマイナスであるから，女性より男性で好きという傾向があることが分かる。この結果では，使用目的で○がない，性別で女性の係数は０としている。そこで正規化したスコア（平均が０になるように調整したスコア）を求める。例えば「通勤通学」は表Ⅲ－２－10のように計算される（以下同様）（青木, 2005）。

表Ⅲ－２－10　通勤通学の正規化スコア

通勤通学		Yes	No
score		−0.292	0
頻度		88	373
平均	score*頻度/n	−0.060	−0.056
正規化スコア	score-score*頻度/n	−0.236	0.056

切片は従属変数の平均値であり，2.404と求められる．表Ⅲ－２－11が正規化スコア，レンジ（カテゴリー・スコア最大値－最小値），偏相関係数の一覧である。

表Ⅲ－２－11　車の選好度，使用目的，性別の正規化スコア，レンジ，偏相関係数

通勤通学	Yes	No	range	偏相関係数
	−0.236	0.056	0.292	0.104
買い物	Yes	No		
	0.011	−0.040	0.052	0.018
街乗り	Yes	No		
	−0.172	0.089	0.261	0.111

日帰りドライブ	Yes	No		
	−0.043	0.052	0.095	0.036
宿泊ドライブ	Yes	No		
	−0.167	0.159	0.325	0.125
アウトドア	Yes	No		
	−0.223	0.041	0.264	0.087
送迎	Yes	No		
	−0.016	0.016	0.033	0.014
性別	男性	女性		
	−0.235	0.301	0.536	0.237
切片	2.403			

多変数の場合の偏相関係数（および重相関係数（R）とRの2乗である決定係数）の算出方法について説明する。多変数の偏相関係数は，偏相関係数を求めようとしている2つの変数を従属変数，他の変数を独立変数として，2本の重回帰分析を実施した時，それぞれの重回帰分析の結果の残差は，偏相関係数算出を対象としている変数から他の変数の影響を取り除いたものであり，この残差の相関係数が偏相関係数である。前掲の例の場合，運転選好度を従属変数，他の変数を独立変数とした重回帰分析を解くことになる。

従属変数yと独立変数x_iとの偏相関係数r_{yx_i}は，Rの逆行列R^{-1}の（y, x_i）要素としたとき，下記式により計算される（竹内・柳井，1972)。

$$r_{yx_i \cdot \mathrm{rest}} = \frac{-R^{yx_i}}{\sqrt{R^{yy}R^{x_ix_j}}} \qquad (3.2.12)$$

予測値と観測値の相関係数である重相関係数は，下式で計算される（決定係数はこの値の2乗となる)。

$$R = \sqrt{1 - \frac{1}{R^{yy}}} \qquad (3.2.13)$$

表Ⅲ－２－12は相関係数行列である。

表Ⅲ－2－12　車の選好度，使用目的，性別の相関係数行列

	運転好き	通勤通学	買い物	街乗り	日帰りドライブ	宿泊ドライブ	アウトドア	送迎	性別
運転好き	1.00	0.09	0.02	0.14	0.15	0.17	0.11	0.03	0.25
通勤通学	0.09	1.00	0.07	−0.11	−0.09	−0.07	0.02	−0.07	0.05
買い物	0.02	0.07	1.00	0.04	−0.21	−0.19	−0.01	−0.35	0.12
街乗り	0.14	−0.11	0.04	1.00	0.18	0.09	0.00	0.04	0.09
日帰りドライブ	0.15	−0.09	−0.21	0.18	1.00	0.54	0.12	0.22	0.04
宿泊ドライブ	0.17	−0.07	−0.19	0.09	0.54	1.00	0.12	0.13	−0.01
アウトドア	0.11	0.02	−0.01	0.00	0.12	0.12	1.00	0.02	0.03
送迎	0.03	−0.07	−0.35	0.04	0.22	0.13	0.02	1.00	−0.04
性別	0.25	0.05	0.12	0.09	0.04	−0.01	0.03	−0.04	1.00

表Ⅲ－2－13は，相関係数行列の逆行列を示している。通勤通学の偏相関係数は，（3.2.12）式に従って計算される。

$$\frac{-(-0.11352)}{\sqrt{1.03708 \times 1.13885}} = 0.104456$$

重相関係数は（3.2.13）式により$\sqrt{1-\dfrac{1}{1.13885}} = 0.349172$，決定係数は$0.349172^2$であり0.121921と計算される。

「Ⅱ－1－(3)　偏相関係数」の「2015年度プロ野球パリーグの個人打撃成績（規定打度以上)」(「表Ⅱ－1－5」を参照）の打席数，安打数，三振数の例をあてはめると，x（三振）のz（打席）による影響，y（安打）のz（打席）による影響は，xのzへの単回帰分析，yのzへの単回帰分析を実行した時，それぞれの単回帰分析の結果の残差の相関係数が偏相関係数ということになる。

したがって，(x, y, z)の相関行列Rの逆行列R^{-1}から$r_{yx \cdot z} = \dfrac{-R^{xy}}{\sqrt{R^{xx}R^{yy}}}$によって計算できる。

表Ⅲ－2－13　車の選好度，使用目的，性別の相関係数逆行列

	運転好き	通勤通学	買い物	街乗り	日帰りドライブ	宿泊ドライブ	アウトドア	送迎	性別
運転好き	1.13885	−0.11352	−0.02103	−0.12279	−0.04692	−0.16122	−0.09433	−0.01619	−0.26354
通勤通学	−0.11352	1.03708	−0.03598	0.11412	0.06310	0.03442	−0.02153	0.03469	−0.03002
買い物	−0.02103	−0.03598	1.19674	−0.09003	0.13405	0.11585	−0.02473	0.36793	−0.11204
街乗り	−0.12279	0.11412	−0.09003	1.07214	−0.19391	0.01754	0.03808	−0.02353	−0.05034
日帰りドライブ	−0.04692	0.06310	0.13405	−0.19391	1.53016	−0.74024	−0.08163	−0.18423	−0.06204
宿泊ドライブ	−0.16122	0.03442	0.11585	0.01754	−0.74024	1.45797	−0.07712	0.02658	0.07253
アウトドア	−0.09433	−0.02153	−0.02473	0.03808	−0.08163	−0.07712	1.03052	−0.00067	−0.00004
送迎	−0.01619	0.03469	0.36793	−0.02353	−0.18423	0.02658	−0.00067	1.16865	0.01247
性別	−0.26354	−0.03002	−0.11204	−0.05034	−0.06204	0.07253	−0.00004	0.01247	1.08802

正規化されたスコアの範囲（レンジ）は「スコアの最大値－スコアの最小値」により求めることができ，範囲（レンジ）が大きいほど従属変数に与える影響が大きい。ただし，正規化されたスコアは，平均が0になるように調整されている。このため，度数の少ないカテゴリーがあると，範囲（レンジ）が大きくなる傾向をもつ。このため独立変数（ダミー変数化する前の変数）が従属変数に与える影響の大きさを評価する指標として，偏相関係数も確認する必要がある。今回の分析結果において，範囲（レンジ）が大きい順は性別，宿泊ドライブ，通勤通学，街乗りとなり，偏相関係数が大きい順は性別，宿泊ドライブ，街乗り，通勤通学となる。範囲（レンジ），偏相関係数の大きさの順には，大きな違いはみられない。

(6) 数量化Ⅰ類と分析例

① 数量化Ⅰ類とは

数量化Ⅰ類は，すべての説明変数が質的である各変数をダミー変数化して行う分析である。3つの説明変数が4カテゴリー，ひとつの説明変数が3カテゴリーからなるような説明変数があり，ひとつめの変数のカテゴリーをダミー変数化した変数をx_{11}，x_{12}，x_{13}，x_{14}，2つめの変数のカテゴリーをダミー変数化した変数をx_{21}，x_{22}，x_{23}，x_{24}，3つめの変数をダミー変数化した変数をx_{31}，x_{32}，x_{33}，x_{34}，4つめの変数をダミー変数化した変数をx_{41}，x_{42}，x_{43}，

目的変数を y とする時，次のような予測式を考える。

$$y = \alpha_{11} \times x_{11} + \alpha_{12} \times x_{12} + \alpha_{13} \times x_{13} + \alpha_{14} \times x_{14} + \alpha_{21} \times x_{21} + \alpha_{22} \times x_{22} + \alpha_{23} \times x_{23} + \alpha_{24} \times x_{24} + \alpha_{31} \times x_{31} + \alpha_{32} \times x_{32} + \alpha_{33} \times x_{33} + \alpha_{34} \times x_{34} + \alpha_{41} \times x_{41} + \alpha_{42} \times x_{42} + \alpha_{43} \times x_{43} \qquad (3.2.14)$$

目的変数の観測値と予測値との誤差が最小となるように，各係数 α_{11}，α_{12}，α_{13}，α_{14}，α_{21}，α_{22}，α_{23}，α_{24}，α_{31}，α_{32}，α_{33}，α_{34}，α_{41}，α_{42}，α_{43} の値を決定する。ただし，各カテゴリー間には $x_{11}+x_{12}+x_{13}+x_{14}=1$ という関係が各アイテム（説明変数）で成り立つので，x_{11}，x_{12}，x_{13} が 0 であれば $x_{14}=1$ となるため，通常 2 番目以降の各アイテム（説明変数）からひとつずつのカテゴリーを除去して解を求める。各説明変数からひとつずつ除去するカテゴリーの係数の値を 0 とするという制約をおいて，残差平方和を最小とする。仮に，α_{21}，α_{31}，α_{41} の各係数の値を 0 として解を求めるならば，2 番目以降の各アイテム（説明変数）の第 1 カテゴリーに対応する係数 α_{21}，α_{31}，α_{41} をそれぞれ 0 として，それ以外の各係数の値を算出する。

2 番目以降の各アイテム（説明変数）の第 1 カテゴリーの係数は常に 0 となり，除去したカテゴリーの係数を 0 にするのと同じことを意味する。得られるカテゴリーの係数 α_{11}，α_{12}，α_{13}，α_{14}，α_{22}，α_{23}，α_{24}，α_{32}，α_{33}，α_{34}，α_{42}，α_{43} は，除去したカテゴリーをベースに考える時，アイテム内での条件の変化が予測値の増減に与える影響度を示す。

カテゴリーの係数を解釈する際に，特定のカテゴリーの係数が 0 であると不都合が生じる場合は，各アイテム内のカテゴリー係数が 0 になるようにカテゴリーの係数を変換する。これをカテゴリー数量の正規化といい，カテゴリー数量の正規化を行うことで，2 番目以降の各アイテム（説明変数）の第 1 カテゴリーの係数が 0 ではなく数値として得られる。カテゴリー数量の正規化は，各アイテム内のカテゴリーの係数が 0 になるようにカテゴリーの係数を変換することで行われる。そのために，各カテゴリーについて，$\alpha_{11} \times x_{11}$，$\alpha_{12} \times x_{12}$，$\alpha_{13} \times x_{13}$，$\alpha_{14} \times x_{14}$，$\alpha_{21} \times x_{21}$，$\alpha_{22} \times x_{22}$，$\alpha_{23} \times x_{23}$，$\alpha_{24} \times x_{24}$，$\alpha_{31} \times x_{31}$，

$\alpha_{32}\times x_{32}$，$\alpha_{33}\times x_{33}$，$\alpha_{34}\times x_{34}$，$\alpha_{41}\times x_{41}$，$\alpha_{42}\times x_{42}$，$\alpha_{43}\times x_{43}$を算出し，各カテゴリーでの合計，即ち各アイテム内で合算したカテゴリーの合計値を求め，各アイテム内のカテゴリー平均を計算し，得られた予測値についても合計と平均を求める。正規化した予測式を使用して予測値を求めても，正規化していない予測式を用いた場合と同様の予測値が得られる。　（林知己夫・駒澤勉，1982）

② 数量化Ⅰ類による分析例

朝日新聞社が広告出稿主向けに，広告内容による「J-MONITOR」参加紙11ビークルの閲読者の広告接触率について，数量化Ⅰ類による予測要因分析の結果を紹介している（朝日新聞社，2014）。これを数量化Ⅰ類の事例としてとりあげる。なお，2014年のデータは，以下の11ビーグルを合算している。首都圏（朝日，産経，日本経済，毎日，読売，東京），近畿圏（朝日，毎日，読売），中京圏（中日），北海道（北海道）（詳細については「J-MONITOR 連絡協議会」ホームページを参照のこと）。

目的変数を広告接触率として，段数（広告の大きさ），広告内容，掲載面，刊別，色，広告種類，曜日の７つの説明変数を用いて数量化Ⅰ類で分析すると，表Ⅲ－２－14のような各カテゴリーの係数が得られる（朝日新聞社，2014）。最新スコアはJ-MONITOR オフィシャルサイトで公表されている。表Ⅲ－２－14のカテゴリーの係数は，各カテゴリーが広告接触率に与える影響度をあらわしており，カテゴリー数量の正規化を行なったものとなっている。例えば，段数の全30段のカテゴリーの係数は16.1であり，全30段であることが広告接触率を16.1だけ高めることをあらわしている。各カテゴリーの係数を用いて，任意のカテゴリーの組合せに基づいた広告接触率を予測できる。平均広告接触率（58.7%）に，選択した組合せのカテゴリー・スコアを足し合わせた値が広告接触率の予測値になる。例えば，段数を全５段，広告内容を車両，掲載面をスポーツ，刊別を朝刊，色をカラー，広告種類を商品営業広告，曜日を金曜日とすると，広告接触率の予測値は下記のとおりとなる。

$$58.7+2.7+(-2.7)+(-2.5)+0.8+5.8+0.5+0.6=63.9\ (\%)$$

表Ⅲ－2－14　広告接触率を左右する要因のレンジ・カテゴリー係数

	カテゴリ	件数	カテゴリー係数
段数	レンジ		39.7
	全30段	222	16.1
	全15段	4,111	12.3
	全10段	451	10.4
	全７段	822	6.8
	全５段	7,601	2.7
	全３段	1,751	−1.6
	半５段	4,108	−3.2
	全２段	1,453	−9.7
	半２段	1,840	−18.4
	全１段	759	−23.6
	その他	882	−3.8
広告内容	レンジ		23.9
	書籍	2,655	1.6
	週刊誌	590	16.1
	その他雑誌	1,081	3.8
	薬品・医療機器	927	1.0
	化粧品・トイレタリー	1,236	−2.2
	食品	1,965	0.6
	飲料・嗜好品	656	−1.3
	ファッション・貴金属	451	0.0
	家庭用品・サービス	1,248	−2.3
	通信販売	1,865	−1.3
	家電・精密・事務機器	464	−2.6
	通信・ICT	255	−0.2
	車両	265	−2.7
	エネルギー・機械・素材	285	−3.2
	金融	844	−2.6
	航空・運輸	151	0.9
	旅行	1,591	4.7
	宿泊・レジャー施設・式場	534	4.7
	百貨店・量販店・専門店	1,185	−1.2
	建物・住宅機器	224	−5.7

	不動産・物件	673	−7.6
	音響映像ソフト	121	−1.1
	放送	368	3.0
	映画・興行	850	5.0
	官公庁・団体	1,350	0.6
	学校・教育	997	−5.4
	求人・案内	824	−7.7
	その他	345	−6.3
掲載面	レンジ		11.3
	総合	2,834	4.5
	政治	784	1.1
	国際	1,095	−0.7
	経済	1,487	−2.3
	商況	657	−6.2
	生活	2,955	−0.9
	文化・芸能	1,969	−1.0
	スポーツ	2,098	−2.5
	ラジオ・テレビ解説	1,010	−3.3
	オピニオン・解説	807	1.0
	地域	268	−2.0
	社会	3,907	1.9
	テレビ	1,099	5.1
	その他	3,030	−1.7
刊別	レンジ		8.8
	朝刊	18,369	0.8
	夕刊	4,930	−2.0
	別刷	701	−8.0
色	レンジ		7.4
	モノクロ	19,010	−1.5
	カラー	4,990	5.8
広告種類	レンジ		1.3
	商品営業広告	13,082	0.5
	商品直販広告	7,804	−0.8
	企業広告	416	−0.1
	連合・その他	2,698	0.1

曜日	レンジ		1.0
	月曜日	3,496	−0.4
	火曜日	3,909	0.0
	水曜日	3,887	−0.1
	木曜日	3,318	−0.1
	金曜日	3,287	0.6
	土曜日	3,047	0.1
	日曜日	3,056	−0.2
平均広告接触率		24,000	58.7
	決定係数		0.677
	重相関係数		0.823

（J-MONITOR：朝日新聞社，2014より）

数量化Ｉ類により得られた予測式が，どの程度有効かを測る指標は，回帰分析の場合と同様に決定係数 R^2によって判断する。決定係数は $0 \leqq R^2 \leqq 1$ の範囲の値をとり，決定係数 R^2の値が１に近づく程残差平方和の割合が小さくデータは予測式によってよく説明できており，０に近づく程残差平方和の割合が大きくなりデータは予測式によって説明できていない。重回帰分析の場合と同様に，説明変数が増えれば決定係数も増加する傾向があるので，分析に使用した説明変数の数を考慮した上で判断するには，自由度調整済み決定係数 R^{*2}を用いる。目的変数（外的基準）の観測値と予測値との相関係数は重相関係数と呼ばれ，決定係数は重相関係数の2乗の値と一致する。表Ⅲ－２－14における決定係数は，７つの説明変数により広告接触率がどの程度予測できているのかという数量化Ｉ類による分析の妥当性を示すが，今回の分析での決定係数は0.677であり，目的変数である広告接触率の変動の67.7％を７つの説明変数により説明できていると解釈できる。「Ⅲ－２－(2)　単回帰分析による分析例」で述べたように，決定係数 R^2は一次データの分析の場合には0.5以上あればある程度予測できていると考えられ，今回の数量化Ｉ類の分析では説明変数により目的変数は十分説明できていると考えられる。

各アイテム内の各カテゴリーに与えた標準化された係数の範囲である「数量

の最大値－数量の最小値」により求められる各アイテムの範囲（レンジ）を調べ，目的変数に与える各変数の影響度を確認する。レンジが大きい程目的変数（外的基準）に与える影響が大きくなり，より重要なカテゴリーとなる。広告主は，広告注目率について本分析の説明変数の各アイテム・カテゴリーの条件の下で予測を行うので，条件を反映させたレンジを用いるのが妥当といえる。表Ⅲ－２－14でレンジの最大は段数の39.7であり，もっとも広告接触率に影響度が大きく，最小は曜日の1.0であり，もっとも影響度が小さい。

段数のカテゴリーの係数の最小値は全1段の－23.6，最大値は全30段の16.1であり，段数を全1段から全30段に変えることで，広告接触率を16.1－(－23.6)＝39.7の値だけ高めることができる。

一方，曜日では最小値は月曜日の－0.4，最大値は金曜日の0.6であり，月曜日から金曜日に変えても広告接触率を0.6－（－0.4)＝1.0しか高めることができない。なお，偏相関係数も目的変数に与える影響の大きさを評価する指標として利用される。

③ 判別分析

(1) 判別分析とは

判別分析は，対象が所属する集団をひとつあるいは複数の説明変数を用いて判定する方法である。判別分析と回帰分析の違いは，回帰分析は目的変数が量的データであるのに対して，判別分析の目的変数は質的データである点である。群の数が２つの場合を２群判別，群の数が３つ以上の場合を多群判別という。判別分析では，２つ以上に分類される集団の中で，どの集団の母集団に所属しているのかが分かっている対象を用いて，所属集団を判断するための予測式を作成し，その予測式を用いて所属の不明な対象がどの群の母集団に属しているのかを推測する。

以下では，２群判別について説明する。予測式を作成する方法には，後述のようにマハラノビスの距離に基づく方法や相関比に基づく方法などがある。

マハラノビスの距離に基づく方法では，データの散らばり具合をあらわす分散共分散が，判別する集団の母集団間で等しいと仮定できるかどうかで算出の方法が異なる。分散共分散が母集団間で等しいとは，データを空間に表現したとき，データの散らばり具合が等しいことを意味する。なお，分散共分散行列が判別する集団の母集団間において等しいと仮定した場合のマハラノビスの距離に基づく方法は，相関比に基づく方法に一致する。

判別分析では，次式のような予測式（判別式）を考える。

$$y=\alpha_1\times x_1+\alpha_2\times x_2+\cdots+\alpha_n\times x_n+b \qquad (3.3.1)$$

得られた予測式から，集団を判別する上でのルールを下記のように決定する。

①$y \geqq c$，観測対象は集団Aに属すると判定

②$y<c$，観測対象は集団Bに属すると判定

ここで，cは判別の判定基準であり，n_1を集団Aの観測対象数，n_2を集団Bの観測対象数とする時に，下記のように定められる。

$$c=\frac{n_1}{n_1+n_2} \qquad (3.3.2)$$

ただし，このままでは各集団の観測対象数n_1，n_2の値が変わると判定基準であるcも変化するため，観測対象数の変化によりcが変化しないようにyを数値化する必要がある。yの数値化は，yの平均が0となるように，以下のいずれかの方法によって行う。（中山，2009）

①群A：$y=1$　　群B：$y=-\frac{n_1}{n_2}$　　(3.3.3)

②群A：$y=n_2$　　群B：$y=-n_1$　　(3.3.4)

③群A：$y=\frac{n_2}{n_1+n_2}$　　群B：$y=-\frac{n_1}{n_1+n_2}$　　(3.3.5)

④群A：$y=\frac{1}{n_1}$　　群B：$y=\frac{1}{n_2}$　　(3.3.6)

満足か不満足かを判別することを目的として，以下，「Ⅲ－３－(5)　判別分析による分析例」で用いる株式会社サーベイリサーチセンター（SRC）の「三宅島帰島住民アンケート」の調査項目に沿って説明する。標本サイズ500人の復興に対する満足度調査のデータを用いて判別分析を行うためには，質的な目的変数の値「1．満足」「2．不満」を上述の変換方法により数値化する必要がある。「1．満足」と回答した人が200名，「2．不満」と回答した人が300名であった場合に，yの数値化で用いられることの多い③の方法((3.3.5）式）で質的な目的変数を数量化するのであれば，満足群の選択肢番号をあらわしている「1」を「0.6（=300/500)」とし，不満群の選択肢番号をあらわしている「2」を「−0.4（=−200/500)」と数値化する。平均値を計算すると（0.6×200+(−0.4×300))/500＝0となることが確認でき，yの値が正か負かにより，2群を判別すればよいことになる。

(2) 相関比に基づく判別分析

判別分析には，相関比に基づく手法とマハラノビスの距離に基づく手法の2とおりの手法が存在する。マハラノビスの距離に基づく手法は，「分散共分散が2母集団で等しい」と仮定できるかどうかで計算方法が異なる。既に述べたとおり，「分散共分散が2母集団で等しい」と仮定した場合のマハラノビスの距離に基づく手法は，相関比に基づく方法に一致する。これらの点は，既に述べたとおりである（「Ⅲ－３－(1)　判別分析とは」）を参照)。したがって，判別分析は，分散共分散が2母集団で等しい場合と等しくない場合の2とおりが存在すると考えることも可能である。分散共分散が2母集団で等しい場合は，回帰分析と同じような計算方法で分析することが可能である。判別分析における目的変数yは，個個の観測対象が所属する群を示す変数である。仮に2つの群名がAとBであるとすると，上述の目的変数の数量化の方法により両群を数量化することで分析を実行する。

分析により得られた予測式から計算される予測値を用いて，各対象がいずれの集団に所属するか判別する。例えば，「道路の整備」，「泥流・火山ガス・火山噴火など防災対策」，「地域のまとまり」，「家族との人間関係」から復興に満足か不満かを判別する場合，以下のような予測式を考える。

$$z = \alpha_1 \times 道路の整備 + \alpha_2 \times 泥流・火山ガス・火山噴火など防災対策 + \alpha_3 \times 地域のまとまり + \alpha_4 \times 家族との人間関係 + b \qquad (3.3.7)$$

α_1，α_2，α_3，α_4は各説明変数の影響の程度をあらわす係数であり，bは定数項である。回帰分析では観測値と予測値との誤差を最小としたが，判別分析では満足と不満をあらわす質的変数（群）と量的変数（z）の関連性を示す相関比を最大とするような各説明変数の影響の程度をあらわす係数α_1，α_2，α_3，α_4を決定する。

相関比は，質的変数（群）と量的変数（z）の関連性を示す尺度であり，相関比が大きいほど質的変数と量的変数の関連性が強く，質的変数の群により量的変数のちらばり方が異なることを意味する。相関比は群間平方和を総平方和で除算することで計算できる。総平方和は量的変数の全体のばらつきの度合いをあらわし，群分けせず全体で計算した場合の偏差平方和になる。回帰分析における偏差平方和の分解と同じように，総平方和は，次式のように群内平方和と群間平方和に分解することができる。

$$総平方和 = 群内平方和 + 群間平方和 \qquad (3.3.8)$$

群内平方和は，群内でのばらつきの度合いをあらわし，各群での偏差平方和を合計した値になる。群内平方和は，２つの群の偏差平方和の和で求められる。群間平方和は，群によって量的変数（z）のばらつき方にどの程度の差があるかを表現しており，群間平方和は「総平方和－群内平方和」により求められる。

相関比は，質的変数（群）と量的変数（z）の関連性を示す尺度であり（「図Ⅲ－３－１」を参照），相関比が大きいことは群間平方和が大きく，群内平方和が小さいことをあらわす。これは，群分けをすることによって各群の平均の差が大きく，各群内でのばらつきが小さいことを意味する。相関比を大きくすることは，各データを直線上に射影した時の散らばり方が群ごとによりよく分かれるようにする，ということである。この直線が量的変数（z）の式でり，線形判別式と呼ばれる。相関比は，回帰分析における決定係数と同じ役割を果たす。相関比は０から１の値をとり，１に近づく程関連が強くなる。相関比を最大にすることは，２つの群における「α_1×道路の整備＋α_2×泥流・火山ガス・火山噴火など防災対策＋α_3×地域のまとまり＋α_4×家族との人間関係」の値がなるべく大きく離れるように，係数α_1，α_2，α_3，α_4を求めることになる。

さらに，満足群と不満群の境界値が$z=0$となるように，定数項bの値を求める必要がある。２群の判別の場合には，群１の z の平均z_1と群２のzの平均z_2の平均値が用いられ，この値が０となるようにbの値を決定する。

$$\bar{z}=(z_1+z_2)/2 \qquad (3.3.9)$$

したがって，この時の境界線は，2つの分布が交わる点を通ることになる。

（中山，2009）

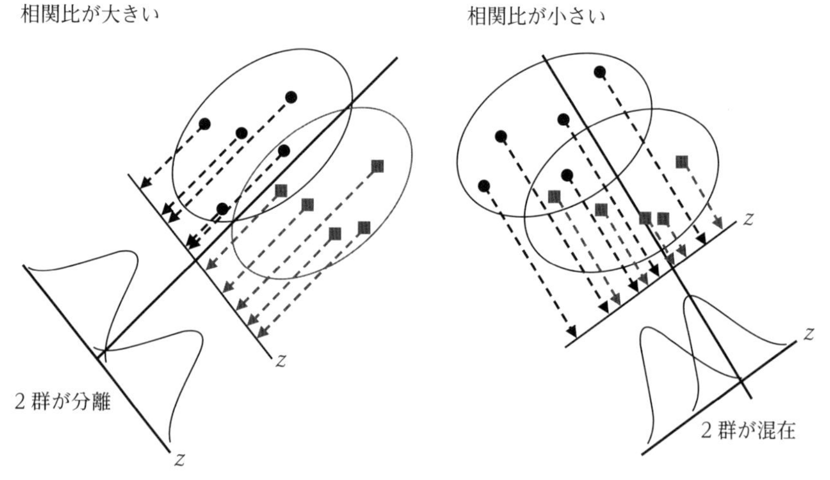

図Ⅲ－３－１　「相関比が大きい」場合と「相関比が小さい」場合

(3) マハラノビスの距離に基づく判別分析

マハラノビスの距離に基づく方法は，各群からマハラノビスの距離と呼ばれる距離を測り，各対象は距離の近い方の群に属すると判別する。群 A と群 B があり，それぞれの平均が65と80であるとする時，ある標本 n_i が75の場合にどちらの群に属するのかを判定する。判断基準として群 A と群 B の平均からの距離を用いれば，群 A の平均からは10だけ離れ，群 B の平均からは５だけ離れており，標本 n_i は群 B に属すると判断できる。しかし，群 A と群 B でばらつきが異なるのであれば，２群の平均からの距離のみで所属群を判断するのではなく，ばらつきを考慮する必要がある。この分布のばらつきを考慮した距離がマハラノビスの距離である。

１変量の場合のマハラノビスの距離 D は，群 A と群 B の分布が正規分布していると仮定すると，次式のように定義できる。

$$D = \frac{|\text{データ} - \text{平均}|}{\text{標準偏差}} \qquad (3.3.10)$$

群 A と群 B の標準偏差がそれぞれ８と３であるとすると，分布 A からのマハラノビスの距離は $D=|75-65|/8=1.25$，分布 B からのマハラノビスの距離は $D=|75-80|/3=1.67$ となる。マハラノビスの距離では n_i は B よりも A に近く，母集団 A に属すると判別される。分布のばらつきを考慮することで，単純に平均からの距離により判定をした場合と異なる結果が得られる（「図Ⅲ－３－２」を参照）。

１変量の場合，標本から母集団までの距離としてのマハラノビスの距離の２乗は，次式のようにあらわす。

$$D_A^2 = \left(\frac{\text{データ} - \text{群}A\text{の平均}}{\text{群}A\text{の標準偏差}}\right)^2 = \left(\frac{x - \bar{x}_A}{s_A}\right)^2 \qquad (3.3.11)$$

$$D_B^2 = \left(\frac{\text{データ} - \text{群}B\text{の平均}}{\text{群}B\text{の標準偏差}}\right)^2 = \left(\frac{x - \bar{x}_B}{s_B}\right)^2 \qquad (3.3.12)$$

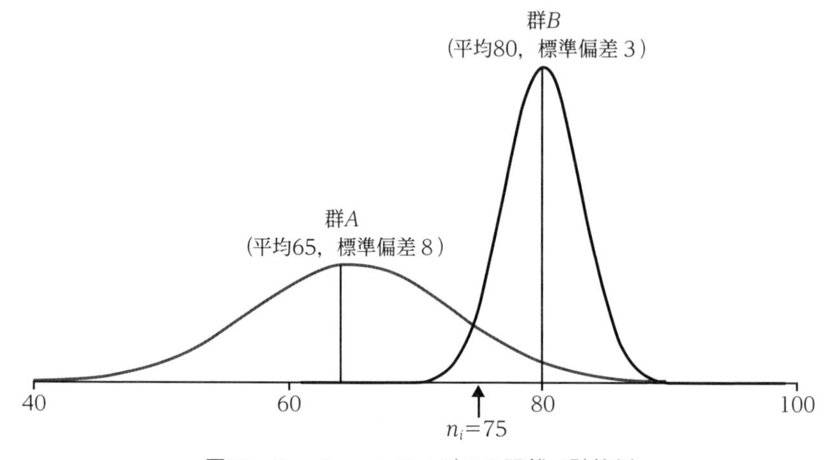

図Ⅲ－３－２　マハラノビスの距離の計算例

したがって，各対象は下記のように判定される。

$D_A^2 < D_B^2$　ならば母集団A
$D_A^2 > D_B^2$　ならば母集団B

このマハラノビスの距離は２変量以上の場合は，行列表記により，$D^2=(X-\overline{X})'S^{-1}(X-\overline{X})$ であらわされ，S^{-1}は標本から計算した分散共分散行列の逆行列をあらわす。

２変量以上の場合も，下記のように判定する。

$D_A^2 < D_B^2$　ならば母集団A
$D_A^2 > D_B^2$　ならば母集団B

ここで，判別関数$z=D_B^2-D_A^2$を考え，$z>0$ ならば母集団 B に属し，$z<0$ ならば母集団 A に属すると判定する。

２つの母集団の分散共分散行列が等しい場合，２つの母集団からの距離が等しい点（$D_A^2=D_B^2$）を求めると直線となる。等分散が仮定できる場合には，この判別関数が線形判別関数となる。この判別関数が使えるのは母集団 A と

母集団 B の分散共分散が等しい場合であり，判別分析では母集団の等分散性の検定を行う必要がある。

母集団 A と母集団 B の分散共分散が等しいと仮定できる場合は，２群に共通の分散共分散行列は下式のとおりとなる。

$$S=\frac{(\text{群}A\text{の偏差平方和行列})+(\text{群}B\text{の偏差平方和行列})}{n_A+n_B-2}$$
$$=\frac{(n_A-1)\times(\text{群}A\text{の分散共分散行列})+(n_B-1)\times(\text{群}B\text{の分散共分散行列})}{n_A+n_B-2}$$

(3.3.13)

この分散共分散行列を用いて，群 A と群 B のマハラノビスの距離の２乗は，下記で計算できる。

$$D_A^2=(X-\overline{X}_A)'S^{-1}(X-\overline{X}_A) \qquad (3.3.14)$$
$$D_B^2=(X-\overline{X}_B)'S^{-1}(X-\overline{X}_B) \qquad (3.3.15)$$

母集団 A と母集団 B の分散共分散が等しくない場合，２つの母集団からの距離が等しい点は曲線となり，２つの母集団からの距離が等しい境界線を求める式は煩雑になるため，マハラノビスの距離を直接用いて判別を行った方が簡単である。その場合は，対象の属する母集団を次のように判定する。

$D_A^2<D_B^2$　ならば母集団 A

$D_A^2>D_B^2$　ならば母集団 B

各群の標本の分散共分散行列 S^{-1} の逆行列を求めて，マハラノビスの距離は下記に従って計算できる。

$$D_A^2=(X-\overline{X}_A)'S_A^{-1}(X-\overline{X}_A) \qquad (3.3.16)$$
$$D_B^2=(X-\overline{X}_B)'S_B^{-1}(X-\overline{X}_B) \qquad (3.3.17)$$

S_A^{-1} は群 A の分散共分散行列の逆行列，S_B^{-1} は群 B の分散共分散行列の逆行列である。

(4) 等分散性の検証

判別分析では，２つの群の母集団において，分散共分散行列が等しい（と仮定する）場合と，分散共分散行列が等しいとはいえない場合により分析方法が異なる。分散共分散行列が等しいかどうかを判断するためには，各群の分散共分散行列をS_1，S_2として，母集団の分散共分散行列が等しいと仮定した場合の分散共分散行列をSとする時，次式による検定統計量を求める。

$$M=(n_1+n_2-2)\log|s|-(n_1-1)\log|s_1|-(n_2-1)\log|s_2| \tag{3.3.18}$$

母集団で分散共分散行列が等しいという帰無仮説が正しいとした場合に，今回のような結果が得られる確率である有意確率（P値）を基に，仮説検定を行う。ここで，$|s|$, $|s_1|$, $|s_2|$はそれぞれの行列式をあらわす。この検定統計量Mは，母集団で帰無仮説が正しい場合には，自由度$p(p+1)/2$のχ^2分布に従う。なお，pは説明変数の数をあらわす。帰無仮説が棄却されれば，母集団においては分散共分散行列が等しいとはいえず，母集団において分散共分散行列が等しくないと仮定して判別分析を行い，帰無仮説が棄却されない場合には，分散共分散行列が等しいと仮定して判別分析を行う。　（中山，2009）

(5) 判別分析による分析例

以下では，株式会社サーベイリサーチセンター（SRC）の自主調査「三宅島帰島住民アンケート調査」において，三宅村の復興状況についてどの程度満足しているかを，表Ⅲ－３－１の16項目について，「非常に満足」を1とし，「非常に不満」を５とした５段階の評定尺度で得た回答を説明変数として，全般的に現在の復興状況に満足か不満かを判別する場合を例に，判別分析について説明する。なお，当該調査では，全般的な現在の復興の状況を「非常に満足」から「非常に不満」の５段階の評定尺度で回答を得ているが，本分析では「非常に満足」と「満足」をまとめて「満足」，「どちらともいえない」，「不満」，「非常に不満」を「不満」にまとめて，２値データとして分析に用いる。16の項目についての平均値は，不満が満足よりもいずれも高くなっており，また，全般的な現在の復興の状況に不満と回答している人の方が個個の内容についても不満を抱いていることが分かる。また，標準偏差は満足か不満かで比較するとおおよそ同じような値となっており，等分散といえそうである。実際に等分散性の検定を行うと有意確率が0.101となり，今回は満足か不満かの２群により分散には差がないという帰無仮説が棄却されず，２群の分散には差があるとはいえない。したがって，相関比に基づく判別分析を行っても，マハラノビスの距離を用いて判別分析を行っても，結果は一致する。

表Ⅲ－３－１にある16項目について，「非常に満足」から「非常に不満」の５段階の評定尺度で得た回答を説明変数とし，全般的に現在の復興の状況に満足か不満かの２値データを目的変数として判別分析を行うと，表Ⅲ－３－２のような標準化されていない判別係数と，標準化された判別係数が得られる。なお，本分析では，Wilks の Λ（ウィルクスのラムダ）統計量を最小にすることを基準としたステップワイズ法を用いて，変数選択を行った。その結果，判別に有効な説明変数は，「道路の整備」，「泥流，火山ガス，火山噴火などの防災対策」，「地域のまとまり」，「家族との人間関係」の4説明変数となった。以下は，４説明変数による判別分析の結果である。

ある特定の説明変数の寄与について，その変数が判別に役立っているかを検証するために，得られた係数について Wilks の Λ（ウィルクスのラムダ）統計量を用いて検証する。Wilks の Λ は，分析に利用した説明変数を用いて，２群がどの程度判別されるかをあらわす指標であり，$0 \leqq \Lambda \leqq 1$ の値をとり，０に近い程２群間の差が大きいこと示す。分析に用いた説明変数が判別に有効かを検証するには，Wilks の Λ 統計量に対する検定統計量 F を算出し，群間にまったく差がない（分析に使用した説明変数は２群の判別に何ら寄与しない）という帰無仮説を検定する。

Wilks の Λ 統計量は，下式のように定義できる。

$$\Lambda = 群内平方和/総平方和 \qquad (3.3.19)$$

表Ⅲ－３－１ 全般的な現在の復興状況に満足か不満かによる各復興の内容についての満足度の平均値と標準偏差

	平均値			標準偏差		
	不満	満足	合計	不満	満足	合計
道路の整備	2.47	2.12	2.35	0.96	0.99	0.98
公共交通（バス）の増便	3.31	3.10	3.24	0.95	0.94	0.95
空路の再開	4.51	4.48	4.50	0.90	0.97	0.92
港湾の拡充・整備	3.36	3.05	3.26	1.14	1.25	1.18
金融機関の新設・再開	2.92	2.65	2.83	1.01	1.08	1.04
公民館など住民が集まれる施設の再開	2.89	2.52	2.77	0.94	1.02	0.98
上下水道の整備	3.01	2.59	2.87	1.13	1.13	1.14
泥流，火山ガス，火山噴火など防災対策	3.00	2.48	2.83	1.10	1.04	1.10
医療機関・医療設備	3.70	3.37	3.59	1.18	1.25	1.21
子どもの教育施設（学校など）の増設	3.10	2.77	2.99	0.86	0.93	0.90
高齢者福祉の充実	3.31	2.83	3.16	1.07	1.08	1.09
地域のまとまり	3.10	2.59	2.93	1.01	1.13	1.07
家族との人間関係	2.28	1.90	2.15	1.00	0.98	1.01
隣近所との人間関係	2.30	1.89	2.16	0.97	0.91	0.97
店舗・事業所の営業状況	3.18	2.97	3.11	1.11	1.21	1.15
雇用機会の拡充	3.44	3.31	3.40	0.91	0.98	0.94

（株式会社サーベイリサーチセンター（SRC）自主調査「三宅島帰島住民アンケート」より作成）

相関比は群間平方和/総平方和で計算でき，総平方和は群内平方和と群間平方和の和であるので，$1-\Lambda$ を計算すれば相関比が求められる。２群の比較の場合には，検定統計量 F が第１自由度「説明変数の数」，第２自由度「全データ数－群の数－説明変数の数＋１」の F 分布に従うことを用いて，帰無仮説を検定する。計算は次式に従う。

$$F=\frac{\text{全データ数}-\text{群の数}-\text{説明変数の数}+1}{\text{説明変数の数}}\times\frac{1-\Lambda}{\Lambda} \tag{3.3.20}$$

この検定統計量 F を用いて有意確率（P 値）を求め，有意水準と比較して帰無仮説が棄却されるかどうかを判断する。帰無仮説が棄却されれば，群間にまったく差がない（分析に使用した説明変数は２群の判別に何ら寄与しない）という帰無仮説は棄却され，分析に用いた説明変数が判別に有効であるといえる。本分析では，(3.3.19) 式による Wilks の Λ は0.898と決して高くないが，有意確率は0.000と帰無仮説は棄却されるため（巻末「付表１　F 分布表」を参照），変数選択の結果を経て今回の分析で使用されている4つの説明変数で，全般的な現在の復興の状況に満足か不満かを判別することは可能であるといえる。

判別に用いた説明変数の影響度は，標準化された判別係数により評価する。判別得点の平均値を満足か不満かの判別結果に対して求めると，満足と不満の平均はそれぞれ−1.656と0.280となり，満足で負，不満で正となっており，また群に分けない場合の平均が０となっている（「表Ⅲ－３－2」を参照）。標準化された係数はすべて正の値となっており，これらの評価が大きな値となると全般的評価が不満となる傾向が分かる。また，その影響度は「泥流，火山ガス，火山噴火など防災対策」が0.490ともっとも大きいことが分かる。

表Ⅲ－３－２　標準化されていない判別係数と標準化された判別係数，
各群の判別得点の平均と標準偏差

	標準化されていない係数	標準化された係数
道路の整備	0.355	0.344
泥流，火山ガス，火山噴火など防災対策	0.455	0.490
地域のまとまり	0.446	0.467
家族との人間関係	0.344	0.341
(定数)	−4.169	
判別結果	平均値	標準偏差
不満	0.280	0.851
満足	−1.656	0.437
合計	0.000	1.054

線形判別式が定められたら，その線形判別により満足か不満かの２群を判別した結果が実際の観測値での２群をどの程度正しく判別できているのかを

示す判別的中率を求め，分析結果の精度を確認する必要がある。三宅島帰島アンケート調査の復興満足度の例では，判別的中率を計算すると71.7%となり，70%を超えている。また，不満では判別的中率が92.6%とかなり高い値を示しているのに対して，満足では29.0%と低い値になっている。このように，判別的中率は全体だけではなく，群ごとに検討する必要がある。ただし，今回は不満群が297名，満足群が145名と２倍程標本サイズに開きがある。標本サイズが大きく異なる場合には，標本サイズの小さいグループの判別的中率が悪くても，全体の的中率が高くなる場合がある。

(6) ダミー変数による判別分析と数量化Ⅱ類

① ダミー変数による判別分析とは

質的データも，1/0 化によるダミー変数化で独立変数（説明変数）として用いることが可能であり，ダミー変数による判別分析を行うことが可能となる。ダミー変数による重回帰分析と同様の手続きにより，分析を行うことができる（ダミー変数化，分析結果の判別係数の正規化の詳細は，「Ⅲ－２－(5)　ダミー変数による重回帰分析」を参照）。ただし，偏相関係数の算出にあたっては，重回帰分析では従属変数（目的変数）は量的データのため，そのまま従属変数（目的変数），独立変数（説明変数）の相関係数行列を算出し，その逆行列を求めその要素から計算することができたが，判別分析では目的変数は質的データ（分類）であるため，相関係数行列を算出することができない。このため，目的変数（外的基準）を数量化する必要がある。２群判別の場合，一方の群を－１，もう一方の群を＋１と数量化することが多い。多群の場合は，応答数の平均や正規化スコアの平均が使われる。相関係数は数量化に対し不偏という性質をもつため，いずれを使っても結果は概ね同じである。

② 数量化Ⅱ類とは

数量化Ⅱ類は，すべての説明変数が質的な変数であり，これらをダミー変数化したものを用いた分析である。判別分析では，説明変数が質的データである場合に，数量化Ⅱ類を適用することで集団の判別が可能となる。

以下，「Ⅲ－３－(7) 数量化Ⅱ類による分析例」で用いる「海外旅行市場の今後を予測する」（島崎哲彦，1987）の数量化Ⅱ類の項目に沿って説明する。数量化Ⅱ類は，「年代」，「海外旅行検討」，「可能な休暇日数」といった質的な説明変数の各要因によって，「海外旅行願望」という質的な目的変数（外的基準）を判別（予測）する方法である。質的な目的変数の数値化は判別分析の場合と同様であり，質的な説明変数の数値化は数量化Ⅰ類の場合と同様である。例えば，海外旅行願望を目的変数（外的基準）とした時，「海外旅行に行きたい」と「行きたくない」という２個のカテゴリーに対応して２群を構成し，これら２群に属する「年代」，「海外旅行検討」，「可能な休暇日数」という３アイテムについてのデータが得られている時，２群のそれぞれの対象者が３アイテムそれぞれのどのカテゴリーに反応（該当）したかという情報に基づいて，群間の判別を行う。

数量化Ⅰ類の場合と同様に，要因の各アイテムのカテゴリーに数量（係数）を付与し，各調査対象者に対しては，その対象の反応したカテゴリーの係数を合計した値を，その対象の係数として与える。この時，各調査対象者に与えられた係数により，２群がもっともよく判別されるように，カテゴリーの係数を決定するのが数量化Ⅱ類の基本的な概念である。数量化Ⅱ類における目的変数（外的基準）yは，個個の観測対象が所属する群を示す変数であり，群を判別する際に，各群の観測対象数n_1，n_2が変化することで判定基準が変化しないように，判別分析の場合と同様に数量化する（「Ⅲ－３－(1) 判別分析とは」を参照）。

また，数量化Ⅱ類は，質的な説明変数を数値化する必要があり，この数値化の手順は数量化Ⅰ類の際のダミー変数化と同じ手順であり，各説明変数をダミー変数化することで判別分析と同様の手順により分析することが可能となる。

分析により得られる予測式で計算される値を使って，２群の判別を行う。

$$z=\alpha_{11}x_{11}+\alpha_{12}x_{12}+\alpha_{13}x_{13}+\alpha_{14}x_{14}+\alpha_{21}x_{21}+\alpha_{22}x_{22}+\alpha_{23}x_{23}+\alpha_{31}x_{31}+\alpha_{32}x_{32}+\alpha_{33}x_{33} \qquad (3.3.21)$$

上記の予測式を考え，海外旅行に行きたい群と海外旅行に行きたくない群を判別するならば，この2群の相関比を最大とするように，係数α_{11}，α_{12}，α_{13}，α_{14}，α_{21}，α_{22}，α_{23}，α_{31}，α_{32}，α_{33}を決定する。

2群の 相関比＝群間平方和/総平方和　　(3.3.22)

総平方和は量的変数の全体のばらつきの度合いをあらわし，群分けせず全体で計算した偏差平方和である。総平方和は，群内平方和と群間平方和に分解できる。

総平方和＝群内平方和＋群間平方和　　(3.3.23)

群内平方和は群内のばらつきの程度をあらわし，各群での偏差平方和を合計したものになる。群間平方和は，群によって量的変数（z）のばらつき方にどの程度の差があるかを表現する。

相関比は，質的変数（群）と量的変数（zの値）の関連性を示す尺度であり，相関比が大きいほど質的変数と量的変数の関連性が強いことをあらわし，質的変数の値（群）により量的変数のちらばり方が異なることを意味する。相関比が大きいことは群間平方和が大きく，群内平方和が小さいことをあらわし，群分けによって各群の平均の差が大きい，各群内でのばらつきが小さいことを意味する。ただし，各カテゴリー間には次式の関係が各アイテム（説明変数）間において成立するため，x_{11}，x_{12}，x_{13}が0であれば，x_{14}は1であることは明らかであり，各アイテム（説明変数）から任意にひとつずつのカテゴリーを除去して解を求める必要がある。

$$x_{11}+x_{12}+x_{13}+x_{14}=1 \qquad (3.3.24)$$

予測式は，「各アイテムのカテゴリーのひとつを除去するカテゴリーとして，係数（カテゴリー数量）の値を0（α_{21}，α_{31}，α_{41}の各係数の値が0）とする」という制約条件を置くことで求められ，各アイテム（説明変数）の第1カテゴリーの係数（カテゴリー数量）は常に0となる。得られるカテゴリー数量α_{11}，

α_{12}，α_{13}，α_{14}，α_{21}，α_{22}，α_{23}，α_{31}，α_{32}，α_{33}は，除去したカテゴリーをベースに考える時，アイテム内での条件の変化が予測値の増減に与える影響度を示す。カテゴリー数量を解釈する上で，特定のカテゴリー数量を0にすることで不都合が生じる場合は，各アイテム内のカテゴリー数量が0になるようにカテゴリー数量の正規化を行う。カテゴリー数量の正規化は，各カテゴリーについて「$\alpha_{11}\times x_{11}$」，「$\alpha_{12}\times x_{12}$」，「$\alpha_{13}\times x_{13}$」，「$\alpha_{14}\times x_{14}$」，「$\alpha_{21}\times x_{21}$」，「$\alpha_{22}\times x_{22}$」，「$\alpha_{23}\times x_{23}$」，「$\alpha_{31}\times x_{31}$」，「$\alpha_{32}\times x_{32}$」，「$\alpha_{33}\times x_{33}$」を算出し，各カテゴリーでの合計を求める。その合計を各アイテム内で合算したカテゴリー合計から，各アイテム内のカテゴリー平均を算出し，それを用いてカテゴリーの正規化を行う。なお，この正規化した予測式を使用して予測値を求めても，正規化していない予測式を用いた場合と同様の予測値を得ることができる。

数量化Ⅰ類の場合と同様に，各アイテムの範囲（レンジ）を調べる。レンジは各アイテム内の各カテゴリーに与えた正規化された数量の範囲「数量の最大値－数量の最小値」により求められる。レンジが大きいほど目的変数（外的基準）に与える影響が大きく，より重要なカテゴリーということになる。

（林・駒澤，1982）

(7) 数量化Ⅱ類による分析例

目的変数（外的基準）が「海外旅行に行きたい」，「海外旅行に行きたくない」という質的変数で，説明変数が「年齢」，「海外旅行経験」，「休み」，「職業」，「一ヵ月のおこづかい」，「末子のライフステージ」，「家庭全体の収入」，「本人の収入」，「性別」，「最終学歴」，「居住地」の11個の質的な変数の場合における数量化Ⅱ類の結果を取り上げる。表Ⅲ－3－3の各カテゴリーの係数から，各カテゴリーが判別関数に与える影響を評価することができる。本分析は，本来ならば変数減少法やステップワイズ法を用いて説明変数を選択・減少して数量化Ⅱ類の分析を行うべきであるが，この結果から施策を考案する人びとに，海外旅行希望の有無が「性別」，「学歴」，「居住地」等に関係がないことを理解させるために，これらの説明変数を減少した再分析を行わなかった。表Ⅲ－3

－３において，「海外旅行に行きたい」と回答した2,551名の判別関数の値の平均が0.224,「海外旅行に行きたくない」と回答した807名の平均が－0.709となっており，カテゴリーの係数が正で大きいほど海外旅行に行きたい傾向が強いことがわかる。数量化Ｉ類と同様に，要因ごとのカテゴリー・スコアの最大値と最小値の差であるレンジからは，各要因が目的変数（外的基準）に与える影響が分かる。各要因のレンジは，数量化Ｉ類で説明したように要因内の水準が変化することでどれだけ判別関数の値が変化するかをあらわす。判別的中率は数量化Ⅱ類による分析の妥当性を示し，予測と観測結果がどの程度一致しているかをあらわす。本分析での全体の判別的中率は69.5%であり，70%程度判別できていることとなる。

表Ⅲ－３－３　数量化Ⅱ類により得られたレンジとカテゴリー係数と海外旅行に行きたいと行きたくないの２群ごとの平均，分散，標準偏差

要因	水準	係数	レンジ
年齢	24歳以下	0.607	1.462
	29歳以下	0.249	
	39歳以下	0.205	
	49歳以下	0.051	
	59歳以下	−0.232	
	60歳以上	−0.856	
海外旅行経験	行った	0.597	1.378
	検討した	0.808	
	検討しなかった	−0.570	
休み	３日以内	−0.224	1.208
	４～５日	0.152	
	１週間くらい	0.290	
	２～３週間くらい	0.481	
	１カ月	0.015	
	とれない	−0.727	
職業	店主・工場主・会社役員・支配人	0.174	0.713
	課長以上の役職者	0.416	
	一般事務職・営業職・技術職	0.011	

	店員・工員・労務職	−0.297	
	自由業	0.188	
	農林漁業	0.013	
	主婦	0.004	
	無職の学生	−0.068	
1カ月のおこづかい	1万円未満	−0.316	0.490
	2万円未満	0.175	
	3万円未満	0.062	
	4万円未満	−0.009	
	5万円未満	0.171	
	5万円以上	0.059	
末子のライフステージ	乳幼児	0.000	0.478
	幼稚園児	0.302	
	小学生	−0.083	
	中学生	0.068	
	高校生	0.096	
	大学生	0.048	
	社会人	−0.095	
	子供はいない	−0.176	
	未婚	0.076	
家庭全体の収入	200万円未満	−0.138	0.393
	300万円未満	−0.224	
	400万円未満	0.169	
	500万円未満	0.027	
	700万円未満	0.100	
	1000万円未満	−0.027	
	1000万円以上	0.066	
本人収入	100万円未満	−0.024	0.343
	200万円未満	0.004	
	300万円未満	0.066	
	400万円未満	0.089	
	500万円未満	−0.042	
	700万円未満	−0.016	
	700万円以上	−0.255	
性別	男	−0.110	0.257

	女	0.147	
最終学歴	(新) 中学 (旧) 小学	−0.169	0.234
	(新) 高校 (旧) 中学	0.033	
	大学・短大・工専・(旧) 高専	0.065	
居住地	市	0.027	0.080
	群	−0.052	

	平均	分散	標準偏差
海外旅行に行きたい	0.224	0.853	0.924
海外旅行に行きたくない	−0.709	0.801	0.895

(島崎, 1987)

コンジョイント分析

(1) コンジョイント分析とは

コンジョイント分析の典型的な応用は，新製品開発や新規事業計画の策定での利用である。特に，新製品開発での応用が多くみられ，応用範囲はコンセプト評価，競合分析，価格設定，セグメンテーションなど多岐にわたる。また，コンジョイント分析の有用性は，シミュレーションによるコンセプトの探索性やシェア予測にもある。消費者の選好分析は，合成型モデルと分解型モデルに大別される。アプローチ方法としては，合成型は期待価値アプローチ（多属性態度アプローチ），分解型はコンジョイント分析ということになる。期待価値アプローチでは，商品に対する選好度は加重された商品の各要素に対する評価を合計し，その点数として示される。一方コンジョイント分析は，全体に対する選好から要素ごとの部分効用を推定する。消費者行動という視点でみると，期待価値アプローチは商品選択の部分的な理由を知ることにより，全体としての消費者行動，したがって商品選択行動の理解につながる。コンジョイント分析では，全体としての消費者行動を測定し，消費者選択の部分的な理由を，全体を分解することで理解しようとする。こうした意味では，期待価値アプローチとコンジョイント分析はまったく逆の考え方である。ハイブリット・アプローチは，合成型モデルと分解型モデルを組み合わせたアプローチということになる。合成型モデルである期待価値アプローチを具体例で示す。この方法では，コンジョイント分析の分析対象となる属性（Attlibute）と水準（Lebers）に対し，評定尺度や得点法，あるいは定数配分法を用いてその重要度を測定する。期待価値アプローチは，次式であらわされる（岡本眞一，1999)。

$$s_j = \sum_{i=1}^{n} w_i b_{ij} \qquad (3.4.1)$$

s_j ：選好度得点

w_i：属性 i の重要度

b_{ij}：ブランド j の属性 i の評価

n ：属性数

パソコンのCPU（中央演算子）とHDD（ハードディスクドライヴ）を例に考えてみる。例えば, CPUは2水準でCore i5，2.4GHzとCore i7，2.8GHz, HDDは2水準で256GBと512GBとする。まず，パソコンを選ぶ際にCPUとHDDをどの程度重視するかについて，定数配分法により重視する程度に応じて10点を割り振ってもらう。仮に，CPUが7点でHDDを3点とする。次に各水準の重要度を5段階の評定尺度で測定する（得点が高いと重要度が高いことを意味する)。CPUの2水準は，Core i5，2.4GHzが3点，Core i7，2.8GHzが5点であり，HDDの2水準は，256GBが3点，512GBが5点とする。商品として，パソコンA（CPU：Core i5，2.4GHz，HDD：512GB)，パソコンB（CPU：Core i7，2.8GHz，HDD：256GB）がある場合，どちらの商品の選好度が高いかをみると，表Ⅲ－4－1のようにパソコンBの選好度が高いと判断できる。

この例でもわかるとおり，合成型である期待価値アプローチでは，商品に対する選好度は調査対象者により外生的に与えられた商品の各要素に対する得点として示される。したがって，パラメータは調査対象者により外生的に与えられる。

表Ⅲ－４－１　期待価値アプローチ

パソコンA（j）	パソコンB（j）
CPU（0.7）Core i5，2.4GHz（3）	CPU（0.7）Core i7，2.8GHz（5）
HDD（0.3）512GB（5）	HDD（0.3）256GB（3）
合計　　3.6点	合計4.4点

一方コンジョイント分析，特にフル・プロファイル法では，直交計画から作成された各プロファイルが評価され，そこからパラメータが推定される。パラメータを推定するアルゴリズムがいくつか開発されている。代表的なものに，MONANOVA，TRADEOFF，最小二乗法，ACA，CBC などがある。

i番目のプロファイルに対する選好度を y_i とすると，コンジョイント・モデルは以下のように定式化される。

$$\hat{y}_i = \beta_0 + \Sigma u_{ij} \qquad (3.4.2)$$

部分効用値 u_{ij} の推定は次式により計算される。

$$u_{ij} = b_i d_{ij} \qquad (3.4.3)$$

d_{ij}：デザイン行列の要素の値

b_i：部分効用関数の推定値ベクトル

加法コンジョイント分析では，d_{ij} はダミー変数化された行列である。線形モデルとして分析を行う場合は，水準の値が直交計画の要素となる。以下は，加法コンジョイント分析を対象に説明をする。

コンジョイント分析はニーズが高い一方で，いくつかの問題点が指摘されている。なかでも属性数が多い場合，調査対象者が評価するカード枚数が多いことが問題となる。この場合，直交性を保ったデザインを採用すると評価を求めるカード枚数が多くなるため，属性間に若干の相関を認めカード枚数を減らす方が現実的である。カードの最小枚数は（総水準数－属性数＋１）となる。部分効用値の推定は $Z=DB+e$ を最小二乗法によって解くことができ，この時 D はデザイン行列でカードの枚数×総水準数のサイズをもち，行列の要素 d_{cjk}

は，カード c の属性 j が水準 k に該当する時１，そうでない時０となる。コンジョイント分析では，D は $\sum_{k}(d_{cjk}) = 1$ が成立する（池本浩幸・山岡俊樹，2010）。

加法コンジョイント分析は，ダミー変数による重回帰分析により解析を行うことができる。コンジョイント分析は，データ収集法に特徴がある。例えば，車の販売会社が再来店意向に影響する要因を探索したいというニーズで，来店者に満足度調査を行い，収集したデータを解析する場合を想定してみる。従属変数（目的変数）を「再来店意向」，独立変数（説明変数）を個人属性（「性別」，「年齢」），販売店への評価（「セールスマン評価」，「サービスマン評価」，「建物への評価」）とすると，それらの質問項目について質問紙法によりデータを収集し，重回帰分析により解析をするという方法が考えられる。

一方，コンジョイント分析により分析する場合を考えてみる。例えばどのような店舗コンセプト（「展示車の数」，「駐車場の広さ」，「子供の遊べるスペースの有無」，「サービス工場が見えるか否か」）であれば，再来店意向が高くなるかと考える。この場合，直交計画を用いて調査票を作成し，得られたデータに対しダミー変数による重回帰分析により解析するということになる。

(2) 直交計画

直交計画による調査票の作成方法について説明する。ここでは，既存の直交表を用いて調査票を組む方法を取り上げる。

表Ⅲ－４－２の $L_8(2^7)$ は２水準の直交表であり，L_8は８行（これはカード枚数），2^7は2水準で７列という意味である。属性をどの列に割り付けるかを検討する。a と b に交互作用がある場合，ab 列に割り付けることになる。この事例では交互作用はないと判断し，無視する（鷲尾泰俊，1974）。

店舗コンセプトを，下記のように設定する。

①「展示車の数」（1. 多い，2. 普通）

②「駐車場の広さ」（1. 広い，2. 普通）

③「子供の遊べるスペースの有無」（1. あり，2. なし）

表Ⅲ－４－２　水準の直交表 $L_8(2^7)$

No	1	2	3	4	5	6	7
1	1	1	1	1	1	1	1
2	1	1	1	2	2	2	2
3	1	2	2	1	1	2	2
4	1	2	2	2	2	1	1
5	2	1	2	1	2	1	2
6	2	1	2	2	1	2	1
7	2	2	1	1	2	2	1
8	2	2	1	2	1	1	2
成分	a	b	ab	c	ac	bc	abc

④「サービス工場が見えるか否か」（1. 見える，2. 見えない）

属性・水準は，４属性，各２水準ということになる。そこで，「展示車の数」は a，「駐車場の広さ」は b，「子供の遊べるスペースの有無」は c，「サービス工場が見えるか否か」は abc に割り付ける（「表Ⅲ－４－３」を参照）。

表Ⅲ－４－３　水準の直交表 $L_8(2^7)$ への割付

	展示車の数	駐車場の広さ	3	子供が遊べる	5	6	サービス工場
1	多い	広い	1	あり	1	1	見える
2	多い	広い	1	あり	2	2	見えない
3	多い	普通	2	なし	1	2	見える
4	多い	普通	2	なし	2	1	見えない
5	普通	広い	2	なし	2	1	見えない
6	普通	広い	2	なし	1	2	見える
7	普通	普通	1	あり	2	2	見えない
8	普通	普通	1	あり	1	1	見える
	a	b	ab	c	ac	bc	abc

行はカードにあたるため，１枚目のカードは図Ⅲ－４－１のようになる。

測定方法は分析方法と関連しており，ここでは重回帰分析（最小二乗法による推定）の利用を前提にしていることから，７段階あるいは５段階の評定尺度，

カード No. 1
1. 展示車の数は多い 2. 駐車場の広さは広い 3. 子供の遊べるスペースがある 4. サービス工場が商談場所から見える

図Ⅲ－４－１　提示カード例（１枚目）

自由回答形式数量型（得点法），順位法などで測定することになる（２水準以上の多水準直交計画は，鷲尾，1974を参照のこと)。

(3) コンジョイント分析による分析例

ダミー変数による重回帰分析を用いた解析方法について解説する。分析結果は，パソコンの選好を，表Ⅲ－４－４に示す直交計画によるデータで分析したものである。

表Ⅲ－４－４　直交表（５属性，price だけが３水準，他は２水準）

	hontai	CPU	HDD	Memory	Price
1	tower	1.7GHz	128GB	4GB	22万円
2	tower	1.7GHz	256GB	8GB	22万円
3	shospace	2.4GHz	128GB	4GB	22万円
4	tower	2.4GHz	128GB	8GB	19万円
5	shospace	1.7GHz	128GB	8GB	16万円
6	shospace	1.7GHz	256GB	4GB	19万円
7	tower	2.4GHz	256GB	4GB	16万円
8	shospace	2.4GHz	256GB	8GB	22万円

分析結果は，表Ⅲ－４－５のとおりとなる。

Estimate は偏回帰係数，コンジョイント分析では部分効用値であり，ダミー変数による重回帰分析であるので，いずれかの水準が０となっている。ダミー変数による重回帰分析では正規化スコアを算出したが，同様にすべての水準の部分効用値を算出する。この場合，部分効用値の平均値で調整する（合

表Ⅲ－４－５　コンジョイント分析結果

	Estimate	Std.Error	t value	Pr (>|t|)	
(Intercept)	2.21	0.63	3.50	0.00	**
hontaitower	0.08	0.52	0.16	0.87	
CPU1.7GHz	−0.17	0.52	−0.32	0.75	
HDD128GB	1.00	0.52	1.94	0.06	.
Memory4GB	0.08	0.52	0.16	0.87	
Price19万円	0.54	0.63	0.86	0.40	
Price16万円	1.29	0.63	2.05	0.05	*

計が０になるようにという条件)。実際に計算してみると，下記のとおりとなる。

hontai（本体)，tower は0.08，平均は（0.08＋０)/2＝0.04となるので，部分効用値は以下のとおりとなる。

本体（レンジ：0.08)

tower（タワー)：0.04，shospace（省スペース)：−0.04

以下，各属性の値は次のとおりである。

CPU（レンジ：0.166)

1.7GHz：−0.083，2.4GHz：0.083

HDD（レンジ：1.0)

128GB：0.5，256GB：−0.5

Memory（レンジ：0.08)

4GB：0.04，8GB：−0.04

Price（平均は（0.54＋1.29＋0)/3＝0.61)（レンジ：1.29)

22万円：−0.61，19万円：−0.07，16万円：0.68

図Ⅲ－４－２は，部分効用値をグラフ化したものである。右サイドがプラスであることから,「タワー型，CPU：2.4GHz，HDD：128GB，Memory：4GB，価格：16万円」の効用値がもっとも高くなることが分かる。また，HDD と Price のレンジが大きいことも分かる。

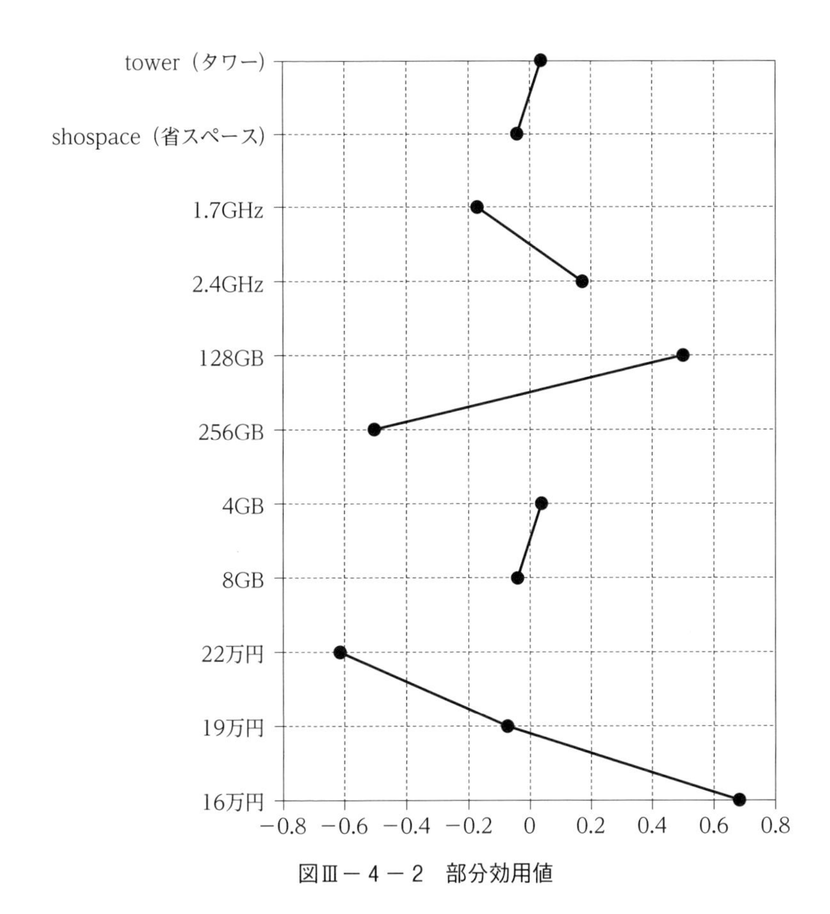

図Ⅲ－4－2　部分効用値

次に，各属性の重要度を算出する。部分効用値の推定に重回帰分析（最小二乗法による推定）を用いていることから，レンジに基づいた重要度の算出について説明する。レンジによる重要度は以下の式で計算される（岡本，1999）。

$$I_j = \frac{(P_{MAX_j} - P_{MIN_j})}{\sum(P_{MAX_j} - P_{MIN_j})} \times 100 \qquad (3.4.4)$$

注意すべきは，この計算は調査対象者ごとに計算し，その平均を算出する点である。

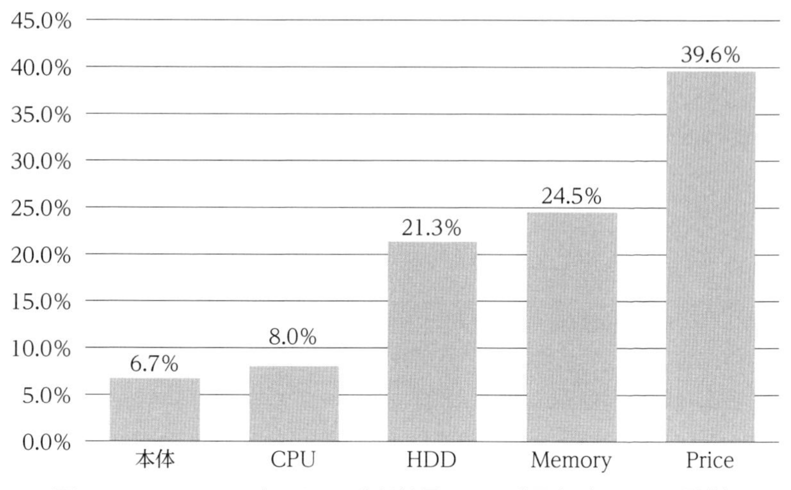

図Ⅲ－４－３　コンジョイント分析結果による重要度（レンジで計算）

図Ⅲ－４－３に示すように，全体の選好にもっとも影響があるのはPriceである。これはもっとも好まれるPrice（16万円）を含む製品プロファイルと，もっとも好まれないPrice（22万円）を含む製品プロファイルとの間の選好の差が大きいということを意味している。次いでMemory，HDDももっとも好まれる水準を含む製品プロファイルと，もっとも好まれない水準を含む製品プロファイルとの間の選好の差が大きい。他方，本体，CPUは全体の選好に及ぼす影響が低いことを示している。価格の重要度は，価格水準の範囲が影響し，範囲が狭いあるいは低く設定されていると相対的に影響度が低くなることがある。

第Ⅳ部

構造分析

① 構造分析とは

構造分析は，いくつもの変数を整理・分類してデータから物事の本質を抽出する際に利用され，すべての変数からいくつかの重要な情報を抽出したり，いくつもの変数を整理・分類したりするなど，各変数間の関係を整理するのに適している。代表的なものには，以下のような分析法がある。

- 主成分分析：多変量データから総合指標を作成することで，データの構造を分かりやすくするための手法
- 因子分析：最初にモデル式を考え，モデル式により対象間の関係を捉え，それぞれの重要度を考える手法
- 数量化Ⅲ類：集計していない質的データに内在する回答の反応パターンを縮約するための手法
- コレスポンデンス分析：質的データを集計したクロス集計表に内在する回答の反応パターンを縮約するための手法
- クラスター分析：類似度（非類似度）を基に，より似ている対象同士は同じグループに分類し，似ていない対象同士は異なるグループに分類する手法
- 多次元尺度構成法（MDS）：類似度（非類似度）を基に，多次元空間内により似ている対象同士は近くに，より似ていない対象は遠くに位置付けることで対象間の関係を視覚的に表現するための手法

② 主成分分析

(1) 主成分分析とは

主成分分析は，量的な多変量データが有する情報をできるだけ減らすことなく，より少ない変数（主成分）に縮約することで，そのデータの構造を明らかにする。観測されている変数を組み合わせて新しい変数を合成し，各標本の特

徴が明確に表現できるような合成変数（主成分）を作成する手法である。即ち，各標本の観測変数の得点を重み付けることで得られる，各主成分に対する得点の分散が最大となるような重みを求め，各標本の特徴を的確に説明できるような主成分を作成する手法である。各標本の主成分に対する得点の分散が最大となれば，各標本の主成分での得点のばらつきが最大となり，主成分における各標本の特徴が明確となる。主成分分析は，標本の特徴を把握するのに適した方法といえる。主成分分析では，データの中心（平均）を通る，各データにもっとも近い1本の直線（主成分）を求める。各データが直線ともっとも近いとは，データの中心（平均）と各データから主成分に垂線を下ろした点との距離（分散）がもっとも大きいことを意味する（異なる視点からは，垂線がもっとも短くなる)。したがって，各データが主成分により最大限説明できていることになる。

主成分分析では，変数 x_1，x_2，…，x_p が与えられている時に，下式の総合指標 z を考える。

$$z = \alpha_1 x_1 + \alpha_2 x_2 + \cdots + \alpha_p x_p \qquad (4.2.1)$$

この時，α_1，α_2，…，α_p が各変数に重み付けを行う係数となる。そして，総合指標 z の分散が最大となるように係数を決定する。係数を大きくすればいくらでも分散は大きくできる。したがって，係数の2乗和 $(\alpha_1 + \alpha_2 + \cdots + \alpha_p)^2$ が1という制約を置いた上で，総合指標 z の分散が最大となるように α_1，α_2，…，α_p の値を求める。得られた係数を基に求められる量が主成分となる。

主成分を求めることは，データがもっとも散らばっている方向を探していることと同じであり，2次元平面であれば，データにもっとも近いデータの中心(平均）を通る1本の直線を求めていることになる。データの中心（平均）と各データから主成分に垂線を下ろした点との距離（分散）がもっとも大きくなる点，即ち各データから直線への垂線の距離の2乗和が最小となるようなデータの中心（平均）を通る1本の直線を決定する。具体的には，まず，図Ⅳ－2－1のようにデータの中心を通る1本の直線を考える。この時，データの中心から各データへの距離は固定され，一定である。各データから直線に対して垂線を下した点と，データの中心との距離（分散）が最大となるような直線を求める。この距離（分散）の値を最大とする直線を主成分と考え，データの分散を最大にする係数を算出する。データの中心から各データへの距離は一定であるから，データから直線に対して垂線を下した点とデータの中心との距離（分散）が最大になることは，各データから直線への垂線の距離の 2 乗和が最小になることを意味する。（竹内・柳井，1972）

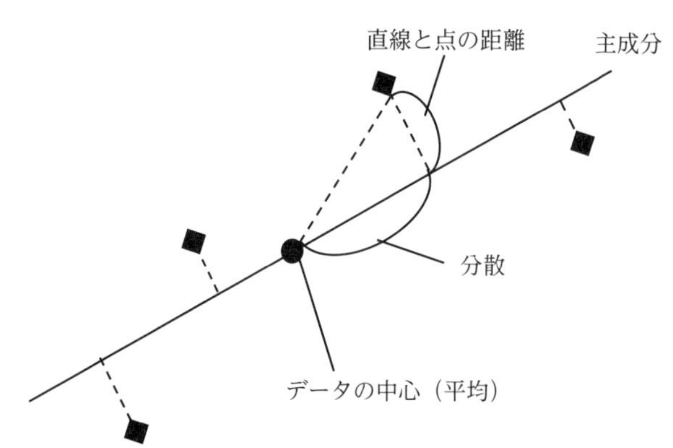

図Ⅳ－２－１　主成分のイメージ

(2) 相関行列と共分散行列に基づく分析の違い

主成分分析を行う場合，相関行列を分析するか，共分散行列を分析するかを決める必要がある。相関行列を分析する場合には，すべてのデータが標準化（平均を 0，分散を 1 に変換）されていることになる。なお，分析する各変数の単位に円，トン，人数，m，坪などが混在しているような場合には，そのままでは測定単位が不揃いで，それぞれの変数間の関係を比較することができない。データを平均 0，分散 1 に標準化して比較ができるようにすることが望ましい。相関行列を分析する場合には，各変数のデータ値は標準化されているため，各データ値のばらつきをあらわす分散や共分散の情報はどの主成分にも出てこない。

共分散行列を分析する場合は，すべての変数の単位が同じで，各変数のばらつきの大きさも考慮した分析が可能となる。分析する各変数のデータ値が，すべて円単位やグラム単位というように同一次元，同一単位で測定されている場合には，データの大小は変数間で比較可能である。このような場合には，各データのばらつきをあらわす分散自体にも重要な情報があると考えられ，標準化せずに分析することがある。こうした場合，各変数のデータ値を標準化せず，分散共分散行列を分析する。標準化せずに分析を行っているため，各変数の分散の情報がはじめの方の主成分にあらわれ，後の方の主成分には共分散の情報が出てくる。

(3) 主成分の求め方

表Ⅳ－２－１のような４つの広告媒体への接触程度が「見聞きしない」から「見聞きする」の５段階の評定尺度で得られている場合で，４名の回答者の広告媒体への接触状況の特徴を表現できる指標を作成することを例に，主成分分析の概念について説明する。

表Ⅳ－２－１　主成分分析での主成分得点の導出のイメージ

ID	新聞広告	折り込みチラシ	PCのインターネットサイトの広告	モバイル機器のインターネットサイトの広告	総合点	正負で重みづけ
1	1	1	4	4	10	6
2	1	3	5	5	14	6
3	4	4	2	1	11	-5
4	5	5	1	1	12	-8

一番簡単な指標として，４つの広告媒体への接触程度の和である総得点を求めることが考えられる。総得点からはよく広告に接触している人かどうかを判断することができるが，４つの広告媒体接触の特徴は不明である。折り込みチラシは新聞に折り込まれており，新聞（広告）を目にする人は折り込みチラシも同時に目にする機会が多いことが考えられる。近年では新聞を取らない家庭も増えており，新聞をとらなとい家庭ではインターネットにより情報を取得し

ている可能性が考えられ，PC やモバイル機器を通じたインターネットサイトの広告に触れる機会が多いのではないかと推測できる。そこで，総得点のように４つの広告媒体を単純に足し合わせるのではなく，上述の傾向を反映させた指標を作成できないかを考える。

指標をプラスで足し合わせるのではなく，新聞広告と折り込みチラシは負の重みを与え，PC とモバイル機器のインターネットサイトの広告には正の重みを与えて，以下のように指標を計算する。

－新聞広告の得点
－折り込みチラシの得点
＋ PC のインターネットサイトの広告の得点
＋モバイル機器のインターネットサイトの広告の得点

総得点と正負で重み付けた場合との４標本の得点を比べると，得点の正負で重み付けた場合の方が得点のバラツキが大きくなっている（「表Ⅳ－２－１」を参照）。実際に，分散を計算すると総得点では2.2，正負で重み付けた場合では40.2となり，正負で重み付けた場合の方がバラツキが大きい。バラツキが大きいことは，標本ごとの得点にバラツキがあり，標本の特徴がより明確になっていることを意味する。

正負の重み付けの場合には，正負のそれぞれに１の重みを与えたことになる。標本ごとの得点がばらつくように指標を作成するためには，次式のような等しい重みではなく異なる重みα_1，α_2，α_3，α_4を与えた方が，標本ごとの得点の分散を最大とすることができると考えられる。

α_1×新聞広告の得点＋α_2×折り込みチラシの得点
＋α_3× PC のインターネットサイトの広告の得点
＋α_4×モバイル機器のインターネットサイトの広告の得点　（４.２.２）

ただし，分散を最大とするようなα_1，α_2，α_3，α_4を求める際に制約をおかないと，α_1，α_2，α_3，α_4をより大きくすれば，分散はより大きくなる。そのため，α_1，α_2，α_3，α_4を求める際には，$\alpha_1^2+\alpha_2^2+\alpha_3^2+\alpha_4^2=1$という

制約をおく必要がある。この時求められる指標が主成分であり，α_1，α_2，α_3，α_4と標本の得点の積の和から計算される標本ごとの得点が，主成分得点となる。今回の例で得られたα_1，α_2，α_3，α_4は，表Ⅳ－２－２のとおりである。

表Ⅳ－２－２　分析で得られた固有ベクトル，主成分負荷量，主成分得点，主成分得点の分散

	固有ベクトル	主成分負荷量	ID	主成分得点
新聞広告α_1	−0.558	−1.783	1	3.037
折り込みチラシα_2	−0.398	−1.272	2	3.268
PC のインターネットサイトの広告α_3	0.484	1.546	3	−2.432
モバイル機器のインターネットサイトの広告α_4	0.544	1.736	4	−3.872
	主成分負荷量の2乗和	10.201	主成分得点の分散	10.201

例えば，ID1の主成分得点は，以下のように計算できる。

α_1× ID1の新聞広告の得点＋α_2× ID1の折り込みチラシの得点
＋α_3× ID1の PC のインターネットサイトの広告の得点
＋α_4× ID1のモバイル機器のインターネットサイトの広告の得点
＝−0.558×１−0.398×１＋0.484×４＋0.544×４＝3.153

ただし，主成分得点は平均を０とするので，上記のように計算された４名の得点の平均0.117を引いて3.037となる。各係数α_1，α_2，α_3，α_4は固有ベクトルと呼ばれ，各変数に対する重みであり，主成分の特徴を表現している。

主成分を求めた際の分散の平方根（標準偏差）を固有ベクトルに乗じたものが主成分負荷量であり，各変数と主成分の関連の程度を示す。各変数の主成分負荷量の２乗が，その主成分でその変数を説明できる情報量であるため，各変数の主成分負荷量の２乗和が各主成分を求める際に最大化した分散と一致する（「表Ⅳ－２－２」を参照）。主成分負荷量は，新聞広告と折り込みチラシが負の値，PC とモバイル機器のインターネットサイトの広告が正の値となっており，新聞広告と折り込みチラシに接触するか，PC とモバイル機器のインターネッ

トサイトの広告に接触するかという各標本の広告媒体への接触の違いを示していると考えられる。

各標本の主成分得点では，ID1と2が正の値，ID3と4が負の値となっており，ID1と2はPCとモバイル機器のインターネットサイトの広告によく接触する傾向があり，ID3と4は新聞広告と折り込みチラシに接触する傾向があることが分かる。

複数の主成分を求める場合には，最初の主成分を求め，その主成分とは無相関になるような2番目の主成分を求める。したがって，2番目の主成分を求めるには，1番目の主成分と無相関であるという条件の下で，2番目の主成分における各データの分散が最大となるようにする。以下，3番目以降の主成分を求める場合も同様にして，既に求められているすべての主成分と無相関となるように決定する。このようにして求められた主成分は，第1主成分，第2主成分，第3主成分と呼ばれる。

(4) 主成分数の決定

主成分分析を行う場合には，主成分をいくつまで取り出すのかを決定しなければならない。変数が n 個存在する場合には，第 n 主成分まで求めることができる。例えば，変数が4個あれば，第1主成分，第2主成分，第3主成分，第4主成分の4つの主成分を求めることができる。すべての主成分について解釈を行うのではなく，必要とされる主成分までについて解釈する。必要とする主成分数の決定には，複数の基準を組み合わせて総合的に判断する。その基準には，「累積寄与率による基準」，「固有値が1以上」，「スクリープロット」などがある。

寄与率とは，各主成分がデータのもつ変動のうち，どの程度説明をしているかを示しており，各主成分の分散（固有値）をすべての主成分の分散の和（すべての固有値の和）で除算することで求められる。主成分分析では，データを標準化せずに共分散行列を分析する場合と，データを標準化して相関行列を分析する場合があるが，標準化して分析を行った（相関行列を分析した）場合には，すべての主成分の分散（固有値）の合計と適用した変数の個数の合計は一致する。標準化しないで分析（分散共分散行列を分析）した場合には，すべての主成分の分散（固有値）の合計と適用した各変数の分散の合計が一致する。

累積寄与率による基準では，主成分をいくつまで採用するかの目安として，各主成分の寄与率を大きさの順に足し合わせた累積寄与率を用いる。累積寄与率は，採択した主成分でデータのもつ変動のうちどの程度が説明できているかを示しており，70％～80％以上までの主成分を採用することが多い。

固有値が1以上である主成分を採用する基準とスクリープロットによって判断する基準は，データを標準化して分析した（相関行列を分析した）場合に利用できる。固有値が1以上である主成分を採用することは，抽出された主成分の固有値が1である時には，その主成分が元の変数のもつ情報の平均と少なくとも同じだけの情報をもっていることを意味しており，元の変数のもつ情報の平均と同じか，それ以上の情報を表現できていることになる。相関行列を分析した場合の固有値1以上という採用基準は，分析に使用した変数が10の場合に，固有値1は「1/10（＝変数の数）×10（＝分散の総和)」により求められる。同様に，分散共分散行列を分析した場合は，採用基準となる分散の値は，「1/10（＝変数の数）×分散の総和」で求めることができる。これを寄与率でみると，「寄与率＝分散/分散の総和」であるので，「採用基準となる寄与率＝1/10（＝変数の数）×分散の総和/分散の総和×100＝1/10（変数の数）×100」となる。

スクリープロットとは，固有値を大きい順に左から並べて折れ線で結んだグラフである。スクリープロットにより判断を行う場合には，このグラフをみて，急激に落下したところ，あるいはなだらかな減少になるところの前までの主成分を採用する。急激に下がることは，下がった以降の主成分は説明できる情報量が大きく低下することを意味している。また減少がなだらかになることは，主成分の数を増やしても，説明できる情報量の増加が僅かしか見込めないことを意味している。

「累積寄与率による基準」，「固有値が1以上」，「スクリープロット」による基準以外にも，分析の目的との関係で，解釈のしやすさを優先して採用する主成分を決定する場合もある。より少ない主成分に縮約するという主成分分析の目的から考えて，あまり多くの主成分を採用することは分析の目的に反することになる。また，主成分分析は分散の縮約（情報の縮約）なので，各主成分の解釈が難しいこともあるし，あるいは解釈を優先させない場合もある。

（中山，2010）

(5) 主成分分析による分析例

10の広告媒体を日頃どの程度見たり聞いたりするか，広告媒体接触状況を5段階の評定尺度（「意識してよく見聞きする」，「ざっと見聞きする」，「どちらともいえない」，「あまり見聞きしない」，「見聞きしない」）で調査したデータを主成分分析した例を基に，採用する主成分数の決定と主成分の解釈の方法について解説する。今回のデータでは5段階の評定尺度を用い，同じ尺度で測定されていると考えることも，あるいは異なる広告媒体の接触状況を測定しているので，測定結果は異なる尺度となっていると考えることも可能である。表Ⅳ－2－3

表Ⅳ－2－3　10の広告媒体の接触状況の構成比

	意識してよく見聞きする	ざっと見聞きする	どちらともいえない	あまり見聞きしない	見聞きしない
新聞広告	9.1	34.7	9.1	25.1	22.1
雑誌広告	2.3	27.9	18.0	34.3	17.6
テレビ広告	17.1	56.1	13.9	10.0	2.7
ラジオ広告	1.1	15.1	12.1	22.0	49.7
折り込みチラシ	11.6	27.5	14.4	23.2	23.1
ダイレクトメール広告	1.9	23.6	20.4	29.6	24.4
交通機関の広告	6.7	37.5	22.9	21.6	11.3
屋外広告	1.3	23.5	33.1	30.7	11.5
ＰＣのインターネットサイトの広告	3.5	22.1	24.1	28.3	21.6
モバイル機器のインターネットサイトの広告	3.3	21.3	22.5	26.1	26.7

（公益財団法人吉田秀雄記念事業財団「2015年度のオムニバス調査結果『媒体広告接触状況』」より作成）

の10の広告媒体の接触状況の構成比が示すに，５段階の評定尺度に対する回答分布が広告媒体により異なっているので，広告媒体の接触状況の測定結果は異なる尺度であると考え，また，解釈のしやすさから相関係数行列を分析する場合の主成分分析を採用した。また，10の広告媒体の接触状況の５段階の評定尺度に対する回答分布では，両極の回答頻度がやや少ないものも存在するが，概ね５段階の評定尺度で均等な回答が得られていると考え，順序尺度を間隔尺度とみなし，量的データとして主成分分析により分析しても問題ないであろうと判断した。

相互に相関がある変数は同じ主成分に関連を示す可能性が高く，その主成分を構成する際の重要な変数となると考えられる。そのため，主成分分析を行う前に，10個の各説明変数間に関連があるかどうかについて，相関係数行列を作成して確認する（「表Ⅳ－２－４」を参照）。

新聞広告と折り込みチラシの相関係数が0.60，PC とモバイル機器のインターネットサイトの広告の相関係数が0.60，交通機関の広告と屋外広告の相関係数が0.56，折り込みチラシとダイレクトメールの相関係数が0.48と高くなっており，これらの変数間には中程度の正の相関がある。

表Ⅳ－２－４の相関係数行列からは，その他にも弱い正の相関（$0.4 \geqq r > 0.2$）が存在しており，これらの相関関係を基に，主成分が構成されると考えられる。

本主成分分析により得られた固有値と寄与率，累積寄与率は，表Ⅳ－２－５のとおりで，固有値が１を超えているのは主成分２までである。各主成分が有する情報量の変化を，各主成分の固有値を折れ線グラフであらわしたスクリープロットを基に確認する（「図Ⅳ－２－２」を参照）。

主成分２から３で固有値が急激に小さくなり情報量が低下しており，主成分３以降では固有値の変化はなだらかになっていることが読み取れ，スクリープロットからは主成分２までを採用することが望ましいといえる。累積寄与率は，主成分２までで48.6％と元のデータのもつ変動の50％も説明できていない。主成分５までで70％を超え，主成分６までで80％を超えている。寄与率が

表Ⅳ－２－４　10の広告媒体の接触状況の相関係数行列

	新聞広告	雑誌広告	テレビ広告	ラジオ広告	折り込みチラシ	ダイレクトメール広告	交通機関の広告	屋外広告	PCのインターネットサイトの広告	モバイル機器のインターネットサイトの広告
新聞広告	1.00									
雑誌広告	0.36	1.00								
テレビ広告	0.19	0.26	1.00							
ラジオ広告	0.28	0.22	0.14	1.00						
折り込みチラシ	0.60	0.27	0.26	0.20	1.00					
ダイレクトメール広告	0.30	0.26	0.23	0.21	0.48	1.00				
交通機関の広告	0.17	0.26	0.23	0.05	0.23	0.26	1.00			
屋外広告	0.10	0.24	0.25	0.16	0.14	0.26	0.56	1.00		
PCのインターネットサイトの広告	−0.05	0.13	0.12	0.06	−0.01	0.14	0.27	0.30	1.00	
モバイル機器のインターネットサイトの広告	−0.17	0.11	0.16	0.03	−0.09	0.13	0.20	0.31	0.60	1.00

表Ⅳ－２－５　主成分分析により得られた固有値と寄与率，累積寄与率

	固有値	寄与率	累積寄与率
主成分 1	2.952	0.295	0.295
主成分 2	1.907	0.191	0.486
主成分 3	0.968	0.097	0.583
主成分 4	0.858	0.086	0.668
主成分 5	0.826	0.083	0.751
主成分 6	0.752	0.075	0.826
主成分 7	0.613	0.061	0.887
主成分 8	0.425	0.043	0.930
主成分 9	0.364	0.036	0.966
主成分10	0.336	0.034	1.000

70％を超えるためには多くの主成分を採用する必要があるが，高次の主成分を採用する際には，その主成分が有する情報量が少ないために解釈が可能であ

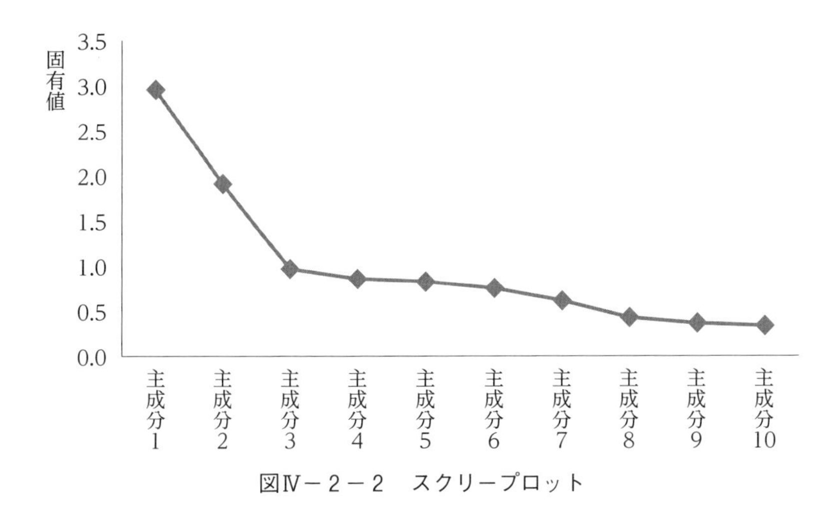

図Ⅳ－２－２　スクリープロット

るかが問題となる。

これらの結果を踏まえると採用する主成分数は2から6といえ，いくつの主成分を採用するかは，主成分の解釈可能性次第である。主成分1から6までの主成分負荷量は表Ⅳ－２－６のとおりである。主成分1はどの変数の主成分負荷量も負で大きな値となっており，各広告媒体の接触状況（程度）順に大きさ

表Ⅳ－２－６　主成分１から６までの主成分負荷量

	主成分1	主成分2	主成分3	主成分4	主成分5	主成分6
新聞広告	−0.558	0.592	−0.063	−0.042	0.063	0.252
雑誌広告	−0.596	0.118	−0.114	0.269	−0.268	0.575
テレビ広告	−0.524	−0.007	0.021	−0.026	−0.761	−0.357
ラジオ広告	−0.401	0.220	−0.602	0.506	0.221	−0.319
折り込みチラシ	−0.622	0.514	0.049	−0.359	0.099	−0.009
ダイレクトメール広告	−0.641	0.165	−0.032	−0.408	0.218	−0.255
交通機関の広告	−0.626	−0.258	0.536	0.184	0.166	0.025
屋外広告	−0.622	−0.373	0.337	0.325	0.162	−0.166
ＰＣのインターネットサイトの広告	−0.400	−0.670	−0.293	−0.220	0.101	0.181
モバイル機器のインターネットサイトの広告	−0.336	−0.741	−0.312	−0.209	−0.033	0.049

が並んでいると考えられる。このようにすべての変数の主成分負荷量が正もしくは負で大きくなっている主成分は，パワーファクター（サイズファクター）と呼ばれる。

主成分2では，PCとモバイル機器のインターネットサイトの広告の主成分負荷量が負で大きな値，新聞広告と折り込みチラシが正で大きな値となっており，「インターネットサイトの広告－新聞と関連した広告」という媒体の特徴をあらわしている。主成分3では，ラジオの主成分負荷量が負の大きな値をもち，交通機関の広告の主成分負荷量が正の大きな値をもつことから，主成分3は「ラジオ広告－交通機関の広告」という媒体の特徴をあらわしている。主成分4では，ダイレクトメールの広告の主成分負荷量が負の大きな値をもち，ラジオ広告の主成分負荷量が正の大きな値をもつことから，主成分4は「ダイレクトメールの広告－ラジオ広告」という媒体の特徴をあらわしている。主成分5では，テレビ広告の主成分負荷量が負の大きな値をもつことがわかる。ほかにそれほど大きな値をもつ広告媒体は存在しない。主成分5は「テレビ広告」と「それ以外の広告」という媒体の特徴をあらわしている。主成分6は，「雑誌広告」と「それ以外の広告」という媒体の特徴をあらわしている。主成分6は「雑誌広告をみるかどうか」という媒体接触の状況を示していると考えられる。第5主成分以降はある媒体とそれ以外という分類をあらわしており，情報を縮約し構造を記述しているとはいえないので，第4主成分までを採用する。なお，第3主成分までという判断もある。

以上の結果をもとに，

第1主成分：パワーファクターであり各広告媒体への接触程度をあらわしている。

第2主成分：「インターネットサイト－新聞関連」といったアクティブに接触する広告媒体の特徴分類

第3主成分：「ラジオ広告－交通広告」（ラジオ－屋外）といったパッシブに接触する広告媒体の特徴分類

第4主成分：「ダイレクトメール広告－ラジオ広告」（ラジオ－室内）といっ

たパッシブに接触する広告媒体の特徴分類

と解釈できそうである。

採用する主成分数を決定する際には「累積寄与率による基準」,「固有値が1以上」,「スクリープロット」による基準を基に，分析の目的との関係と解釈のしやすさと照らし合わせながら採用する主成分を決定するのが現実的である。

採用する主成分が3までであれば，主成分負荷量を散布図により視覚的に表現することも，主成分の傾向を捉える上では有効である。主成分数が多い場合は，レーダーチャートや棒グラフ，折れ線グラフなどのグラフ化の方が有効である。なお，散布図を作成した際に原点付近に位置している対象は，主成分には影響をもたない変数と考えられ，それ以外の対象は主成分に影響をもつ変数であるといえる（「図Ⅳ－2－3」を参照)。

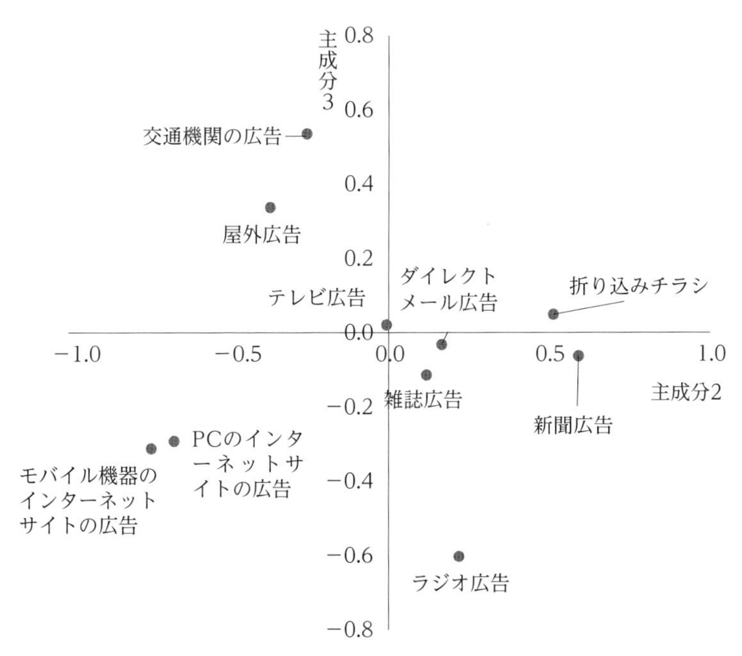

図Ⅳ－2－3　主成分2と主成分3の散布図

主成分得点は各対象の特徴が明確（分散が最大）になるように求められているので，その特徴をあらわしている主成分を解釈するには，主成分得点の傾向を検討することも効果的である。対象数が少なければ，主成分得点のバラツキから主成分得点の特徴を把握することが可能であるが，対象数が多い場合には，バラツキに影響を与えていると思われる分析に利用していない変数により層別にして，平均を求めるなどの方法で特徴を捉える。

性別と年代ごとに主成分1から6までの主成分得点の平均を求めると，表Ⅳ－2－7のとおりとなる。例えば，性別の主成分得点の平均からは，主成分1での主成分得点の平均は男性と女性では正負の違いがあるものの，その絶対値はともに小さく，性別による違いは小さいといえる。主成分2では，主成分得点の平均は男性が負で女性が正となっている。主成分負荷量は，主成分2ではPCとモバイル機器のインターネットサイトの広告の主成分負荷量が負で大きな値，新聞広告と折り込みチラシが正で大きな値となっているので，男性の方がインターネットサイトの広告との接触機会が多く，女性の方が新聞関連の広告との接触機会が多いといえる。

年代ごとの主成分得点の平均からは，次のような傾向を読み取ることができる。主成分1では30歳代と40歳代を境に主成分得点の平均が正と負で分れていて，年代が下がると正に大きくなり，年代が上がると負に大きくなる。主成分負荷量は主成分1ではすべて負で大きな値なので，年代が高い方が広告媒体への総合的な接触が高いといえる。主成分2では，30歳代と40歳代を境に主成分得点の平均が正と負で分れていて，年代が下がると負に大きくなり，年代が上がると正に大きくなる。主成分負荷量は，主成分2ではPCとモバイル機器のインターネットサイトの広告の主成分負荷量が負で大きな値，新聞広告と折り込みチラシが正で大きな値であるので，若年層の方がインターネットサイトの広告との接触機会が多く，年配者の方が新聞関連の広告との接触機会が多いことが分かる。このように，各主成分の特徴が性別や年代により異なることが分かる。

なお，主成分負荷量を解釈する際に散布図（「図Ⅳ－2－3」を参照）を用い

表Ⅳ－２－７　性別と年代ごとの主成分１から６までの主成分得点の平均

	主成分1	主成分2	主成分3	主成分4	主成分5	主成分6
男性	0.083	－0.112	－0.185	0.183	0.130	0.054
女性	－0.087	0.118	0.195	－0.193	－0.137	－0.057
15歳～19歳	0.564	－1.187	0.444	0.222	－0.283	－0.042
20歳代	0.244	－0.889	－0.060	0.014	－0.053	0.186
30歳代	0.098	－0.397	－0.079	0.046	－0.123	－0.068
40歳代	－0.214	0.290	－0.075	0.018	0.127	0.061
50歳代	－0.223	0.649	0.016	－0.093	0.082	－0.069
60歳～65歳	－0.066	1.243	0.166	－0.138	0.072	－0.177
全体	0.000	0.000	0.000	0.000	0.000	0.000

て視覚的に解釈を行ったが，主成分得点の解釈を行う場合にも同じようにグラフ化も効果的である。

 因子分析

(1) 因子分析とは

因子分析は，多くの変数の間に共通する因子（共通因子）を見出すための手法であり，共通因子は潜在変数と呼ばれ直接観測することができないため，代わりに量的な観測変数を測定し，観測変数と共通因子との関係を吟味することで，あらかじめ仮定した共通因子が存在するかどうか検討する手法を用いる。この時，観測変数のもつ情報のうち共通因子では説明できない情報（独自因子）がどの程度あるかをあわせて明らかにする。なお，観測変数と因子の関係を吟味する際には，その関係を捉えやすくするために（ひとつの変数のひとつの因子への負荷量が大きくなる単純構造となるように），因子の回転を行う。因子分析は，観測変数間の関係を整理するのに適した手法といえる。

探索的に観測変数と共通因子の関係を吟味し，どのような共通因子が存在するのかを検討する因子分析は，探索的因子分析と呼ばれる。一方で，事前に観測変数と共通因子間の関係を仮定した上で因子分析を行い，その仮定が正しいのかどうかを検証する因子分析は，検証的因子分析と呼ばれる。

仮に，情報に関する考えや意見・態度の傾向を明らかにするために，「考えを伝えるのは得意である」，「得た情報は他人に伝える」，「友人と情報交換をする」，「情報の価値は使う人により異なる」，「メディアの情報はすべて正しいとは思わない」，「複数の情報源で情報は確認する」という観測変数1から6を設定して，情報に関する考えや意見・態度について2つの共通因子を明らかにすることを考える。

この時，第1番目の観測変数に対して，以下のような関係をあらわす式を考える。

観測変数1（考えを伝えるのは得意）の得点
　　　　　$= \alpha_{11}$×共通因子1＋α_{12}×共通因子2
　　　　　　＋観測変数1の独自因子　　（4.3.1）

同様にして，他の観測変数についても，下記のように関係式を考えることができる。

観測変数2の得点＝α_{21}×共通因子1＋α_{22}×共通因子2
　　　　　　＋観測変数2の独自因子　　（4.3.2）
観測変数3の得点＝α_{31}×共通因子1＋α_{32}×共通因子2
　　　　　　＋観測変数3の独自因子　　（4.3.3）
観測変数4の得点＝α_{41}×共通因子1＋α_{42}×共通因子2
　　　　　　＋観測変数4の独自因子　　（4.3.4）
観測変数5の得点＝α_{51}×共通因子1＋α_{52}×共通因子2
　　　　　　＋観測変数5の独自因子　　（4.3.5）
観測変数6の得点＝α_{61}×共通因子1＋α_{62}×共通因子2
　　　　　　＋観測変数6の独自因子　　（4.3.6）

各因子に重み付けられている係数α_{ij}（$i=1,\cdots,6$，$j=1,2$，なお，iは何番目の観測変数であるかをあらわす添え字，jは何番目の因子かをあらわす添え字である）は，因子負荷量と呼ばれる。

因子負荷量は，共通因子の特徴をあらわし，共通因子から観測変数への影響の強さを示す。因子負荷量の値から，各共通因子がどのような特徴を有しているのかをネーミングする。仮に，共通因子1では，観測変数1（「考えを伝えるのは得意」），観測変数2（「得た情報は他人に伝える」），観測変数3（「友人と情報交換をする」）に対する係数α_{11}，係数α_{21}，係数α_{31}が大きいとすると，観測変数1，2，3の傾向から共通因子1は「情報発信・共有」についての因子と考えることができる。共通因子2では，観測変数4（「情報の価値は使う人により異なる」），観測変数5（「メディアの情報はすべて正しいとは思わない」），観測変数6（「複数の情報源で情報は確認する」）に対する係数α_{42}，係数α_{52}，係数α_{62}が大きいならば，観測変数4，5，6の傾向から共通因子2は「情報への信頼」についての因子と考えることができる。

共通因子の個数を決定する基準には，相関行列の1より大きい固有値の数を用いる，固有値を大きい順にみていった時に固有値が急激に小さくなる直前までの共通因子を採用する，共通因子により観測変数の内部に潜む共通の要因がどの程度説明できているかを累積寄与率から判断するものがある。後述する因子の回転は，各変数がひとつの因子に対して因子負荷量が大きくなるように行われるため，各因子に対する各変数の因子負荷量は回転により変化し，因子負荷量の2乗和から計算される当該因子の寄与率も変化する。なお，各因子の説明力などをみるにあたっては，固有値，寄与率，累積寄与率は回転前の値を使用する。相関行列の1より大きい固有値の数は，相関係数行列を固有分解することで見極めることができ，固有値が1以上ないしは1前後の因子数で分析することが望ましい。そのほかにも，データが取られた分野の過去の知見など，統計学以外の理由から因子数を決定することや，共通因子の個数を変えて試行錯誤し，解釈のしやすい個数を選択する方法もある。

(2) 因子分析の手順

因子分析は，作業工程を大別すると以下の4ステップで実施する。

① 共通性の推定

因子分析を実施しようとする相関係数行列の対角要素（相関係数行列の対角要素は1）には，推定された共通性を代入する。推定方法はRmax法，SMC，反復推定法などがある。現在では反復推定法の利用が多い。

② 因子数の決定と初期因子負荷行列を求める

対角要素を共通性で置き換えた相関係数行列を固有分解することで得られる正の固有値（対角要素が1以下のため負の値を取ることがある）から，因子数を決定する。決定した因子数で，その因子数までの固有ベクトルから因子負荷行列 A が得られ，これは $R^{*}=AA'$ を満足する初期因子負荷行列（回転前の因子負荷行列）である。因子数の決定は，累積寄与率80%以上，固有値1以上，スクリープロット基準，MAP基準，平行分析などの方法がある。現在ではMAP基準，平行分析による決定が多い。

③ 回転解を求める

初期因子負荷行列について，単純構造を満たすように回転解を求める。回転には直交回転と斜交回転がある。回転は因子の解釈を明確にするために行う。

④ 因子得点の推定

最後に，因子得点行列 F を推定する。因子得点の推定法には，回帰推定法やバーレット推定法などがある。

(3) 主成分分析と因子分析の違い

因子分析と主成分分析には，何を明らかにしたいのかという分析目的の違いが存在する。両者には，「各標本の特徴をより少数の主成分により説明しようと試みる」のか，「潜在因子を仮定して観測変数間の関係を整理しようとする」のかという，特徴を整理する対象が標本なのか観測変数なのかという違いが存在する。分析目的による違いは，観測変数と因子もしくは主成分との関係をどのように定義しているのかからも説明できる。因子分析では，各観測変数に共通する原因を探ることを目指しており，因子が原因で観測変数が結果となる。主成分分析では，各観測変数の情報を要約して総合指標を作成するので，各観測変数が原因で主成分が結果となる。

●因子分析のイメージ（矢印の向きが主成分分析と逆になる）

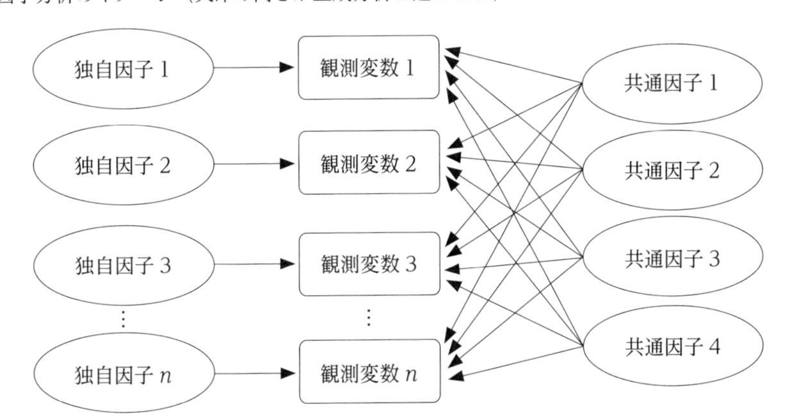

観測変数と共通因子の関連の程度から，観測変数間の関係を整理することが目的
因子が原因で観測変数が結果

●主成分分析のイメージ（矢印の向きが因子分析と逆になる）

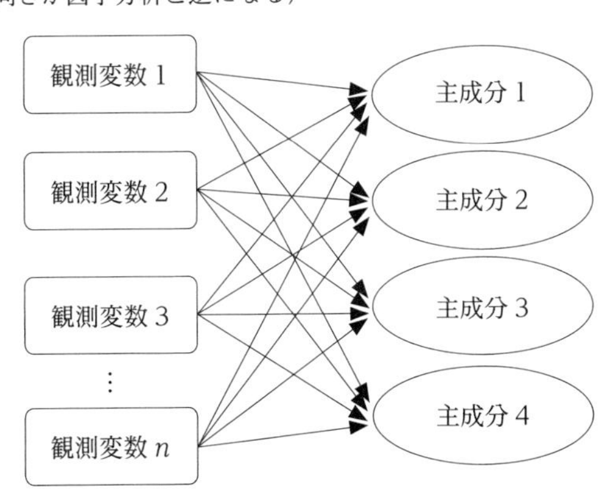

各標本の観測変数の得点を重み付けることで得られる各標本の主成分に対する得点を基に，各標本の特徴を的確に説明できるような主成分を作成することが目的
観測変数が原因で主成分が結果となる

図Ⅳ－３－１　因子分析と主成分分析のイメージの違い

n 個の観測変数に対しての４因子を仮定した場合の因子分析と，４つの主成分を抽出した場合の主成分分析では，図Ⅳ－３－１のような違いがある。

（中山，2010）

(4) 共通性と独自性

因子分析では，各共通因子が観測変数に与える影響度を示し，共通因子の特徴をあらわす因子負荷量を観測変数から後述するような方法を用いて推定し，各共通因子の意味付けを行う。因子負荷量を推定する際に，同時に共通性（あるいは独自性）を推定する。観測変数の全変動の中で，共通因子によって説明できる部分を共通性，共通因子によって説明できない部分を独自性と呼ぶ（「図Ⅳ－３－２」を参照）。因子分析では観測変数を平均が０，分散が１となるように標準化しており，観測変数の全変動は１となっている。独自性は独自因子の分散であることから，共通性は「１－独自因子の分散」により求められる。因子分析では，独自因子はいわゆる誤差をあらわす。この誤差はデータを観測し

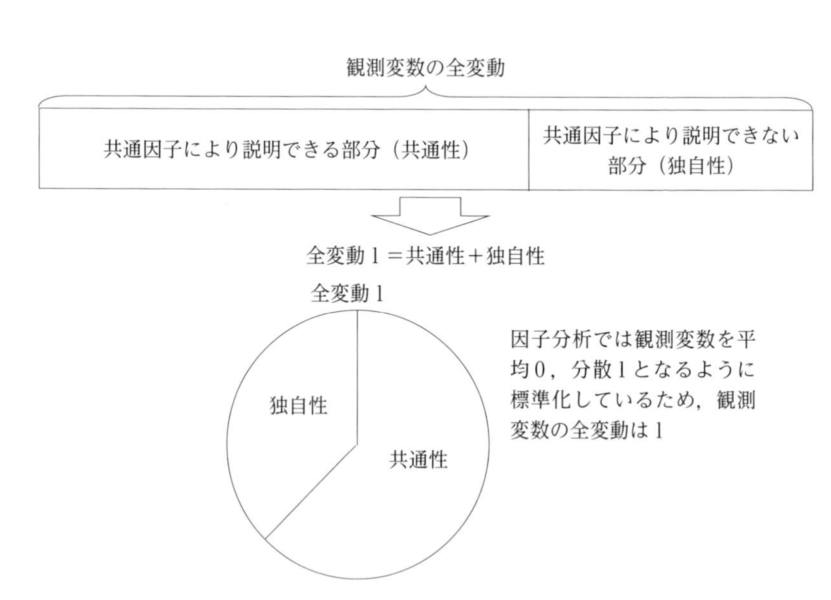

図Ⅳ－３－２　共通性と独自性のイメージ

た際に生じた偶然による誤差のほか，共通因子以外の要因から受ける影響も含んだ誤差である。独自因子の平均は0，他の独自因子および共通因子とはすべて相関がないと仮定する。共通因子間の相関については2とおりの考え方があり，互いに無相関と仮定する場合を直交因子，互いに無相関でない場合を斜交因子と呼ぶ（中山，2010）。

因子分析により因子を抽出しても解はひとつに定まらず，各因子には回転の任意性がある。因子分析を行う際には，適当な方法でまず一組の因子を抽出した後で，適切な意味付けができるように因子軸の回転を行う。前述のように，因子の回転では各因子に対する各変数の因子負荷量は変化し，因子負荷量の2乗和から計算できる当該因子の寄与率も変化するが，累積寄与率は変化しない。

共通性の推定は，反復による方法と反復によらない方法がある。反復によらない方法は，Rmax 法であり，相関係数行列から推定しようとする変数の列あるいは行の非対角要素の最大値を共通性とする。なお，SMC（squared multiple correlation）は，推定しようとする変数を従属変数，他の変数を独立変数として重回帰分析を実施した時の決定係数を共通性とする。反復による方法は，SMC で共通性を推定して，これを初期値として因子分析を実施し，計算結果から得られた共通性の推定値を用いて再度因子分析を実施する。この手順を繰り返し，推定値と計算値の差が小さくなったところで分析を打ち切る。現在では反復による方法が一般的である。

(5) 因子の回転（単純構造）

回転行列に直交行列を用いて直交座標系の範囲で回転する場合は直交回転，それ以外の場合は斜交回転と呼ばれる（「図Ⅳ－3－3」を参照）。共通因子間の相関が0（各因子は直交している）という制約の下で回転行う直交回転はオーソマックス法と呼ばれ，バリマックス法，エカマックス法，コーティマックス法，パーシマックス法，因子パーシマックス法がある。これらの方法は，単純構造を測る基準（オーソマックス基準）を最大化するという基準で軸を直交させたまま，因子負荷行列をなるべく単純構造に近づけることを目指す。

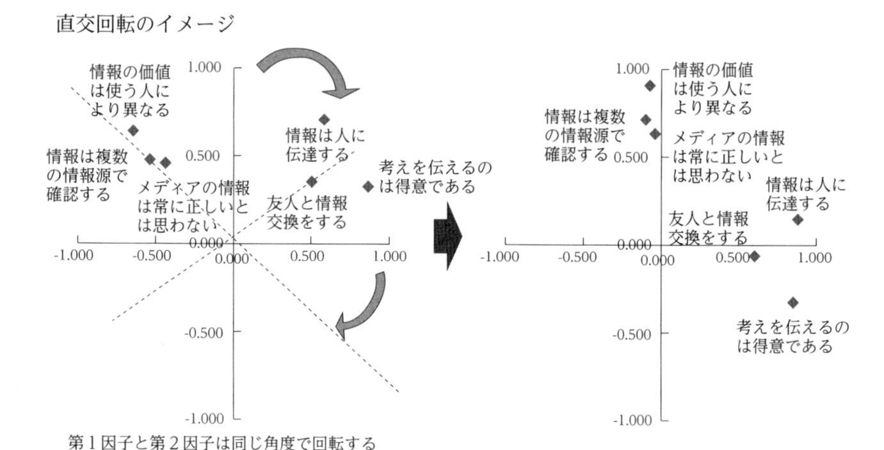

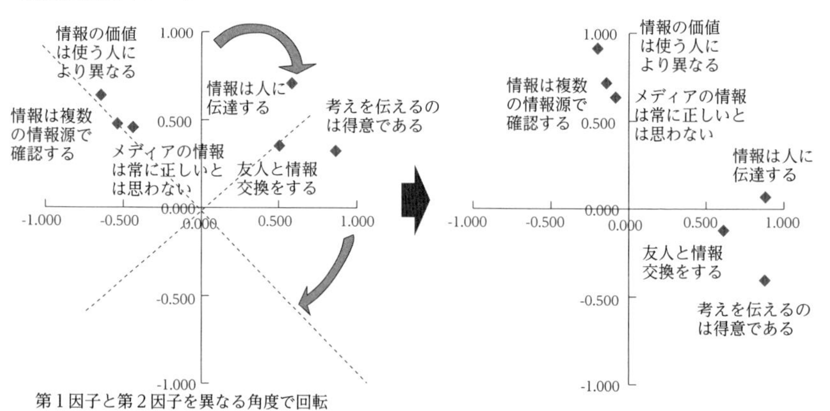

＊上記直交回転と斜交回転の右側の図は，直交回転の場合は直交しているが，斜交回転では直交という制約はない。

図Ⅳ－3－3　直交回転と斜交回転のイメージ

単純構造とは，因子負荷行列がある特定の観測変数に関しては大きく，それ以外の観測変数については小さいというような構造を指す。オーソマックス法でよく用いられるバリマックス法では，共通因子間の相関が0（各因子は直交している）という制約の下で，単純構造に近づけるために，すべての因子について同時に因子負荷量の2乗の分散を最大にするというバリマックス基準により回転を行う。因子負荷量の2乗の分散は，全体に対する分散ではなく因子ごとに求めた分散であり，因子数が異なると得られる結果が異なる。因子数が異なれば各観測変数の因子の寄与の度合いと共通性の値が異なるため，バリマックス回転を行うと共通性の大きい変数が強調される。このように共通性の影響を調整せずに行うバリマックス回転を，ローバリマックス法と呼ぶ。一方で共通性の影響を調整するために，因子負荷量を対応する変数の共通性の平方根で除すことによって標準化してからバリマックス回転を行う方法を，基準化バリマックス法と呼ぶ。通常，バリマックス回転という場合には，基準化バリマックス法を指すことが多い。

無相関という制約を課さずに回転を行う斜交回転で単純構造を求める手法があり，代表的なものにコバリミン法，コーティミン法，一般オブリミン法，直接オブリミン法，プロマックス法がある。コバリミン法とコーティミン法は，因子の斜交性が異なる。コバリミン法の方が因子間相関が弱くなり，コーティミン法は因子間相関が高くなる傾向があるといわれている。コバリミン法とコーティミン法の中間的な基準が提案され，その基準を最小化する方法が一般オブリミン法である。また，斜交回転において因子構造を単純構造とするか，因子パターンを単純構造とするかにより，方法が異なる（直交回転では，因子構造と因子パターンは一致する）。因子構造と因子パターンは，どちらも因子と変数の関連をあらわしている。因子構造は因子と変数の相関係数であり，因子パターンは偏相関係数である。因子パターンは因子と変数の偏相関係数をあらわしているので，因子間の影響で他の因子の影響を一定とすることで除き，変数についても他の因子の影響を一定とすることで除いていることになる。因子構造を単純化する場合には因子パターンは単純化されず，因子パターンを単純化する場合には因子構造は単純化されないため，単純構造化されない行列についても単純構造とする方法が提案されている。一般オブリミン法は因子構造を単純化する方法で，直接オブリミン法とプロマックス法は因子パターンを単純化する方法である。直接オブリミン法では，斜交の程度を決める基準であるδが0の場合に中程度の相関があり，δが負で大きくなるにつれて因子の直交解に近くなり，正の値で斜交性が高まる。プロマックス法はプロクラステス回転の下位モデルであり，単純構造を満たしたと考えられるターゲット行列（目標行列）に近似させる。単純構造を満たしたと考えられる行列には，オーソマックス基準のバリマックス回転の結果が利用され，結果の行列の各要素に係数（係数はべき乗の値）をかけた行列をターゲット行列として，この行列に近似させる。係数をべき乗することで，この係数が大きくなるにつれて単純構造が強調される。べき乗とは同じ数を繰り返し乗算する計算のことで，10を繰り返し乗算する10のべき乗であれば，10^5は10×10×10×10×10であり100,000となる。

斜交回転では因子間相関が出力され，因子間相関が高い場合には両方の因子は同様の内容をあらわしている可能性が高く，因子間相関が低い場合には両方の因子は独立した内容をあらわしているといえる（因子間相関が0であれば直交解に一致する）。因子間相関から因子間の関連を捉えることは，因子の解釈にも役に立つ。因子の寄与は，直交回転では各因子の寄与の和（共通性）の合計となるが，斜交回転では因子寄与を明確に定義することができない。斜交回転では各因子を個別に回転するため，両方の因子が近づくことが起こり，各因子寄与の和が共通性を越えることが生じ，最大値を特定することができず，寄与率を計算できない。

直交回転と斜交回転のどちらを採用するかについては，以前はバリマックス法による直交回転が多く用いられていたが，斜交回転は直交回転を含むことから斜交回転が多く用いられるようになった。因子が直交しているのか，相関があるのかという仮説に基づいて回転方法を選択することも一案であるといえる。

（芝祐順，1979；中山，2010；島崎・大竹，2017）

(6) 共通因子の抽出方法

共通因子の抽出は，共通因子と独自因子の分散を決定することで実施できる。具体的には，因子分析の構造式により，因子負荷量行列と独自因子の分散を決定する。

観測変数の相関行列 R ＝因子負荷量行列 A ×因子負荷量行列の転置行列 A'
＋独自因子の分散行列 D　　　（4.3.7）

ただし，実際には，左辺と右辺は等しくならず，左辺と右辺の値をできるだけ近づけるように因子負荷量と独自因子の分散の値を決定する。その際の共通因子の抽出法としては，反復主因子法，重み付けのない最小二乗法，一般化（重み付けされた）最小二乗法，最尤法などが利用されることが多い。

反復主因子法では，第1因子から順に，各変数への寄与率の和が最大となるように抽出する。この方法は，不適解が出にくいという特性がある。

重み付けのない最小二乗法では，観測変数の相関行列（もしくは分散共分散行列）に関して，上述の右辺と左辺との差の2乗和を最小とするように因子を抽出する。

最小二乗法によって得られる因子負荷量は尺度が不変ではなく，共分散行列と相関行列では解が異なる。最小二乗法は，$(x_i,\ y_i)$ というデータの組が n 組得られている時，そのデータに直線的な関係があると仮定できる場合，そのもっともふさわしい直線を求める方法である。その求め方は，n 組のデータ $(x_i,\ y_i)$ を回帰式 $\hat{y} = \beta_0 + \beta_1 x$ に近似させることで求める。この時，誤差は $e_i = y_i - (\beta_0 + \beta_1 x)$ とあらわすことができる。ただし $\sum_{i=1}^{n} e_i = 0$ となることから，誤差の二乗を最小にする，$\sum_{i=1}^{n} e_i^2 = \sum_{i=1}^{n} (\beta_0 + \beta_1 x)^2$ の β_0 と β_1 を求めることになる。具体的には，以下のような手順となる。

① 観測値 y_i と予測値 $\hat{y}_i (= \beta_0 + \beta_1 x_i)$ との誤差 e_i を計算する。

② 正と負の誤差が存在するので，誤差を二乗し，その二乗和を計算する。

③ この誤差の二乗和を最小とするような β_0（切片）と β_1（傾き）の組を求める。

最小二乗法の目的は，「切片である β_0 と傾きをあらわす回帰係数 β_1 の値を変化させ，観測値と予測値との誤差（残差）の平方和の値を最小にする」ということにある。一般化（重み付けされた）最小二乗法は，各変数の尺度の単位に影響されないように，その違いの補正（残差を共通性で重みづける）を行うので，尺度が不変となり推定精度が向上するが，その分不適解が出やすくなる。この方法は，適合度検定が可能である。

最尤法は，正規分布を仮定して，尤度を最大化するような因子を抽出する手法である。尤度とは，データが得られている時に，推定値（因子負荷量）が特定の値であることがどれほど尤もらしいかという程度をあらわす。最尤法では検定を行うことができ便利であるが，共通性が1を超えるなどの不適解が出やすいという特徴もある。

推定法の選択は，まず最尤法の使用を考えるのが妥当である。不適解（共通性が1を超える項目）が出た場合，共通性が1を超えた項目の削除を検討する。削除できない時は，因子数の変更を考える。因子数を少なくして解が求められた場合，当初の指定因子数とデータが合っていない可能性がある。

指定の因子数にこだわるのであれば，一般化最小二乗法，最小二乗法の使用を検討してもよいが，最尤法で不適解が出た場合，一般化最小二乗法でも不適解が出る可能性が高い。不適解が出ず，解が求められればそれでよいとする。

最小二乗法でも不適解が出た場合，反復主因子法を使用する（この場合反復回数が多くなる可能性があるので，最大反復回数を多くしておく）。主因子法は不適解が出にくい方法であるが，これは不適解が出る前に収束するためであり，本来不適解であるにもかかわらず見落とす可能性がある。

不適解が出る代表的なケースは，以下のような場合である。

① サンプルサイズが小さい（この場合最尤法の使用は避けるべきである）。

② データ内部で局所的に相関が高い項目がある。

③ 過大に因子数を見積もっている，推定している（データがモデルに合っていない）。

③は項目を削る，モデルを変更することで解決する。①は，どうしても分析する必要があるのであれば，反復主因子法を検討する。　　　　（中山，2010）

(7) 因子得点の推定

回転を経て共通因子を取り出すことができたとしても，各標本の共通因子の値（因子得点）がどの程度であるかは分からない。各標本は，共通因子に対する得点（因子得点）をそれぞれもっており，この各標本の因子得点を求めることができれば，各標本と因子との関係を明らかにすることができる。因子得点の推定法には，回帰推定法やバーレット推定法などがある。回帰推定法は，各共通因子の因子得点について，観測変数を基に回帰分析を応用することで推定する方法である。

回帰推定法では，観測変数の値を用いて，下記の式により推定できる。

因子得点＝母集団の相関行列の逆行列×母集団の因子負荷行列×観測変数のベクトル

この時，母集団の値は分からないので，標本から得られた相関行列と因子負荷行列にそのまま置き換えて，各標本の因子得点を推定する。

因子得点＝標本相関行列の逆行列×標本の因子負荷行列×観測変数のベクトル　（4.3.8）

(8) 因子分析による分析例

社会における広告の役割・機能に関する認識について，5段階の評定尺度（とてもそう思う，そう思う，どちらともいえない，そう思わない，まったくそう思わない）で調査したデータを因子分析した例を基に，採用する因子数の決定と因子の解釈の方法について解説する。表Ⅳ－3－1の社会における広告の役割・機能に関する認識についての各設問の選択肢の回答分布では，両極の回答頻度がやや少ない項目も存在するが，概ね5段階の評定尺度として回答が得られていると考え，順序尺度を間隔尺度とみなし，量的データとして因子分析により分析しても問題ないと判断した。順序尺度を間隔尺度とみなして分析をするのではなく，多分相関係数（ポリコリック相関係数，polychoric correlation coefficient），多分系列相関係数（重双相関係数（ポリシアル相関係

表Ⅳ－３－１　社会における広告の役割・機能に関する認識についての各設問の構成比

	とてもそう思う	そう思う	どちらともいえない	そう思わない	まったくそう思わない
広告は新商品を知るきっかけになる	22.0	68.4	8.3	1.2	0.1
広告がきっかけでその商品に関心を持つことがある	14.4	67.2	15.7	1.6	1.1
広告をよく見かける商品は購入時の候補になりやすい	11.2	59.6	23.6	4.8	0.8
どの製品を買うか迷った時は広告をよく見かける方を選ぶ	4.8	31.5	44.9	15.2	3.6
広告から受けたイメージで商品を選ぶことがある	3.9	43.9	37.3	11.2	3.5
購入した商品の広告を見ると選択は間違っていなかったと思う	2.3	23.5	58.0	12.4	3.9
今まで知らなかった企業を広告を通じて知ることがある	11.3	66.1	18.3	3.3	0.9
広告によってその企業のイメージが醸成される	6.4	40.4	44.1	8.0	1.1
広告はその企業に対する評価に影響する	5.9	45.3	39.9	6.9	1.9
広告から企業の姿勢や意思に共感することがある	3.6	34.5	46.8	12.4	2.5
広告を通じて企業の存在意義を感じることがある	2.9	33.5	44.8	15.3	3.5
広告は社会の雰囲気に影響を与えている	6.4	46.9	37.3	8.5	0.8
広告は社会の価値観に影響を与えている	5.5	40.1	42.8	10.3	1.3
広告から新たな生活スタイルが生まれることがある	4.4	44.3	38.0	10.7	2.4
広告から発信される言葉やフレーズは社会に影響を与える	10.7	55.2	28.1	4.0	1.6
広告がその時代のトレンドを生むことがある	11.7	59.5	22.3	4.7	1.6
面白い広告があると友人・知人などに知らせたくなる	9.3	36.9	32.5	15.9	5.3
人生の節目で思い出す広告がある	4.0	23.1	37.6	26.4	8.9
広告の映像やセリフによって元気づけられたことがある	2.9	29.9	39.1	20.5	7.5
広告で見たことが日常の話題になることがある	5.7	46.3	31.9	11.1	4.8
広告に出演するキャストの服装やファッションが参考になる	2.9	24.5	42.0	20.0	10.4
広告で使われた音楽や出演タレントに関心を持つことがある	9.9	45.2	29.2	9.5	6.1
広告は暮らしを豊かにしている	3.6	31.1	50.4	10.3	4.7
広告は消費者にとって必要なものだ	8.0	52.0	34.0	3.6	2.4

（公益財団法人吉田秀雄記念事業財団「2015年度のオムニバス調査結果『社会における広告の役割・機能に関する認識』」より作成）

数)，polyserial correlation coefficient）を用いる分析方法もある。ポリコリック相関係数は順序尺度と順序尺度の相関係数，ポリシリアル相関係数は順序尺度と連続尺度の相関係数である。詳細については小杉考司（2013）などを参照されたい。

相関のある変数は同じ因子との関連を示す可能性が高いと考えられ，相関のある変数のグループを見出すことで，共通因子の数を想定することができる。因子分析を行う前に，社会における広告の役割・機能に関する認識について，各設問間に関連があるかどうかを相関係数行列を作成して確認する（「表Ⅳ－3－2」を参照)。表Ⅳ－3－2の太字は0.4以上の相関係数を示している。各設問間の相関係数から，各項目が5つのグループに分かれる。ひとつめは「広告は新商品を知るきっかけになる」，「広告がきっかけでその商品に関心を持つことがある」，「広告をよく見かける商品は購入時の候補になりやすい」という3項目からなり，購入前に商品を認知したり，関心をもったり，購入候補としたりするなど，広告が何らかのきっかけになっているかどうかという項目間に中程度の相関がみられる。2つめは「どの製品を買うか迷った時は広告をよく見かける方を選ぶ」，「広告から受けたイメージで商品を選ぶことがある」，「購入した商品の広告を見ると選択は間違っていなかったと思う」という3項目からなり，広告が購入の要因となっているかどうかに関連した項目間に中程度の相関がみられる。3つめは「今まで知らなかった企業を広告を通じて知ることがある」，「広告によってその企業のイメージが醸成される」，「広告はその企業に対する評価に影響する」，「広告から企業の姿勢や意思に共感することがある」，「広告を通じて企業の存在意義を感じることがある」という5項目からなり，広告と企業の関わりに関連した項目に中程度の相関がみられる。4つめは「広告は社会の雰囲気に影響を与えている」，「広告は社会の価値観に影響を与えている」，「広告から新たな生活スタイルが生まれることがある」，「広告から発信される言葉やフレーズは社会に影響を与える」，「広告がその時代のトレンドを生むことがある」という5項目からなり，広告と社会生活の関わりに関連した項目に中程度の相関がみられる。5つめは「面白い広告があると友人・知

表Ⅳ－３－２　社会における広告の役割・機能に関する認識の相関係数行列

	1	2	3	4	5	6	7	8	9	10	11	12
1 広告は新商品を知るきっかけになる	1.00											
2 広告がきっかけでその商品に関心を持つことがある	0.64	1.00										
3 広告をよく見かける商品は購入時の候補になりやすい	0.48	0.56	1.00									
4 どの製品を買うか迷った時は広告をよく見かける方を選ぶ	0.24	0.30	0.48	1.00								
5 広告から受けたイメージで商品を選ぶことがある	0.29	0.38	0.49	0.62	1.00							
6 購入した商品の広告を見ると選択は間違っていなかったと思う	0.20	0.25	0.29	0.42	0.42	1.00						
7 今まで知らなかった企業を広告を通じて知ることがある	0.34	0.38	0.36	0.19	0.25	0.13	1.00					
8 広告によってその企業のイメージが醸成される	0.31	0.39	0.36	0.25	0.37	0.27	0.49	1.00				
9 広告はその企業に対する評価に影響する	0.28	0.37	0.29	0.24	0.30	0.22	0.36	0.57	1.00			
10 広告から企業の姿勢や意思に共感することがある	0.26	0.35	0.31	0.26	0.30	0.31	0.33	0.51	0.54	1.00		
11 広告を通じて企業の存在意義を感じることがある	0.23	0.31	0.32	0.29	0.28	0.32	0.34	0.48	0.49	0.69	1.00	
12 広告は社会の雰囲気に影響を与えている	0.25	0.30	0.24	0.12	0.16	0.18	0.27	0.33	0.38	0.40	0.38	1.00
13 広告は社会の価値観に影響を与えている	0.30	0.32	0.25	0.18	0.20	0.22	0.28	0.33	0.38	0.43	0.42	0.72
14 広告から新たな生活スタイルが生まれることがある	0.31	0.40	0.30	0.23	0.26	0.26	0.25	0.31	0.34	0.36	0.38	0.45
15 広告から発信される言葉やフレーズは社会に影響を与える	0.33	0.37	0.29	0.15	0.18	0.09	0.27	0.30	0.34	0.29	0.29	0.50
16 広告がその時代のトレンドを生むことがある	0.35	0.40	0.33	0.17	0.25	0.18	0.33	0.37	0.32	0.32	0.31	0.46
17 面白い広告があると友人・知人などに知らせたくなる	0.22	0.33	0.29	0.17	0.27	0.26	0.32	0.36	0.34	0.37	0.31	0.29
18 人生の節目で思い出す広告がある	0.11	0.15	0.15	0.16	0.20	0.13	0.16	0.21	0.23	0.33	0.35	0.23
19 広告の映像やセリフによって元気づけられたことがある	0.14	0.20	0.19	0.20	0.24	0.28	0.16	0.26	0.26	0.40	0.32	0.23
20 広告で見たことが日常の話題になることがある	0.23	0.35	0.32	0.26	0.31	0.21	0.26	0.24	0.31	0.35	0.31	0.31
21 広告に出演するキャストの服装やファッションが参考になる	0.10	0.20	0.23	0.28	0.31	0.26	0.16	0.26	0.27	0.32	0.33	0.22
22 広告で使われた音楽や出演タレントに関心を持つことがある	0.31	0.36	0.36	0.25	0.31	0.20	0.24	0.26	0.26	0.30	0.29	0.24
23 広告は暮らしを豊かにしている	0.29	0.36	0.30	0.25	0.25	0.34	0.19	0.29	0.30	0.43	0.42	0.37
24 広告は消費者にとって必要なものだ	0.37	0.41	0.37	0.27	0.29	0.30	0.24	0.30	0.34	0.34	0.33	0.31

	13	14	15	16	17	18	19	20	21	22	23	24
1 広告は新商品を知るきっかけになる												
2 広告がきっかけでその商品に関心を持つことがある												
3 広告をよく見かける商品は購入時の候補になりやすい												
4 どの製品を買うか迷った時は広告をよく見かける方を選ぶ												
5 広告から受けたイメージで商品を選ぶことがある												
6 購入した商品の広告を見ると選択は間違っていなかったと思う												
7 今まで知らなかった企業を広告を通じて知ることがある												
8 広告によってその企業のイメージが醸成される												
9 広告はその企業に対する評価に影響する												
10 広告から企業の姿勢や意思に共感することがある												
11 広告を通じて企業の存在意義を感じることがある												
12 広告は社会の雰囲気に影響を与えている												
13 広告は社会の価値観に影響を与えている	1.00											
14 広告から新たな生活スタイルが生まれることがある	0.52	1.00										
15 広告から発信される言葉やフレーズは社会に影響を与える	0.51	0.53	1.00									
16 広告がその時代のトレンドを生むことがある	0.47	0.51	0.67	1.00								
17 面白い広告があると友人・知人などに知らせたくなる	0.30	0.34	0.34	0.39	1.00							
18 人生の節目で思い出す広告がある	0.25	0.29	0.18	0.19	0.35	1.00						
19 広告の映像やセリフによって元気づけられたことがある	0.26	0.33	0.28	0.25	0.42	0.55	1.00					
20 広告で見たことが日常の話題になることがある	0.31	0.36	0.40	0.37	0.51	0.32	0.46	1.00				
21 広告に出演するキャストの服装やファッションが参考になる	0.24	0.41	0.26	0.22	0.42	0.31	0.47	0.48	1.00			
22 広告で使われた音楽や出演タレントに関心を持つことがある	0.28	0.34	0.34	0.33	0.43	0.24	0.40	0.50	0.56	1.00		
23 広告は暮らしを豊かにしている	0.40	0.44	0.40	0.41	0.39	0.32	0.45	0.46	0.41	0.48	1.00	
24 広告は消費者にとって必要なものだ	0.31	0.33	0.38	0.40	0.38	0.17	0.30	0.39	0.27	0.36	0.60	1.00

（公益財団法人吉田秀雄記念事業財団「2015年度のオムニバス調査結果『社会における広告の役割・機能に関する認識』」より作成）

人などに知らせたくなる」,「人生の節目で思い出す広告がある」,「広告の映像やセリフによって元気づけられたことがある」,「広告で見たことが日常の話題になることがある」,「広告に出演するキャストの服装やファッションが参考になる」,「広告で使われた音楽や出演タレントに関心を持つことがある」,「広告は暮らしを豊かにしている」,「広告は消費者にとって必要なものだ」という8項目からなり，広告との関わりに関連した項目間に中程度の相関がみられる。したがって，社会における広告の役割・機能に関する認識については，これらの5つの共通因子が存在するのではないかと考えられる。

因子分析では，前述のとおり因子数を定めて分析を行う必要がある。因子数の決定には，相関係数行列による相関構造から判断する方法，因子数推定（相関係数行列の対角要素に共通性の推定値を代入せずに分析）のための相関行列の固有値分解の結果，固有値が1以上となる因子まで採用するといった方法がある。調査設計の段階において調査項目は仮説を検証するために設定するので，その際に共通因子数を想定しているはずである。そこで，相関係数行列からの相関構造や因子数推定のための分析結果と，仮説としていた共通因子数などを照らし合わせて因子数を決定する。その他にもMAP（Minimum Average Partial：最小平均偏相関），平行分析，最尤解でのχ^2検定などの基準もある。詳細は堀啓造（2005）を参照されたい。

表Ⅳ－3－3は社会における広告の役割・機能に関する認識を固有値分解した結果得られた固有値と寄与率，累積寄与率である。固有値が1を越えるのは主成分5までであり，相関係数行列からの相関構造と同様に，想定される共通因子数は5となりそうである。

因子分析では因子数が異なれば因子負荷量の値が異なり，因子の解釈が異なるため，因子数を変更するごとに分析し直す必要がある。これは因子分析では解がネストしていないためである。なお，主成分分析は解がネストしており，採用する主成分数ごとに解析し直す必要はない。

本分析は，固有値分解の結果などから5因子構造と判断して分析を進めることとする。分析は最尤法を用いて，バリマックス回転により行う。念のため，

表Ⅳ－３－３　相関係数行列の固有値分解から得られた固有値と寄与率, 累積寄与率

	固有値	寄与率	累積寄与率
主成分１	8.505	0.354	0.354
主成分２	1.847	0.077	0.431
主成分３	1.799	0.075	0.506
主成分４	1.441	0.060	0.566
主成分５	1.113	0.046	0.613
主成分６	0.913	0.038	0.651
主成分７	0.853	0.036	0.686
主成分８	0.740	0.031	0.717
主成分９	0.671	0.028	0.745
主成分10	0.644	0.027	0.772
主成分11	0.588	0.025	0.796
主成分12	0.542	0.023	0.819
主成分13	0.495	0.021	0.840
主成分14	0.482	0.020	0.860
主成分15	0.433	0.018	0.878
主成分16	0.401	0.017	0.895
主成分17	0.383	0.016	0.911
主成分18	0.359	0.015	0.925
主成分19	0.348	0.014	0.940
主成分20	0.322	0.013	0.953
主成分21	0.304	0.013	0.966
主成分22	0.291	0.012	0.978
主成分23	0.268	0.011	0.989
主成分24	0.257	0.011	1.000
合計	24.000		

因子数４，６因子構造の結果も確認する。各因子数での固有値と寄与率，累積寄与率は，表Ⅳ－３－４のように得られる。

表Ⅳ－３－５は，５因子構造を仮定し，バリマックス回転（直交回転）により回転解を得た結果である。各因子に高負荷している項目から因子内容を推量して，因子名を命名する。太字は，0.4以上の因子負荷量を示している。

因子１では，「面白い広告があると友人・知人などに知らせたくなる」，「人生の節目で思い出す広告がある」，「広告の映像やセリフによって元気づけられたことがある」，「広告で見たことが日常の話題になることがある」，「広告に出演するキャストの服装やファッションが参考になる」，「広告で使われた音楽や

表Ⅳ－3－4　社会における広告の役割・機能に関する認識を因子数4から6で分析した際の固有値と寄与率，累積寄与率

	回転前			回転後		
	固有値	寄与率	累積寄与率	因子寄与	因子寄与率	因子寄与率の累積
因子1	7.992	0.333	0.333	3.196	0.133	0.133
因子2	1.324	0.055	0.388	3.132	0.130	0.264
因子3	1.251	0.052	0.440	2.942	0.123	0.386
因子4	1.031	0.043	0.483	2.327	0.097	0.483
因子1	8.007	0.334	0.334	3.292	0.137	0.137
因子2	1.427	0.059	0.393	2.564	0.107	0.244
因子3	1.279	0.053	0.446	2.378	0.099	0.343
因子4	1.022	0.043	0.489	2.295	0.096	0.439
因子5	0.647	0.027	0.516	1.853	0.077	0.516
因子1	8.035	0.335	0.335	2.983	0.124	0.124
因子2	1.433	0.060	0.394	2.570	0.107	0.231
因子3	1.274	0.053	0.448	2.327	0.097	0.328
因子4	1.008	0.042	0.490	2.287	0.095	0.424
因子5	0.643	0.027	0.516	1.852	0.077	0.501
因子6	0.580	0.024	0.541	0.954	0.040	0.541

出演タレントに関心を持つことがある」，「広告は暮らしを豊かにしている」という項目の因子負荷量が大きいので，因子1は広告の利用方法であり，自他者との「コミュニケーション・学習因子」と考えられる。因子2では，「広告は社会の雰囲気に影響を与えている」，「広告は社会の価値観に影響を与えている」，「広告から新たな生活スタイルが生まれることがある」，「広告から発信される言葉やフレーズは社会に影響を与える」，「広告がその時代のトレンドを生むことがある」という項目の因子負荷量が大きく，因子2は社会生活への影響をあらわす「社会生活影響因子」と考えられる。因子3では，「広告は新商品を知るきっかけになる」，「広告がきっかけでその商品に関心を持つことがある」，「広告をよく見かける商品は購入時の候補になりやすい」という3項目の因子負荷量が大きく，因子3は購入前に商品を認知したり，関心をもったり，購入候補としたりするなど，購買にかかわる内容をあらわす「購買促進（認知・関心）因子」と考えられる。因子4では，「広告によってその企業のイメー

表Ⅳ－３－５　バリマックス回転後の社会における広告の役割・機能に関する認識を因子数５で分析することで得られた因子負荷量と共通性

	因子１	因子２	因子３	因子４	因子５	共通性
広告は新商品を知るきっかけになる	0.064	0.192	**0.673**	0.126	0.147	0.531
広告がきっかけでその商品に関心を持つことがある	0.160	0.187	**0.715**	0.189	0.201	0.648
広告をよく見かける商品は購入時の候補になりやすい	0.155	0.112	**0.543**	0.148	**0.443**	0.550
どの製品を買うか迷った時は広告をよく見かける方を選ぶ	0.141	0.046	0.142	0.100	**0.802**	0.695
広告から受けたイメージで商品を選ぶことがある	0.200	0.042	0.260	0.151	**0.666**	0.576
購入した商品の広告を見ると選択は間違っていなかったと思う	0.215	0.081	0.082	0.210	**0.451**	0.307
今まで知らなかった企業を広告を通じて知ることがある	0.103	0.150	**0.402**	0.352	0.082	0.325
広告によってその企業のイメージが醸成される	0.163	0.156	0.322	**0.550**	0.165	0.484
広告はその企業に対する評価に影響する	0.190	0.223	0.245	**0.553**	0.128	0.468
広告から企業の姿勢や意思に共感することがある	0.297	0.200	0.118	**0.721**	0.153	0.685
広告を通じて企業の存在意義を感じることがある	0.264	0.219	0.087	**0.671**	0.195	0.613
広告は社会の雰囲気に影響を与えている	0.138	**0.742**	0.094	0.275	0.044	0.656
広告は社会の価値観に影響を与えている	0.151	**0.762**	0.096	0.284	0.104	0.704
広告から新たな生活スタイルが生まれることがある	0.353	**0.502**	0.226	0.160	0.139	0.473
広告から発信される言葉やフレーズは社会に影響を与える	0.305	**0.592**	0.329	0.058	-0.003	0.555
広告がその時代のトレンドを生むことがある	0.277	**0.530**	0.379	0.106	0.042	0.514
面白い広告があると友人・知人などに知らせたくなる	**0.547**	0.164	0.238	0.213	0.055	0.431
人生の節目で思い出す広告がある	**0.457**	0.118	-0.041	0.257	0.084	0.298
広告の映像やセリフによって元気づけられたことがある	**0.656**	0.108	-0.004	0.217	0.107	0.501
広告で見たことが日常の話題になることがある	**0.620**	0.206	0.220	0.094	0.141	0.504
広告に出演するキャストの服装やファッションが参考になる	**0.663**	0.105	0.012	0.118	0.216	0.511
広告で使われた音楽や出演タレントに関心を持つことがある	**0.606**	0.138	0.280	0.052	0.154	0.491
広告は暮らしを豊かにしている	**0.545**	0.298	0.206	0.195	0.139	0.486
広告は消費者にとって必要なものだ	0.371	0.236	0.359	0.157	0.167	0.375

ジが醸成される」,「広告はその企業に対する評価に影響する」,「広告から企業の姿勢や意思に共感することがある」,「広告を通じて企業の存在意義を感じることがある」という項目の因子負荷量が大きく,「今まで知らなかった企業を広告を通じて知ることがある」も0.4に近い因子負荷置を示している。因子４は広告と企業の関わりをあらわす「企業評価因子」と考えられる。因子５では,「どの製品を買うか迷った時は広告をよく見るかける方を選ぶ」,「広告から受けたイメージで商品を選ぶことがある」,「購入した商品の広告を見ると選択は間違っていなかったと思う」という項目の因子負荷量が大きく，因子５は広告が購入の要因となっていることあらわす「広告効果（キッカケ・補強）因子」

と考えられる。

採用する因子数が3までであれば，因子負荷量を散布図により視覚的に表現することも，共通因子の傾向を捉える上では有効である。因子数が多くなると散布図によるグラフ化は有効ではなく，レーダーチャートや棒グラフ，折れ線グラフなどのグラフ化が有効である。なお，散布図を作成した際に原点付近に位置している対象は，散布図を作成する際に利用している因子には影響をもたない変数と考えられ，それ以外の因子に影響をもつ変数といえる。

因子負荷量をみると，単純構造を満たしていない項目がみられる。「広告でよく見かける商品は購入時の候補になりやすい」（第3因子：0.543，第5因子：0.443と2つの因子に対して因子負荷量が高くなっている），「今まで知らなかった企業を広告を通じて知ることがある」（第3因子：0.402，第4因子：0.352と2つの因子に対して因子負荷量が高くなっている），「広告は消費者にとって必要なものだ」（第1因子：0.371，第3因子：0.359と2つの因子に対して因子負荷量が高くなっている）は，解釈の点では当該変数を削除することも考えられるが，ここでは削除せず分析に残した。複数の因子に対して高い因子負荷量となっている変数を分析から除外することは，解釈を向上させるうえでは都合がよい。ただし，解釈を優先させて変数を恣意的に分析から除外することはあまり望ましいとはいえず，調査・分析を行う際に設定している仮説に寄与するような知見が得られているかどうかが重要である。

このほかに，共通性の大きさからも変数削除を検討する必要がある。共通性は，当該変数の各因子に対する因子負荷量の2乗和により求められる。どの程度の共通性があれば当該変数がいずれかの因子と関連があると考えられるかは，共通性が当該変数の各因子に対する因子負荷量の2乗和により求められるので，どの程度の因子負荷量が最低限あれば各変数と因子との関連を説明することができるかということになる。因子負荷量は，因子とその変数の相関の程度を示しているので，最低限弱い相関があれば解釈可能と考えると，ひとつの変数の因子負荷量が0.3～0.4程度あればよいといえる（サンプルサイズの影響を受けるため絶対的基準ではない）。その時の共通性は0.09～0.16程度となるので，共通性が0.1以上程度あればいずれかの因子とその変数との関係が説明できるといえる。したがって，最低限のレベルとして共通性が0.1未満であるような変数が存在する場合には，その変数を分析から除外することを検討する。今回の因子分析では共通性は低くとも0.3程度であり，各変数はいずれかの因子と相関があると考えられるので，変数は除外しなくても問題はないと判断した。

共通因子を取り出すことができれば，回帰推定法やバートレット推定法などを用いて因子得点を算出することができる。また因子分析でも，主成分分析での主成分得点と同様に，因子得点から各対象の特徴をグラフ化することや，分析に用いていない変数を用いた層別を行って対象の傾向を把握することが可能である。因子得点は，因子負荷量の推定を経て推定するので，２度の推定を経て得られる。

数量化Ⅲ類とコレスポンデンス分析

(1) 質的データの数量化

質的データの中には，人びとの意思決定に影響を及ぼすものも少なくない。質的なデータを何らかの手続きを通して数値に変換（数量化）して扱うことができれば，変数間の関係を捉えることができ有意義である。質的データの数量化は，パターンの似ている対象同士の差をなるべく小さくし，パターンの似ていない対象同士の差を大きくなるように得点を付与することで行う。質的データを数量化するための代表的な方法には，数量化Ⅲ類やコレスポンデンス分析（対応分析）がある。数量化Ⅲ類は，集計していない質的データに内在する回答の反応パターンを縮約するための手法であり，コレスポンデンス分析は，質的データについての回答を集計したクロス表（各対象（サンプル）×各変数（カテゴリー））を分析する方法である。いずれの方法も，質的なデータに対する回答の反応パターンに共通するものがあるか，データ間の類似性を調べながら，その共通のパターンにより各対象（サンプル）と各変数（カテゴリー）を分類するための方法である。数量化Ⅲ類は，質的データの各対象（サンプル）と各項目（カテゴリー）を同時に数量化し，データ間の類似性を調べ，対象と項目の全体的な関連性を解明するための方法であり，量的データを分析する主成分分析に類似した質的データの分析方法といえる。

(2) 数量化Ⅲ類

数量化Ⅲ類では，質的データで測定されたデータにおいて，各サンプルと各カテゴリーの相関を最大とするという基準を基に，サンプルとカテゴリーを空間内に位置付ける。サンプルとカテゴリーについての質的データが得られている時に，同一のサンプルに反応したカテゴリーは類似性が高く，また同一のカテゴリーに反応したサンプルは類似性が高いと仮定する。お互いに類似性の高いサンプルとカテゴリーが近くに位置するように並べ替えると，同じ反応を示したものが対角線の周辺に集まることになる（「図Ⅳ－4－1」を参照）。

	カテゴリ1	カテゴリ2	カテゴリ3	カテゴリ4	カテゴリ5	カテゴリ6
サンプル1	1	0	1	0	0	0
サンプル2	0	1	0	1	0	0
サンプル3	0	0	1	0	0	1
サンプル4	0	0	0	1	0	1
サンプル5	0	1	0	0	1	0

サンプルとカテゴリーの
並べ替え

	カテゴリ5	カテゴリ2	カテゴリ4	カテゴリ6	カテゴリ3	カテゴリ1
サンプル5	1	1	0	0	0	0
サンプル2	0	1	1	0	0	0
サンプル4	0	0	1	1	0	0
サンプル3	0	0	0	1	1	0
サンプル1	0	0	0	0	1	1

図Ⅳ－4－1　サンプルの反応と並べ替え

並べ替えの場合には1，2，3，…というような順序を得点として割り当てることになるが，回答の反応パターンがよく近似するような得点を割り当てることは必ずしもできないため，よりよく近似させるためにサンプルとカテゴリーに連続量の得点を付与し，付与した得点の傾向が反応パターンと一致するように処理する。サンプルとカテゴリーを並べ替える代わりに，各サンプルと各カテゴリーの相関係数を最大化するサンプルとカテゴリーの数量（スコア）を求める。また，1組だけの得点では近似させることができなければ，各サンプルと各カテゴリーに付与する得点の組は行数－1と列数－1の小さい方の数だけ存在するので，近似できるような得点の組を順次求める。

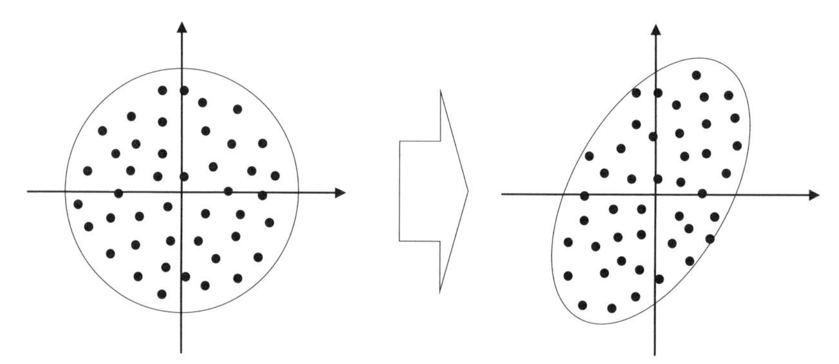

図Ⅳ－4－2　数量化Ⅲ類での各サンプルと各カテゴリー間の相関係数を最大化するイメージ

サンプル i に x_i，カテゴリー j に y_j というスコアを与える場合，スコア x_i，y_j について，カテゴリーへの反応の仕方の似たサンプルや，サンプルからの反応の似たカテゴリーに類似したスコアを与える。そのためには，（i，j）セルにその内容にあてはまるとして選択されている（1が入力されている）時，(x_i，y_j) のようなスコアの組み合わせが観測されたと考えて，相関が最大になるように x_i，y_j を定める。

サンプルのカテゴリーに対する反応 δ_{ij} を，次のようにあらわすとする。

$$\delta_{ij} = \begin{cases} 1 : i\text{番目のサンプルがカテゴリー}\,j\,\text{にあてはまる} \\ 0 : i\text{番目のサンプルがカテゴリー}\,j\,\text{にあてはまらない} \end{cases}$$

この時カテゴリーとサンプルの関係をもっともよくあらわすために，これらの間の相関係数を最大にすることを考えると，相関係数は，次式によって求められる。

$$r = \frac{\frac{1}{N}\sum_{i=1}^{n}\sum_{j=1}^{m} x_i \delta_{ij} y_j}{\sqrt{\frac{1}{N}\sum_{i=1}^{n}\sum_{j=1}^{m} x_i^2 \delta_{ij} \cdot \frac{1}{N}\sum_{i=1}^{n}\sum_{j=1}^{m} y_j^2 \delta_{ij}}} \qquad (4.4.1)$$

なお，Nはすべてのサンプルとカテゴリーに対する反応の合計$N=\sum_{i=1}^{n}\sum_{j=1}^{m}\delta_{ij}$である。ここでは，$r$は$x_i$や$y_j$の尺度（分散）のとり方に依存しない。したがって，カテゴリーとサンプルの分散に1という制約($\frac{1}{N}\sum_{i=1}^{n}\sum_{j=1}^{m} x_i^2 \delta_{ij} = 1$，$\frac{1}{N}\sum_{i=1}^{n}\sum_{j=1}^{m} y_j^2 \delta_{ij} = 1$）を置き，次式に従って$x_i$や$y_j$を求めればよい。

$$Max\ r = \frac{1}{N}\sum_{i=1}^{n}\sum_{j=1}^{m} x_i \delta_{ij} y_j \qquad (4.4.2)$$

サンプルとカテゴリーに，各軸のスコアはともに無相関（直交している）という制約を加えた上で，相関係数rが最大になるようにx_i，y_jを求める。このときに得られる相関係数rの2乗値は，その軸が有する情報量である固有値と等しくなる。最初に得られる第1固有値は1となり，この解はサンプル，カテゴリーにそれぞれ同じスコアを与えており，意味をもたないので採用しない。2番目以降の固有値から採用し，ひとつの軸（第2固有値）だけでは十分に解釈することができない場合には，2つめ以降の軸（第3固有値以降）を用いて，同様にサンプルとカテゴリーに対するスコアを求めていく。固有値は，固有値1の場合を除くと，サンプル数とカテゴリー数の少ない方から1引いた数だけ求められる。サンプル数が10でカテゴリー数が6である場合，「6－1＝5」だけの固有値が求められる。前掲のように最初に得られる第1固有値は1となり意味をなさないため，第2固有値以降の順番をずらして，第1固有値，第2固有値，第3固有値，第4固有値，第5固有値と呼び，それぞれを第1軸，第2軸，第3軸，第4軸，第5軸などと呼ぶ。

相関係数の値は，第1軸よりも第2軸の方が低くなり，第2軸よりも第3軸の方が低く，相関係数は順次小さい値となる。

相関係数が大きい程，元のデータの情報をよく表現しているといえる。各固有値から寄与率が求められる。固有値とは，数量化Ⅲ類で得られた（付与した）各次元の得点の分散になり，数量化Ⅲ類ではこの分散が最大となるような得点の組を求めることになる。

この分散が元のデータの全情報（総変動）に占める割合が，分析により得られた各次元により元のデータの全情報（総変動）をどの程度説明できているかを示すものであり，寄与率になる。寄与率は，第2固有値（上記処理後の第1固有値）以下の全固有値の和で各固有値を除すことで求められる。各寄与率を足し合わせていくことで累積寄与率を求めれば，抽出された各軸によって元のデータが有していた情報がどの程度説明できているのかの判断の目安となる。基準としては，累積寄与率70％～80％以上がひとつの目安となるが，数量化Ⅲ類では主成分分析などのように第1軸，第2軸の寄与率が大きくならないことが多い。そのような場合には，視覚的な解釈可能性を重視する。

(3) コレスポンデンス分析

コレスポンデンス分析は対応分析とも呼ばれ，前掲の数量化Ⅲ類と類似した分析方法である。コレスポンデンス分析では，クロス表の各サンプルと各カテゴリーそれぞれの相対比率（プロフィール）を求め，プロフィールの名義尺度を用いて，多値変数の場合の指標であるχ^2統計量に基づくχ^2距離を計算する。χ^2距離は2つの分布間の距離をあらわし，ある分布と基準分布の対応するセルの値の差の2乗を基準分布の当該セルの値で除す計算をすべてのセルについて行い，その和を求めることで算出できる。このχ^2距離が小さいものは近くに位置付けるというように，χ^2距離がよく近似するような得点を各サンプルと各カテゴリーに付与することで，低次元空間に回答の反応パターンを縮約する。

χ^2距離が小さいものは近くに位置付けるというコレスポンデンス分析の基

本的考え方は，クロス表の各サンプルと各カテゴリーの相関が最大になるように，行と列の双方を並べ替える数量化Ⅲ類の場合と同様の手法と考えることができる。並べ替えの場合には，1，2，3，…というような順序を得点として割り当てることになるが，それではχ^2距離によって近似するような得点を割り当てることに必ずしもならないため，より近似させるためにカテゴリーとサンプルに連続量の得点を付与する。

また，1組だけの得点では近似させることができなければ，各対象（サンプル）と各変数（カテゴリー）に付与する得点の組は行数－1と列数－1の小さい方の数だけ存在するので，的確に近似できるような得点の組を順次求める。

なお，プロフィールは行と列との両方から捉えることができるので，プロフィールをそれぞれ行あるいは列の多次元空間内のデータと考え，双対性を考慮して分析する。これにより，固有値（相関の情報）の大きさで測ることを可能とし，2つのサンプル間（もしくはカテゴリー間）の関連性と対応関係を計量的に測り，質的データを計量化する。固有値とは，コレスポンデンス分析で得られた（付与した）各次元の得点の分散になり，コレスポンデンス分析ではこの分散が最大となるような得点の組を求めることになる。この分散が元のデータの全情報（総変動）に占める割合が，分析により得られた各次元により元のデータの全情報（総変動）をどの程度説明できているかを示すものであり，寄与率になる。何次元の結果を解とするのかを決定するには，当該次元までの寄与率の和である累積寄与率がひとつの基準となる。実際に分析すると，低次元では高い寄与率が得られないこともあるので，累積寄与率ではなく，結果の解釈のしやすさを優先して採用する次元数を決定する場合もある。

（クラウセン，S-E.，1998＝2015）

シャンプーの特徴についてのイメージが各ブランドについてあてはまるかどうかを調査した結果（仮想データ）を用いて，コレスポンデンス分析の方法について説明する。表Ⅳ－4－1は，5つのブランドに「傷みを補修する」，「潤いを与える」，「まとまりやすくなる」という各イメージがあてはまるという回答の頻度を示している。表Ⅳ－4－1の列和と行和を計算して，各値を行和と列和それぞれで除算すると表側と表頭のそれぞれの項目の相対比率（プロフィール）が計算でき，表Ⅳ－４－２と表Ⅳ－４－３が得られる。

このカテゴリーとサンプルそれぞれのプロフィールに対して χ^2 距離を計算し，この χ^2 距離が小さいものは多次元空間で近くに位置付け，χ^2 距離がよく近似するような得点をブランドとイメージの項目に付与し，低次元空間に回答の反応パターンを次元縮約する。本分析のデータはサンプル（ブランド）数５でカテゴリー（イメージ）数３であるので，ブランド数５－１とイメージ数３

表Ⅳ－４－１　各ブランドのイメージについての調査データ

	傷みを補修する	潤いを与える	まとまりやすくなる
ブランド１	30	25	30
ブランド２	15	10	30
ブランド３	10	20	5
ブランド４	25	15	15
ブランド５	15	25	10

表Ⅳ－４－２　ブランドの相対比率（プロフィール）（横構成比）

	傷みを補修する	潤いを与える	まとまりやすくなる	合計
ブランド１	0.35	0.29	0.35	1.00
ブランド２	0.27	0.18	0.55	1.00
ブランド３	0.29	0.57	0.14	1.00
ブランド４	0.45	0.27	0.27	1.00
ブランド５	0.30	0.50	0.20	1.00

表Ⅳ－４－３　イメージの相対比率（プロフィール）（縦構成比）

	傷みを補修する	潤いを与える	まとまりやすくなる
ブランド１	0.32	0.26	0.33
ブランド２	0.16	0.11	0.33
ブランド３	0.11	0.21	0.06
ブランド４	0.26	0.16	0.17
ブランド５	0.16	0.26	0.11
合計	1.00	1.00	1.00

－１の小さい方の数だけ得点の組は求められるため，最大で２次元（軸）に縮約可能である。

コレスポンデンス分析に用いるデータには，本分析の例のように頻度のデータを用い，比率のデータは用いない方がよい。その理由は，表側と表頭のそれぞれの項目の相対比率（プロフィール）を計算する際に比率のデータを用いると，比率に対して比率を計算することになり正しく比率を計算することができないためである。

(4) コレスポンデンス分析による分析例

以下では，仕事の悩みの相談相手について誰に相談するかを，性年代別にクロス集計した結果である表Ⅳ－４－４を基に，コレスポンデンス分析の結果の解釈の方法について説明する（数量化Ⅲ類での分析結果も，同様に解釈することができる）。実際のデータは４段階の評定尺度で測定されているが，本分析では２値データにまとめている。データは相談相手が11項目，性・年代８項目であり，

表Ⅳ－４－４　仕事の悩みの相談相手について誰に相談するかの性・年代別のクロス表

	上司	先輩	同僚	部下	友人・知人	専門家	インターネットの掲示板等	家族	その他	相談できる人はいない	誰にも相談しない
男性・20歳代	17	31	33	4	28	1	2	27	1	4	12
男性・30歳代	36	26	40	9	14	0	2	22	0	10	10
男性・40歳代	26	20	39	10	14	1	1	30	2	2	11
男性・50歳代	12	6	33	6	13	2	0	23	1	9	13
女性・20歳代	16	19	37	4	42	3	0	44	0	3	8
女性・30歳代	22	19	36	6	24	1	1	28	0	3	4
女性・40歳代	17	14	34	6	33	2	0	26	3	4	12
女性・50歳代	12	10	42	5	33	1	0	29	3	4	6

（株式会社サーベイリサーチセンター（SRC）自主調査「職場における『ほめる効果』に関するアンケート」のデータより作成）

性・年代の方が項目数が少ないので最大で７（８－１）次元（軸）に縮約可能である。１次元から７次元までの寄与率は48.48，25.16，9.85，8.39，5.62，2.36，0.14となっており，２次元までの累積寄与率は73.6％である。３次元以降での寄与率の低下は緩やかであり，情報量の低下の状況からも２次元解を採用するのが適切と考えられる。解釈のしやすさなども考慮して，２次元の結果を解として採用することとする。

コレスポンデンス分析を行うと，誰に相談するかの性・年代と相談相手の各項目について，表Ⅳ－４－５のような次元１と次元２での得点が得られる。

表Ⅳ－４－５　性・年代と相談相手に付与された次元１と次元２の得点

	次元１	次元２
男性・20歳代	0.201	1.217
男性・30歳代	1.819	0.025
男性・40歳代	0.781	－0.087
男性・50歳代	0.127	－2.480
女性・20歳代	－1.230	0.711
女性・30歳代	0.166	0.837
女性・40歳代	－0.746	－0.440
女性・50歳代	－1.181	－0.497

	次元１	次元２
上司	1.358	0.234
先輩	0.849	1.720
同僚	－0.007	－0.496
部下	1.026	－0.985
友人・.知人	－1.508	0.620
専門家	－2.022	－1.265
インターネットの掲示板等	3.728	3.356
家族	－0.613	0.072
その他	－1.745	－2.645
相談できる人はいない	1.242	－2.630
誰にも相談しない	0.332	－1.439

コレスポンデンス分析の結果を解釈する際には，対象と変数の得点を散布図上に位置付け（布置して），各次元の特徴を整理することが多い。その際に対象と変数をひとつの散布図に同時に描く（布置する）こともあるが，実際には対象と変数の得点の尺度が異なるので，得点を調整して用いるなどの注意が必要である。対象と変数で得点の尺度が異なるのを調整し，双方を同じ尺度にして布置を描くためには，それぞれ次元１と次元２の固有値の平方根をそれぞれの次元の値にかけたものが座標値として利用される。対象と変数の得点の尺度を調整した布置を，対称解と呼ぶ。または，対象と変数の得点の分散を１か固有値の値に揃えるという方法がある（両方の場合ともに平均は０）。同時布置についてはさまざまな議論がある。即ち，対象と変数は同じ尺度上にあるとはい

えず，それらをひとつの布置に表現することの問題である。また，対象や変数に付与されている得点に基づく対象間や変数間の距離はユークリッド距離では表現されておらず，対象間や変数間の関係は布置での場所が近いか遠いかで解釈すべきではない。したがって，同時に対象と変数を同じ図に布置することで，布置での場所が近いか遠いかで誤った解釈を行う危険もある。対象間や変数間の関係は，原点から対象や変数に引いた直線の方向（ベクトル）に基づいて解釈する。ベクトルとは方向と大きさをもつ量のことであり，方向をもたず大きさのみをあらわす量をスカラーと呼ぶ。

性・年代と相談相手に付与された次元1と次元2の得点を基に，2次元で散布図を描いたものが図Ⅳ－4－3と図Ⅳ－4－4である。性・年代の布置図で

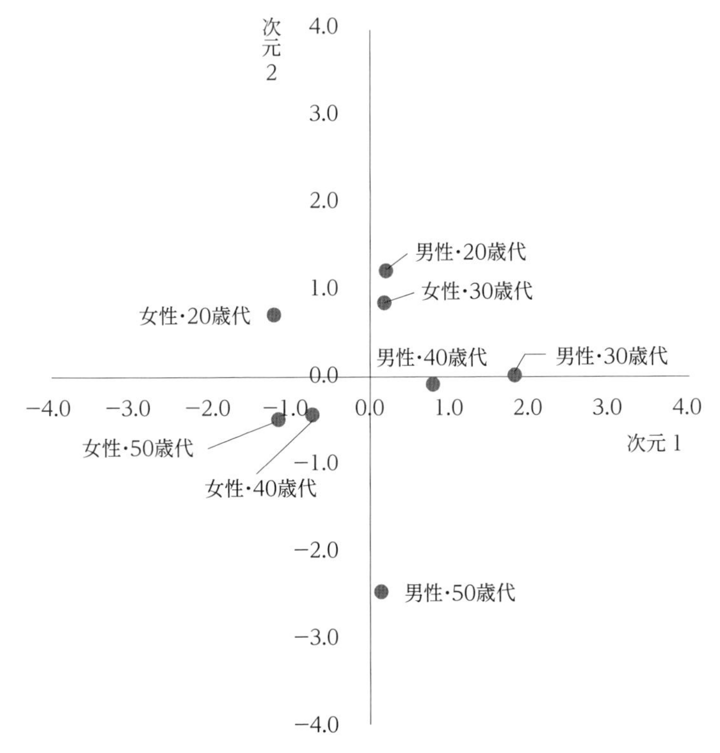

図Ⅳ－4－3　性・年代に付与された次元1と次元2の得点をもとに描いた2次元布置図

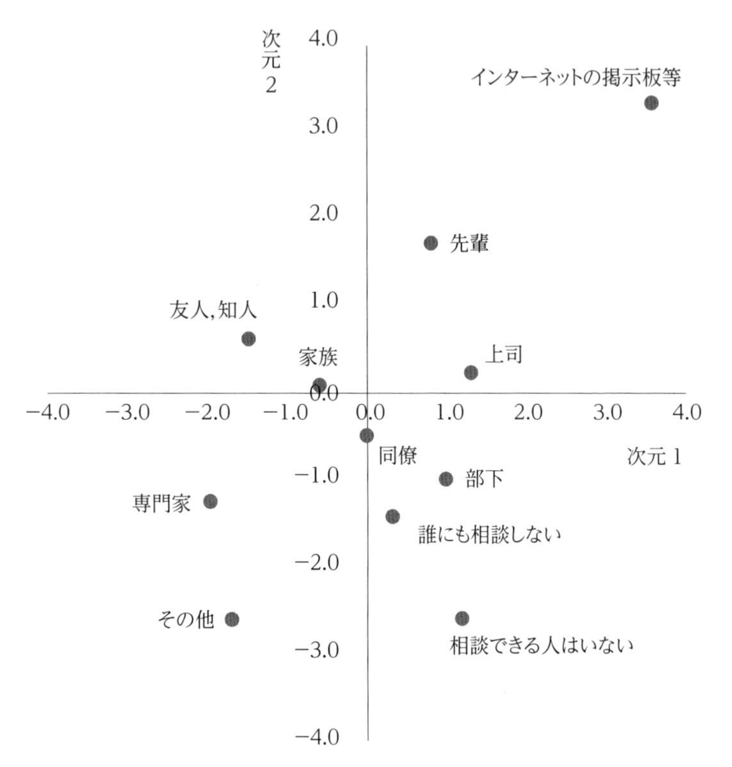

図Ⅳ－４－４　相談相手に付与された次元１と次元２の得点をもとに描いた２次元布置図

は，「男性30歳代」と「男性40歳代」の原点からのベクトルの方向が似ており，同じような反応を示していることが分かる。同様に，「男性20歳代」と「女性30歳代」も同じような反応を示していることが，原点からのベクトルの方向で判断できる。このように，コレスポンデンス分析では各項目に原点から引いたベクトルの方向でパターンの類似度を判断する。

性・年代の布置と相談相手の布置を比べると，「男性30歳代」と「40歳代」の原点からのベクトルの方向と「上司」の原点からのベクトルの方向が類似しており，男性30歳代と40歳代は上司に相談していると考えられる。同様に，「男性50歳代」と「誰にも相談しない」の原点からのベクトルの方向は類似しており，男性50歳代では誰にも相談しない傾向があることが読み取れる。「インターネットの掲示板等」や「相談できる人はいない」,「その他」は相談相手の布置図で外側に位置し，これらの項目は他の項目とは反応のパターンが異なる（相対頻度（プロフィール）の反応が異なる）と考えられる。

ただし，その反応頻度は必ずしも高くない場合があるので注意が必要である。分析に利用したクロス表を確認すると,「インターネットの掲示板等」や「その他」,「相談できる人はいない」がすべての性・年代で他の相談相手よりも頻度が相対的に低くなっており，他の相談相手と反応が異なるために外側に位置していることが確認できる。相談相手の布置で「家族」や「同僚」が中心に位置しているのは，いずれの性・年代においても相談している頻度が高く，性・年代ごとの反応に差がないためである。

 クラスター分析

(1) クラスター分析とは

クラスター分析とは，対象×変数からなるデータで，対象（あるいは変数）を分類するための方法であり，構造の把握や仮説の発見に有効な手法である。クラスター分析では対象を分類することも変数を分類することも可能であるが，以降では対象を分類する場合に沿って説明する（変数を分類する場合も基本的な考え方は一緒である)。対象をグループに分類する際には，何らかの基準が存在すれば，その基準に沿って分類すればよい。したがって，人口統計的要因や地理的要因などのデータが得られていれば，それらの要因の区分に基づいて分類すれば，明確でかつ間違いがない。例えば，市場を既婚・未婚の別でシングル市場，性別による女性市場，年齢別による団塊の世代市場などに分類できる。

しかし，人口統計的要因や地理的要因だけでは的確に分類できない場合もある。そのような場合には，価値観，パーソナリティによる違いなどの心理的要因（サイコグラフィック特性)，ニーズ，使用機会・量，買い方，ロイヤルティの違いなどの行動的要因（ビヘイビアル特性）を用いて分類する。ただし，心理的要因や行動的要因は，何らかの基準に基づいて区分されていないため，そ

れぞれのデータから対象間の類似度（あるいは非類似度）を計算して対象を分類することになる。類似度（あるいは非類似度）に基づいた分類を行う際に用いられるのが，クラスター分析である。以下では代表的なクラスター分析の方法を取り上げ，各方法の特徴について説明する。

(2) クラスター分析法の種類

クラスター分析法は，階層クラスター分析法と非階層クラスター分析法に大別できる。階層クラスター分析法では，1回にひとつずつの対象（クラスター）の組を結合してクラスターを作成し，最後に，すべての対象を含むひとつのクラスターができるまで結合を続ける。即ち，分類する対象の一つひとつがその対象自身のみからなるクラスターの状態から，対象すべてが含まれるクラスターが構成されるまで結合を繰り返す。1回にひとつずつの対象（クラスター）が結合するため，その分類結果は樹形図（デンドログラム）として階層的に表現される（「図Ⅳ－5－1」を参照)。階層クラスター分析法では，どの対象（クラスター）とどの対象（クラスター）がどの段階でどのように結合したのかという結合過程が明確で，分析結果の全体像をつかみやすく，樹形図をもとに分析後に分析者が任意のクラスター数を解として採用できる。その反面，分析の対象数が増えると樹形図が見づらく，樹形図からいくつのクラスター数の結果を解として採用するかを判断するのが難しくなる（「図Ⅳ－5－7」を参照)。1度の結合でひとつのクラスターが作成されるため，大規模データを分析する場合には計算量が膨大になり，分析に時間がかかる。

非階層クラスター分析法は，対象をあらかじめ指定したクラスター数に分類し，一定の基準に基づいて最適な分類が得られるように，対象の割り当てを繰り返す。非階層クラスター分析法の代表的な手法に *k*-means（*k* 平均）法がある。*k*-means 法は利用頻度が多く実用的な方法で，各クラスターの特徴を分類に用いた変数の平均値（クラスターの中心）により表現する（「図Ⅳ－5－1」を参照)。階層クラスター分析法の各手法に比べて *k*-means 法は計算量が少なく，大規模データを分類するには階層クラスター分析法よりも分析時間の点で適している。しかし，すべての対象を一度に分類するため，クラスター内の対象がどのように結合したのかという過程は分からない。そのため，どのクラスター数の結果を解として採用するかを決定するためには，何種類かのクラスター数により分析し，結果を比較検討する必要がある。非階層クラスター分析法では，各対象が複数のクラスターに所属することを許容するのかどうかにより，各手法をハードクラスタリングとソフトクラスタリングに分類できる。ハードクラスタリングでは，各対象はひとつのクラスターのみに所属し，ソフトクラスタリングでは各対象が複数のクラスターに所属することを許容する。*k*-means 法はハードクラスタリングである。ソフトクラスタリングで 2 つ以上のクラスターに帰属する対象については，もっとも帰属度が高いクラスターに帰属させれば，ハードクラスタリングと同様の結果を得られる。各対象がクラスターに属する重みを考慮してソフトクラスタリングに拡張した手法として Fuzzy *c*-means 法があり，この手法では各個体とクラスターの関連性がクラスターへの帰属度により表現される。　（中山，2010）

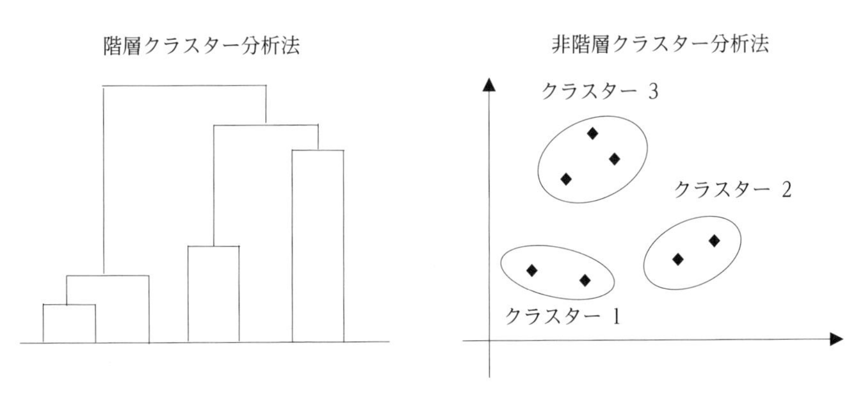

図Ⅳ－５－１　階層クラスター分析法と非階層クラスター分析法のイメージ

(3) 類似度と非類似度（ユークリッド距離）

クラスター分析は対象間の類似度（もしくは非類似度）により分類を行う方法であり，分類しようとする対象間の類似度（あるいは非類似度）を定義する必要がある。データの種類によって，その定義の方法も異なる。類似度では値が大きいほど対象（あるいは変数）は類似しており，非類似度では値が大きい程類似していないことを意味する。名義尺度で2値変数（ダミー変数1/0が割り当てられている）の場合には，2×2のクロス表をもとに算出される指標が用いられる。それらは総称して一致係数や連関係数と呼ばれる。主なものには類似度の指標として，Jaccardの一致係数，Russel-Rao係数，単純一致係数，Rogers-Tanimoto係数，Harmann係数，四分位点相関係数があり，非類似度としてTanimoto係数がある。これらの指標の詳細については宮本定明（1999）や齋藤堯幸・宿久洋（2006）を参照されたい。多値変数では，χ^2値が代表的な類似度を示す指標であり，χ^2値の欠点を補う指標として四分位点相関係数がある。両者の欠点を補うために標準化した指標として，クラメールの連関係数がある。順序尺度では，類似度を測る指標にスピアマンの順位相関係数，ケンドールの順位相関係数，グッドマン・クラスカルの予測指数がある（それぞれの指標の算出方法については「Ⅱ－1－（4）順位相関係数」，「Ⅱ－1－（5）連関係数」を参照のこと）。量的なデータの場合には，ユークリッド距離，重み付きユークリッド距離，内積，Pearsonの積率相関係数がある。各距離は非類似度，内積とPearsonの積率相関係数は類似度になる。

以下では，上述の類似度・非類似度の尺度の中からユークリッド距離を取り上げて説明する。ユークリッド距離は階層クラスター分析法で用いることが多く，また，非階層クラスター分析法の代表的な手法として取り上げる k-means法は，ユークリッド距離を仮定した分析方法である。

ユークリッド距離の特徴について説明をする。2つの対象 i と j について，m 個の観測された変数（x_{i1}，x_{i2}，…，x_{im}），（x_{j1}，x_{j2}，…，x_{jm}）が得られているとき，対象間の m 次元ユークリッド距離は下記により計算できる。

$$d_{ij} = \left(\sum_{t=1}^{m} (x_{it} - x_{jt})^2 \right)^{\frac{1}{2}} \qquad (4.5.1)$$

なお，x_{it}，x_{jt} は，それぞれ対象 i と対象 j の m 次元（m 番目の変数）での

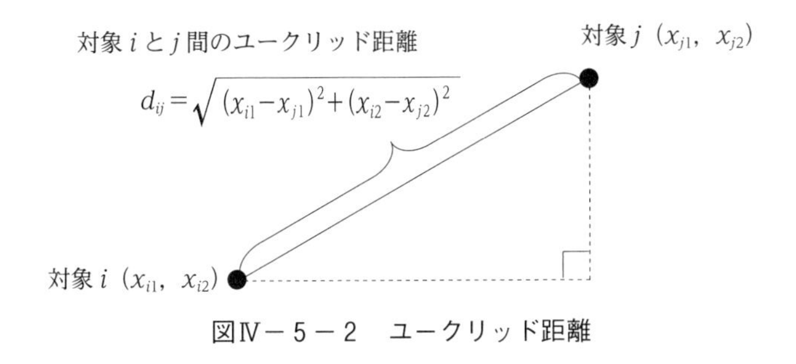

図Ⅳ－５－２　ユークリッド距離

座標をあらわす。例えば，２次元（$m=2$）であれば，対象 i と j 間の距離は図Ⅳ－５－２のように計算できる。

ユークリッド距離よりも，離れている対象間の距離程より大きな重み付けを行いたい場合には，下式の平方ユークリッド距離が用いられる。

$$d_{ij}=\sum_{t=1}^{m}(x_{it}-x_{jt})^2 \qquad (4.5.2)$$

ユークリッド距離を次式のように一般化した距離は，ミンコフスキーの一般距離と呼ばれる。

$$d_{ij}=\left(\sum_{t=1}^{m}|x_{it}-x_{jt}|^M\right)^{\frac{1}{M}} \quad (M\geqq 1) \qquad (4.5.3)$$

ミンコフスキーの距離での M は，ミンコフスキー定数といわれる。$M=2$ の時はユークリッド距離となり，$M=1$ の時は市街地距離（マンハッタン距離），$M=\infty$ の場合は優勢次元距離となる。ユークリッド距離以外の距離を非ユークリッド距離という。市街地距離は，碁盤目状の市街地を移動する時に通過するブロックの合計が移動距離に対応するような距離であり，どこを通っても最短距離は等しくなり，２乗していないので外れ値の影響を抑えることができる。優勢次元距離は，２つの対象の比較に際して各変数での値の差を考え，もっとも大きい差が対象間の距離となる。　（岡田彬訓・今泉忠，1994）

分類しようとする対象間の類似度を定義することができると，つづいて，クラスターを構成していく方法を決定する。クラスター化する過程で，クラスター間の非類似度をどのように定義するかにより，個個のクラスター分析法は異なる。

(4) 階層クラスター分析法の種類

階層クラスター分析法では，クラスター化する過程の最初の段階でひとつの対象を含むクラスターが構成されていると考え，もっとも距離の小さい（類似した）クラスターの組み合わせを探し結合する。次の段階では，新たに構成されたクラスターと他のクラスターとの距離を計算する。この時のクラスター間の距離をどのように計算するかにより，最短距離法（最小法，最近隣法，単連結法，SLINK 法），最長距離法（最大法，最遠隣法，完全連結法，CLINK 法），群平均法，ウォード（Ward）法，重心法，メディアン法などがある。

最短距離法は，クラスター間の距離を各各のクラスターに属する対象間の距離の中で，最小の距離（非類似度の最小値）を用いてクラスタリングを行う。最短距離法では最小の距離をクラスター間の距離とし，もっとも類似した対象（あるいはクラスター）を結合するため，作成されたクラスターに対象が順次ひとつずつ結合していく鎖状の構造となりやすい。結果として，クラスター内に著しい非類似性を示す対象が含まれる場合がある。

最長距離法は，代表的な階層クラスター分析法のひとつである。最長距離法は，クラスター間の距離を，各各のクラスターに属する対象間の距離の中で最大の距離（非類似度）を最大値として定義する。

群平均法では，クラスター間の距離を，各クラスターに含まれる対象間の距離の平均として定義する。外れ値が存在する場合には，各クラスターに含まれる対象間の距離の平均に基づいているため，その影響を受けることがある。

ウォード法は最長距離法とともに代表的な階層クラスター分析法のひとつであり，対象×対象からなる距離（類似度）データではなく，対象×変数からなるデータを分析するクラスター分析法として説明されることが多い。ウォード法では，各段階で作成される任意のクラスターにおいて，クラスター内の偏差平方和が最小になるように距離を定義する。したがって，クラスターを作成する際に失われる情報量を最小とするように距離を定義できる。

重心法は，クラスター内の個体数を反映し（個体数を重みとして），各クラスターの重心間の距離をクラスター間距離にする方法である。

メディアン法は重心法を一般化したもので，２つのクラスターの重心の間の重み付きの距離を求める時，重みを等しくして求めた距離の値をクラスター間距離とする方法である。

最短距離法，最長距離法，群平均法，ウォード（Ward）法でのクラスター間距離の計算イメージは，図Ⅳ－５－３のようになる。階層クラスター分析法にはさまざまな方法があるが，Lance, G. N. & Williams, W. T.（1967）の更新式を用いると，統一的に扱うことができる。詳細について宮本（1999）や齋藤・宿久（2006）を参照されたい。

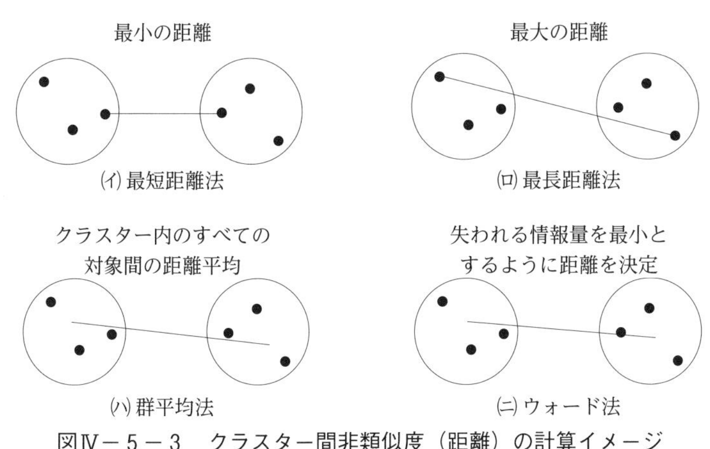

図Ⅳ－５－３　クラスター間非類似度（距離）の計算イメージ

(5) 階層クラスター分析法の結果の解釈

階層クラスター分析法のどの方法を選択するかについては，同じデータを違う手法で分析し得られた結果を比較して，どの手法から得られた結果が解釈を行いやすいか，論理的に妥当な結果が得られているかを吟味した上で，もっとも納得のいく結果を解として採用する。それぞれの対象の属するクラスターは，クラスター間の距離の定義方法によって異なり，すべての方法がデータに対して同じように適切であるとはいえない。それぞれの分析手法で得られた結果について，クラスターのもつ意味を異なる各クラスターに含まれる対象の特性などから解釈し，納得のいく（自然に解釈できる）分析結果を採用することが望ましい。

すべての対象を含むひとつのクラスターが作成されたら，視覚的に分析結果を把握するため，分析結果を樹形図（デンドログラム）により表現する。樹形図からは，クラスター化の過程や類似度の大きい対象（クラスター）同士を把握できる。樹形図は縦に書く場合と横に書く場合があるが，縦に書いた場合は下から上に，横に書いた場合は左から右に，一度クラスターに組み込まれた対象はその後も同じクラスターに属し，最終的にひとつのクラスターにまとめられる過程が表現される。縦型の樹形図では，横の線で結合した２つのクラスターと結合した際の距離（非類似度）を示し，下側で結合しているほど，早く結合したクラスターとなる（図Ⅳ－５－４を参照）。

いくつのクラスター数の結果を解として採用するかは，クラスターの個数や各クラスターに所属する対象数を考慮して決定する。クラスター間距離（非類似度）の差が大きくなるクラスター数を採用するのも，ひとつの方法である。クラスター間距離（非類似度）の差が大きいことは，小さい場合よりも各クラ

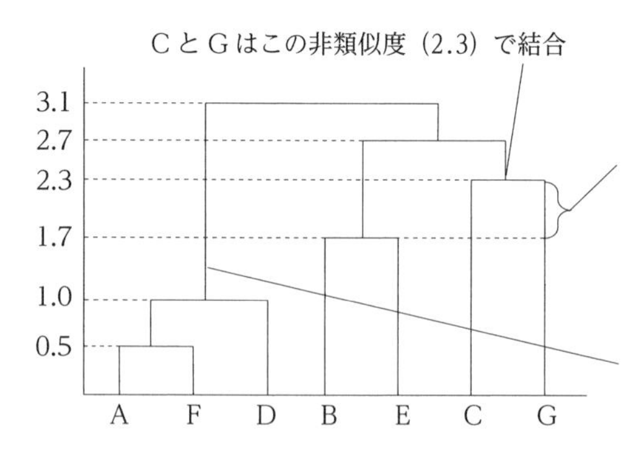

図Ⅳ－５－４　縦型の樹形図例とクラスター間距離

スターの特徴が明確であることを意味し，クラスター数の採用のひとつの基準となる。図Ⅳ－5－4で示すように，横線で各クラスターが結合している部分の間で分割することにより，解として採用するクラスター数を決定できる。横線で示される間隔が広くなる程（クラスター間距離が大きくなる程），前の結合と次の結合の非類似度が大きいことを意味するので，この特徴を利用してクラスター間距離が大きく離れているクラスター数を，採用する解の候補とする。

(6) 階層クラスター分析法による分析例

表Ⅳ－5－1に示す車に対する10項目の意識を「1．そう思う」から「5．そう思わない」の5段階の評定尺度で，461名に対して調査したデータを，階層クラスター分析法により分析する。

表Ⅳ－5－1　車に対する意識調査項目

洗車には十分時間を掛けており洗車が好き	車に乗ると他人の目が気になる
他人と違った車に乗りたい	最新のモデルに乗りたい
車は仕事や生活に必要だから乗っている	再販価格を考えて車を選ぶ
街でよく見かけるモデル（車）を選ぶ	扱いやすい，運転しやすい車を選ぶ
機能やデザインより本体価格の安い車で十分	車を運転するのがとても好き

（株式会社マーケッティング・サービス（MS）自主調査「車に関する意識調査」（2013年4月実施）のデータより作成）

車に対する意識についての各設問の構成比と平均は，図Ⅳ－5－5のとおりである。各設問の5段階の評定尺度に対する回答分布では，両極の回答頻度がやや少ない項目も存在するが，概ね均等な回答が得られていると考えられる。また，平均がやや高い項目や低い項目も存在するが，概ね3点前後となっている。そこで，順序尺度を間隔尺度とみなして，量的データとして分析しても問題ないと判断した。

車に対する意識調査項目を最長距離法（最遠隣法），最短距離法（最近隣法），群平均法，ウォード（Ward）法で分析を行うと，図Ⅳ－5－6のような樹形図が得られる。最短距離法（最近隣法）では鎖構造の樹形図となっており，ク

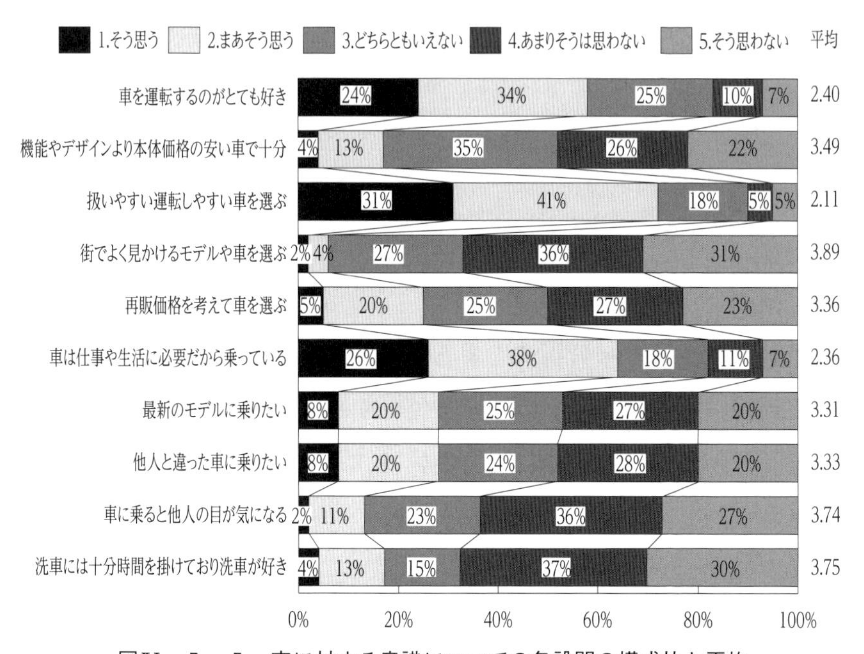

図Ⅳ－５－５　車に対する意識についての各設問の構成比と平均
（株式会社マーケッティング・サービス（MS）自主調査「車に関する意識調査」（2013年４月実施）のデータより作成）

ラスター構造の解釈が行いにくい。最長距離法（最遠隣法），群平均法，ウォード法では，最短距離法（最近隣法）よりもクラスター構造が明確に表現されているが，群平均法では最長距離法（最遠隣法）やウォード法よりもクラスター数３以降のクラスター間距離が小さくなっており，どのクラスター数を採用したらよいのかクラスター間距離から判断しにくい。最長距離法（最遠隣法）やウォード法では，クラスター数２以降でもクラスター間距離が比較的大きいものがあり，クラスター構造が明確となっている。最長距離法（最遠隣法）とウォード法を比較すると，ウォード法の方がクラスター構造がより明瞭である。したがって，今回はウォード法の結果を用いてクラスターの解釈を行う。

ウォード法の分析結果で，クラスター数１と２，２と３，３と４でクラスター間距離が大きくなっており，クラスター数１と２のクラスター間距離が

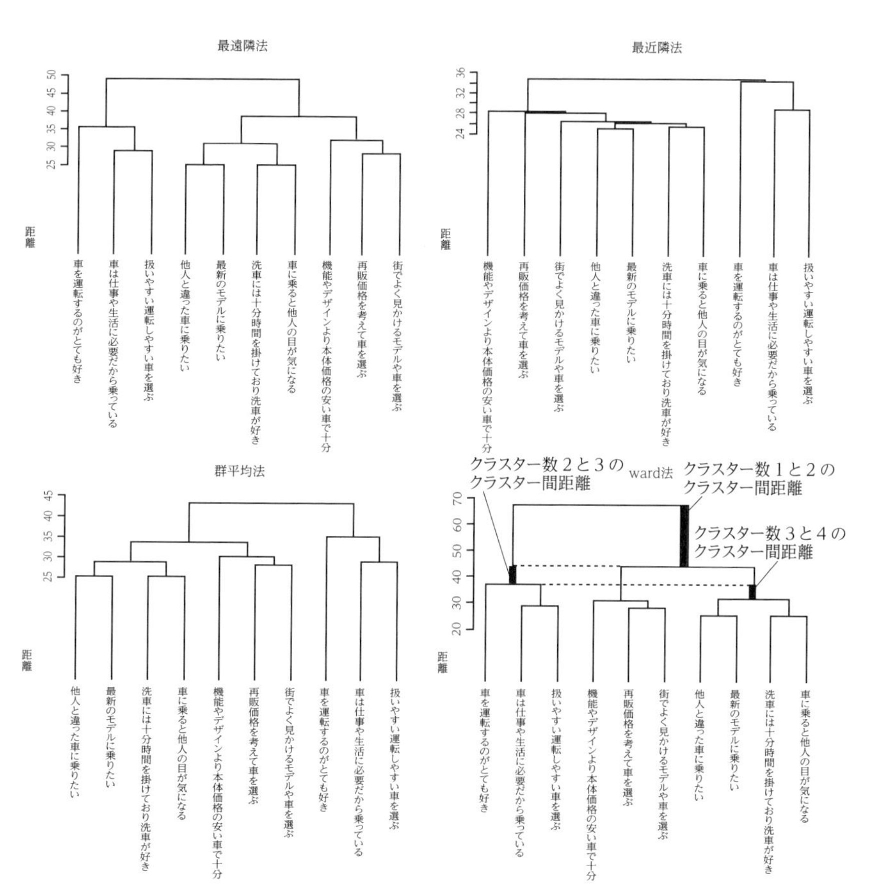

図Ⅳ－５－６　車に対する意識項目を最長距離法（最遠隣法），最短距離法（最近隣法），群平均法，ウォード（Ward）法により分析した結果得られた樹形図

もっとも大きい。図Ⅳ－５－６のウォード法では，クラスター数１と２，２と３，３と４のそれぞれのクラスター間距離を太線で示している。

各クラスターに所属する変数の数，クラスターの解釈から，クラスター数４の結果を解として採用することにする。ひとつめのクラスター（クラスター１）は，「他人と違った車に乗りたい」，「最新のモデルに乗りたい」，「洗車には十分時間を掛けており洗車が好き」，「車に乗ると他人の目が気になる」の４変数からなる。クラスター1は，車好きのクラスターであると考えられる。2つめのクラスター（クラスター2）は，「車は仕事や生活に必要だから乗っている」と「扱いやすい運転しやすい車を選ぶ」の2変数からなる。クラスター2は仕事や生活に必要であり，扱いやすい車を好むクラスターといえる。3つめのクラスター（クラスター3）は，「再販価格を考えて車を選ぶ」，「街でよく見かけるモデルや車を選ぶ」，「機能やデザインより本体価格の安い車で十分」の3変数からなる。クラスター3は，価格重視のクラスターであると考えられる。4つ目のクラスター（クラスター4）は「車を運転するのがとても好き」の1変数からなり，クラスター4は，車の運転が好きなクラスターといえる。したがって，車に対する意識にはこれら4つのパターンが存在していると考えられる。

回答パターンから車に対する意識調査項目を分類するのではなく，調査対象者を分類することも可能である。ただし，461名を階層クラスター分析法で分析すると，そのクラスター構造を樹形図から捉えることは困難であり，実用的ではない（「図Ⅳ－5－7」を参照）。想定されるクラスター数前後でクラスター

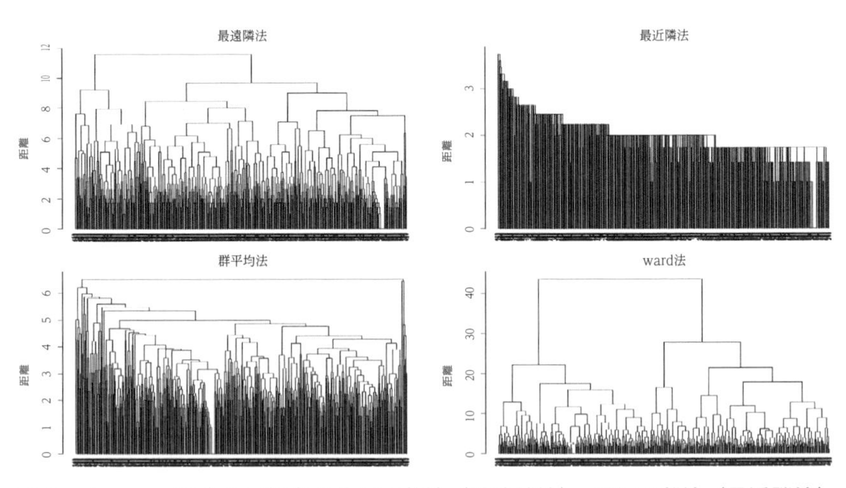

図Ⅳ－5－7　461名の回答者を最長距離法（最遠隣法），最短距離法（最近隣法），群平均法，ウォード（Ward）法により分析した結果得られた樹形図

構成比や解釈可能性を比較検討し，採用するクラスター数を決定する非階層クラスター分析法を用いた方がよい（「Ⅳ－5－（7）非階層クラスター分析法（k-means 法）」を参照）。

分類する対象（項目）数が多い場合には，階層クラスター分析法は分析に時間がかかるため，k-means 法に代表される非階層クラスター分析法を用いて分析する場合が多い。k-means 法では，分析に用いるクラスター数を事前に指定する必要があるが，そのクラスター数は項目を分類した時のクラスター数により目星をつけることができる。また，k-means 法は分類結果が初期値に依存し，初期値が異なると同じデータを同一条件で分析しても，結果が大きく異なることがある。クラスターの結合過程も分からない。一方，階層クラスター分析法では解は一義的に定まり，クラスターの結合過程も明瞭である。以上の点から，階層クラスター分析法による分析が可能で計算コストを許容できれば，分類する対象（項目）数が多い場合でも階層クラスター分析法を用いるのが妥当といえる。

(7) 非階層クラスター分析法（k-means 法）

階層クラスター分析法は，対象数が増えると計算量が膨大になり，大規模データの分析には計算時間の点で適していない。大規模データのクラスター分析には，非階層クラスター分析法が多用されており，その代表的な手法は k-means 法である。k-means 法にもいくつかの方法が提案されているが，その大まかな分析の手順は同じであり，次のようなものである。

① はじめに，k 個の初期クラスターの中心をランダムもしくは何らかの基準に基づいて与える。

② すべてのデータと k 個のクラスター中心との距離を計算し，もっとも近いクラスターに分類する。

③ 新たに構成されたクラスターに所属する対象のデータの平均を計算し，その平均を新たな中心として，各対象の再割り当てを行う。

④ すべての対象についてクラスターの割り当てが変化しなくなるまで，も

しくはクラスターの中心の変化量や繰り返し回数が一定基準を満たすまで，割り当てを繰り返す。

k-means 法では，各対象はもっとも近い中心に所属することになり，クラスター内平方和（群内平方和）が最小になるような中心をみつけ，対象を中心に割り当てていく。一方，クラスター間平方和（群間平方和）は最大になる。階層クラスター分析法のウォード法も，クラスター内の異質性をあらわす偏差平方和が小さくなるようにクラスターを構成していく方法であり，*k*-means 法とウォード法は平方和が小さくなるようにクラスターを構成するという考え方が類似した方法である。*k*-means 法は，各結合の段階で対象をいずれかのクラスターに分類し，ある基準をもとに反復調整していく手法である。

（中山，2010）

k-means 法には，以下のようなデメリットも存在する。*k*-means 法ではすべての対象を一時に分類するため，クラスター内の対象間の結合状況は分からない。*k*-means 法は分析結果が初期値に依存するため，初期値が異なると同じデータを同一条件で分析しても，結果が大きく異なることがある。最適なクラスターを得るためには初期値を変更して何回か分析し，平均クラスター内平方和（もしくはクラスター間分散がデータの全分散に占める割合）が最小になる初期値を選択するなど，最適初期値での結果を採用することが望ましい。大規模データに適応可能であるが，分析の開始にあたって分類するクラスター数を指定する必要がある。データを的確に分類することのできる最適なクラスター数は分からないため，クラスター数をいくつか変更して分析する必要がある。情報量基準に基づいて，クラスター数を自動決定するための方法も研究されている。詳細は石岡恒憲（2006）を参照のこと。

k-means 法では，分析に用いるクラスター数を事前に指定する際には，前掲のように項目（カテゴリー）を分類した時のクラスター数によりクラスター数を類推することも可能である。各対象が所属するクラスターにはその所属に影響を与える要因が存在し，その要因は項目を分類したクラスターと関連があると考えられるためである。実際には項目のクラスター数±１程度のクラス

ター数で対象（サンプル）をそれぞれ分析し，クラスターサイズや解釈のしやすさによって採用するクラスター数を決定する。

(8) *k*-means 法による分析例

階層クラスター分析法で用いた表Ⅳ－5－1の車に対する意識の調査データに対して，*k*-means 法を適用し，回答者461名を分類する。*k*-means 法ではあらかじめクラスター数を決定する必要があるが，前掲の階層クラスター分析法を用いた項目の分類結果を参考に，クラスター数を3，4，5として分析を行った。

k-means 法を用いてクラスター数3～5で車に対する意識について分析した際の，クラスターごとの意識の平均，全体平均とクラスター構成比は表Ⅳ－5－2のとおりである。全体の平均をみると，「車は仕事や生活に必要だから乗っている」，「扱いやすい運転しやすい車を選ぶ」，「車を運転するのがとても好き」は2点台前半と，多くの対象者がそのような意識をもっていることが分かる。「洗車には十分時間を掛けており洗車が好き」，「車に乗ると他人の目が気になる」，「街でよく見かけるモデルや車を選ぶ」は3点台後半であり，このような意識は比較的低いことが分かる。

クラスター間分散がデータの全分散に占める割合をみると，クラスター数3，4，5では26.3%，32.2%，36.5%となっており，クラスター数を3から4，4から5に上げることにより，クラスター間の異質性が高まっていることが分かる。クラスター数を3から4に増やした際のクラスター間分散がデータの全分散に占める割合の増加が，クラスター数を4から5に増やした際よりも大きい。したがって，クラスター間分散がデータの全分散に占める割合からは，クラスター数4か5を採用するのが妥当であるといえる。

表Ⅳ－5－2の各クラスターの意識の平均を用いて，各クラスター数で分類した各クラスターの特徴を確認する。表Ⅳ－5－2では，2点台前半以下（2点台前半より小さい数値）の項目を太字にしてある。まず，全体の平均をベンチマークとして，各クラスターでどのような特徴があるのかを整理する必要がある。クラスター数３では大まかなクラスター構造は分かるが，クラスター構成比がほかよりも大きいものがあり，クラスター内の異質性が高いものが存在すると考えられる。また，クラスター数を５とすると，同じような傾向を有するクラスター（例えば，クラスター２，３，４など）が存在し，細かく分類し過ぎるように思われる。そこで，クラスター数４の結果を解として採用することとする。

クラスター数４のクラスター１では，「車は仕事や生活に必要だから乗っている」，「扱いやすい運転しやすい車を選ぶ」の平均がともに１点台後半となっている。クラスター１は，仕事や生活に必要なため運転しているようなクラスターと考えられる。クラスター２では，「他人と違った車に乗りたい」と「車を運転するのがとても好き」の平均がそれぞれ2.05，1.36と低い。クラスター２は，運転が好きで他人と違う車に乗りたいクラスターといえる。クラスター３では，「最新のモデルに乗りたい」，「車は仕事や生活に必要だから乗っている」と「車を運転するのがとても好き」の平均がともに２点台前半，「扱いやすい運転しやすい車を選ぶ」が１点台後半となっている。クラスター３は，仕事や生活に車が必要であり，なかには車好きな者も含むクラスターと考えられる。クラスター４では，いずれの意識において平均値が高いものがなく，車に無関心なクラスターといえる。

車に対する意識項目の階層クラスター分析法では，車好きのクラスター，仕事や生活に必要であり扱いやすい車を好むクラスター，価格重視のクラスター，車の運転が好きなクラスターが抽出されていた。*k*-means 法による461名の回答者を分類した結果も，おおよそこれらの項目側の分類結果と対応した結果となっていると考えられる。対象のクラスター１は，項目側の階層クラスター分析法での仕事や生活に必要であり扱いやすい車を好むクラスター，対象のクラスター２は，項目側の車好きのクラスターや車の運転が好きなクラスター，対象のクラスター３は，項目側の仕事や生活に必要であり扱いやすい車を好むクラスターと車の運転が好きなクラスターの傾向を反映していると考えられる。

表Ⅳ－５－２　*k*-means 法を用いてクラスター数３～５で車に対する意識について分析した際のクラスターごとの意識の平均，全体平均とクラスター構成比

	洗車には十分時間を掛けており洗車が好き	車に乗ると他人の目が気になる	他人と違った車に乗りたい	最新のモデルに乗りたい	車は仕事や生活に必要だから乗っている	再販価格を考えて車を選ぶ	街でよく見かけるモデルや車を選ぶ	扱いやすい運転しやすい車を選ぶ	機能やデザインより本体価格の安い車で十分	車を運転するのがとても好き	クラスター構成比
クラスター１	3.08	2.99	**2.42**	**2.40**	2.52	3.26	3.81	**2.31**	3.81	**1.83**	0.42
クラスター２	4.12	4.10	3.90	3.71	**1.78**	2.62	3.42	**1.63**	2.84	2.96	0.29
クラスター３	4.36	4.47	4.07	4.25	2.73	4.43	4.49	**2.32**	3.66	2.68	0.29
クラスター１	4.38	4.36	4.16	4.22	**1.64**	3.52	4.02	**1.70**	3.02	2.80	0.35
クラスター２	2.74	3.21	**2.05**	2.62	2.72	3.84	4.53	2.92	4.45	**1.36**	0.16
クラスター３	3.38	3.10	2.78	**2.28**	**2.06**	2.66	3.22	**1.87**	3.34	**2.18**	0.30
クラスター４	4.07	4.10	3.78	3.94	3.98	4.06	4.20	2.58	3.78	2.98	0.18
クラスター１	2.74	3.21	**1.99**	2.58	2.73	3.79	4.53	2.96	4.47	**1.36**	0.16
クラスター２	4.15	4.26	4.21	4.21	**1.81**	**2.33**	3.68	**1.64**	2.88	3.53	0.16
クラスター３	4.36	4.38	4.13	4.21	**1.74**	4.36	4.28	**1.80**	3.21	**2.26**	0.23
クラスター４	3.38	3.10	2.78	**2.25**	**2.05**	2.67	3.22	**1.90**	3.36	**2.15**	0.30
クラスター５	4.17	4.03	3.64	3.88	4.17	4.14	4.17	2.64	3.80	3.04	0.15
全体	3.75	3.74	3.33	3.31	2.36	3.41	3.89	2.11	3.49	2.40	

クラスター数４のクラスター構成比からは，クラスター１とクラスター３が比較的多く，仕事や生活に必要なため運転している人が多いが，その中には車の運転が好きな人たちもいると考えられる。

さらに，分析に利用していない変数とクロス集計することで，各クラスターの特徴を整理することができる（「表Ⅳ－５－３」と「Ⅳ－５－４」を参照)。クラスター２では男性の割合が多く，運転が好きで他人と違う車に乗りたいという意識は女性よりも男性の方が高いといえる。街乗りやドライブでの利用状況については，クラスター１，３，４では街乗りやドライブで利用していない人の割合が高く，仕事や生活に必要なため運転していたり，車に無関心である人びとは，車の利用が必要最低限である傾向が読み取れる。

表Ⅳ－５－３　各クラスターと性別とのクロス集計

	男性	女性	合計
クラスター1	0.49	0.51	1.00
クラスター2	0.72	0.28	1.00
クラスター3	0.59	0.41	1.00
クラスター4	0.51	0.49	1.00

表Ⅳ－５－４　各クラスターと街乗りやドライブでの利用状況とのクロス集計

	街乗りやドライブで利用しない	街乗りやドライブで利用する	合計
クラスター1	0.74	0.26	1.00
クラスター2	0.53	0.47	1.00
クラスター3	0.64	0.36	1.00
クラスター4	0.64	0.36	1.00

多次元尺度構成法（MDS）

(1) 多次元尺度構成法（MDS）とは

多次元尺度構成法（MDS：Multi Dimensional Scaling method）は，多次元空間を用いて（非）類似度データの背後に隠れている関係を表現する方法である。この手法は視覚的に対象間の関係を表現することができ，対象間の関係を理解しやすいという特徴がある。現代社会においては，情報技術の発達によって多くの情報を簡単に得ることができる。そのため，さまざまな分野において，対象間の類似度に基づいて，何らかの表現を得たいという興味や関心が高まっている。例えば，日日の業務の中で蓄積されているPOS（Point Of Sales）データ，FSP（Frequent Shoppers Program）データなどのトランザクション・データは二次データであり，そのデータの背後にある構造や傾向を知るために，探索的にデータ分析を行う必要がある。また，ブランド間の競合関係を明らかにするための消費者意識調査において，関与の低いカテゴリーなどでは，設定した評価基準に基づいて個個のブランド間の差異を判断することが困難な場合が存在する。しかし，評価基準に基づいてブランドの間の差異を明確に表現することができない場合であっても，ブランド間の類似度判断であれば，これまでの経験に基づいて判断することが可能な場合が多い。評価基準に基づいてブランドの間の差異を明確に表現することができない場合に，ブランド間の類似度判断に基づいて，ブランド間の競合状況を把握するための方法が多次元尺度構成法（MDS）である。MDS は，多次元空間内に対象を位置付け，データの背後に隠れている関係や構造を表現する。視覚的に対象間の関係を表現できるため，対象間の関係を理解しやすく，これまで心理学，経済学，教育学など多くの分野で用いられてきた。

MDS が扱うデータは，一般的には，正方行列（下三角行列）である対象×対象の組み合わせからなる単相 2 元データである。そのほかにも，矩形行列となる対象×変数からなる 2 相 2 元データ，対象×対象の単相 2 元データを異なる時点，被験者，実験条件などについて収集することで得られる 2 相 3 元データを分析できるモデルもある。データの相とは 1 組の対象を意味する。ひとつの相をもつデータを単相データといい，2 つの相をもつデータを 2 相データ，3 つの相をもつデータを 3 相データという。元の数は，相がいくつ組み合わされているかにより決定される。M 個の相と N 個の元をもつデータを M 相 N 元データ（$M \leqq N$）と呼ぶ。MDS は，一般的には，対象×対象間の類似度をあらわす単相 2 元データを分析するための手法を指すことが多い。単相 2 元データを分析するための方法がクルスカルの多次元尺度構成法である（足立浩平，2006；Kruskal, J. B., 1964a, 1964b；岡太・今泉，1994；岡太彬訓・守口剛，2010)。対象間の類似度が複数得られているような 2 相 3 元データに対しては，データの繰り返しを誤差とみなすことにより属性ごとの構造的な違いを無視して分析を行う場合と，属性ごとの違いを無視せずに，重要な情報を捨てず個人差を考慮したモデルも存在する。2 相 3 元データを分析するモデルとしては，個人差多次元尺度構成法（INDSCAL）と呼ばれる方法が一般的に用いられている。また，3 相 3 元データなど他の形式のデータが分析可能な手法も開発されており，MDS は多様なデータの分析に対応しうる。

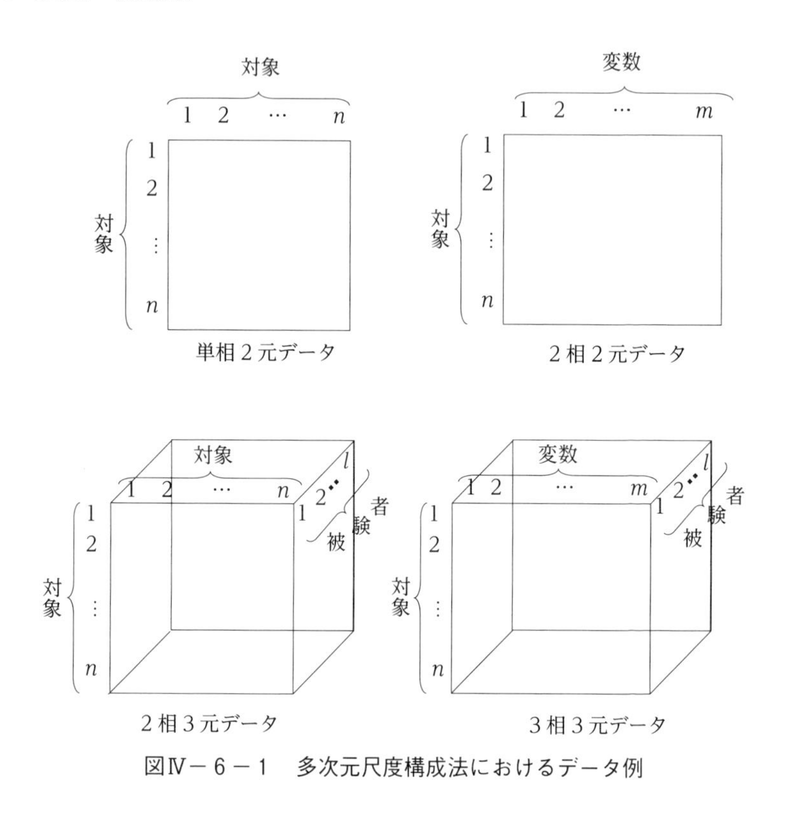

図Ⅳ－６－１　多次元尺度構成法におけるデータ例

クルスカルの方法や INDSCAL などのモデルは，対称な（データの対角を挟んだ上三角部分と下三角部分が等しい）データを分析するためのモデルである。したがって，対角要素同士が等しくない非対称なデータをクルスカルの方法や INDSCAL などのモデルで分析するには，対角要素の値を合算して平均をとり対称化するか，何らかの基準に基づいてデータを正規化（再構成）して分析しなければならない（e.g. Harshman, R. A., Green, P. E., Wind, Y. & Lundy, M. E., 1982；横山暁・岡太彬訓，2006）。これらの方法は，データがもつ非対称性に多少の配慮はしているが，一部の手順は非対称性にまったく配慮しておらず，直接的にデータがもっている非対称性を分析の対象としているわけではない（e.g. 岡太，2002）。非対称データを分析するためには，データのもつ非対称性を直接的に分析する必要がある。そのため，データがもつ非対称性を直接的に表現するために，非対称なデータを分析するための多次元尺度構成法のモデルも提案されている（e.g. Borg, I. & Groenen, P. J. F., 2005）。このように，データの構造に即して多次元尺度構成法には多様な手法がある。ここでは，対称な正方行列（下三角行列）を分析するためのクルスカルの多次元尺度構成法について説明する（Kruskal, J. B., 1964a, 1964b）（「図Ⅳ－６－１」を参照）。

(2) クルスカルの方法

クルスカルの方法は，２つの対象間の（非）類似度関係をあらわす正方行列（下三角行列）である対象×対象の単相２元データを分析するための多次元尺度構成法である。類似度関係を分析する多次元尺度構成法として，計量的多次元尺度構成法と非計量的多次元尺度構成法とがある。クルスカルの方法は，非計量的多次元尺度構成法である。

計量的多次元尺度構成法では，分析に使用する対象間の（非）類似度データは，原則として比例尺度の水準で得られていなければならない（Torgerson, W., 1952）。しかし，非計量的多次元尺度構成法では，データが順序尺度の水準で得られていれば，対象は多次元距離空間内の点として位置付けることができる。計量的多次元尺度構成法では，複数の対象間の非類似度が比例尺度，特に，対象間のユークリッド距離として推定されている場合に，固有値分解により固有値と固有ベクトルを求めることで，対象を多次元ユークリッド空間の点として位置付けることができる。ただし実際には，非類似度データが比例尺度の水準で得られていても，距離の性質を満たしているとは限らない。その場合には，データに定数（加算定数）を加えることで，距離の性質を満たすように変換して分析する。

クルスカルの方法は，対象を点として多次元空間内に位置付けることで，対象間の関係を表現する。多次元空間内に，類似度の大きい対象同士はそれぞれの対象を表現する点間の距離が小さくなるように，類似度の小さい対象同士はそれぞれの対象を表現する点間の距離が大きくなるように，各対象の点を位置付ける。対象を多次元空間内に位置付けた図は，布置図と呼ばれる。クルスカルの方法で得られた布置では，対象間の類似度の大小の関係が，各対象の点間の距離によって視覚的に把握することができる。図Ⅳ－6－2の例では，商品の併買回数を類似度とみなして，併買回数の多い商品同士は空間内で近くに位置付けられ，併買回数の少ない商品同士は遠くに位置付けられるというクルスカルの方法により，多次元尺度構成法のイメージをあらわしている。

併買頻度のデータ

	ドリンク	おにぎり	パン
ドリンク			
おにぎり	176		
パン	84	39	

多次元尺度構成法により併買頻度のデータから2次元空間での対象の位置を求める。

	ドリンク	おにぎり	パン
ドリンク			
おにぎり	$\sqrt{5}$		
パン	$\sqrt{10}$	$\sqrt{13}$	

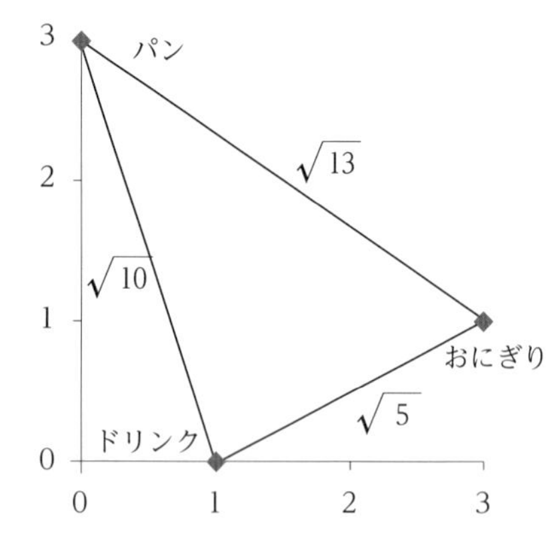

	次元1	次元2
ドリンク	1	0
おにぎり	3	1
パン	0	3

図Ⅳ－6－2　多次元尺度構成法のイメージ

対象 i と対象 j の間の類似度を δ_{jk} とし，対象 i と対象 j の多次元空間内における各対象をあらわす点間の距離を d_{ij} とする。この対象間の距離 d_{ij} には，一般的にユークリッド距離の次式が用いられる。

$$d_{ij} = \left(\sum_{t=1}^{m} (x_{it} - x_{jt})^2 \right)^{\frac{1}{2}} \qquad (4.6.1)$$

なお，x_{it}，x_{jt} はそれぞれ対象 i と対象 j の t 次元での座標をあらわしている。

クルスカルの多次元尺度構成法では，類似度が大きく似ている対象同士ほど距離が小さくなるように，即ち多次元空間内で近くになるように，対象の位置関係を決める。したがって，対象をあらわす点間の距離が，対象間の類似度と単調減少関係である次式を満たすように，多次元空間内での対象間の位置が決定される。

$$\delta_{ij} > \delta_{rs} \Rightarrow d_{ij} \leqq d_{rs} \qquad (4.6.2)$$

多次元空間内の対象をあらわす点の位置を決定するためには，はじめに，ある次元における n 個（分析対象の対象数）の点の仮の位置を決める。点間距離が類似度と単調減少関係になるように，多次元空間内での対象の点の座標を徐々に改善し，最適な位置関係となる各対象の座標を求める。対象の座標を求める過程で，対象間の類似度と対象をあらわす点間の距離が必ずしも単調関係を満たさない場合もある。多次元空間内の点の座標を決定するにあたっては，単調関係をどの程度満たしているのかを示す尺度である不適合度（ストレス）が必要となる。クルスカルの方法では，このストレス S は下式に従う。この値が最小となるように，布置を反復手順で改善していく（Kruskal, J. B. & Carroll, J. D., 1969）。

$$S = \sqrt{\sum_{\substack{i=1 \\ i<j}}^{n-1} \sum_{j=2}^{n} (d_{ij} - \hat{d}_{ij})^2 \Big/ \sum_{\substack{i=1 \\ i<j}}^{n-1} \sum_{j=2}^{n} d_{ij}^2} = \sqrt{S^* / T^*} \qquad (4.6.3)$$

ただし，$\hat{d}_{ij}$ はディスパリティーと呼ばれ，単調関係を満たし，距離に対して S^* を最小とするような値である。ディスパリティー $\hat{d}_{ij}$ は，点間距離が類似度と単調減少関係にある場合には，点間距離 d_{ij} をそのままディスパリティー $\hat{d}_{ij}$ として用い，点間距離が類似度と単調減少関係を満たさない場合には，単調減少関係にない範囲の点間距離の平均値に置き換える。また，T^* を下式に置き換える。

$$S = \sqrt{\sum_{\substack{i=1 \\ i<j}}^{n-1} \sum_{j=2}^{n} (d_{ij} - \hat{d}_{ij})^2 \Big/ \sum_{\substack{i=1 \\ i<j}}^{n-1} \sum_{j=2}^{n} (d_{ij} - \bar{d})^2} \qquad (4.6.4)$$

これは，解が退化することを防ぐストレス第 2 式である。この時，$\bar{d}$ は点間距離の平均値を示している。退化とは，対象を表現する点が重なりあい，小数の点に集中してしまうことにより，ストレスの値が低くなっているような状態を指す。一般的にはストレス第 2 式が用いられる。置き換える前の式は，区別のためにストレス第 1 式と呼ばれる。

クルスカルの多次元尺度構成法での分析の流れは，以下の通りである（岡太・今泉，1994；岡太・守口，2010）。

① 分析の最大次元数，最小次元数，最大反復数，反復の停止条件を決定して，最大次元数から最小次元数までの各次元数で，点間距離と類似度とが単調関係を満たしストレスが最小となる布置を求める。

② 各次元数で最小となったストレスが得られている布置を，その次元数の分析結果とする。

③ ストレスの大きさ，布置の解釈のしやすさ，肘の規準（ストレスの変化の程度），類似度と点間距離の散布図といった解の採用規準と照らし合わせて，どの次元数の結果を解として採用するのかを決定する。

④ 解として採用した次元数で，布置の座標値の直交回転を行い，解釈のしやすい次元の方向を視覚的に決定する。その布置におけるブランド間の位置関係から，ブランド間の関係を明らかにする。

(3) 布置の算出

クルスカルの方法では，ストレス（S）が最小となる座標を求めるために，最急降下法を用いる。最急降下法は，制約のない最適化問題を解くための勾配法のひとつである。ストレス（S）が最小となる方向に解（座標値）を探索する手法である。次元数 t の下でストレスを最小化する布置を求めるには，仮の t 次元布置（初期布置）を求め，この布置のストレスが減少するように対象の位置を少しずつ動かして布置を反復的に改善し，ストレスが一定以上減少しなくなるまで反復を続ける。この結果得られた布置は，ストレスがそれ以上改善できない布置，即ち局所極小布置であるというだけで，ストレスが必ずしも最小であるとは限らないことに注意が必要である。

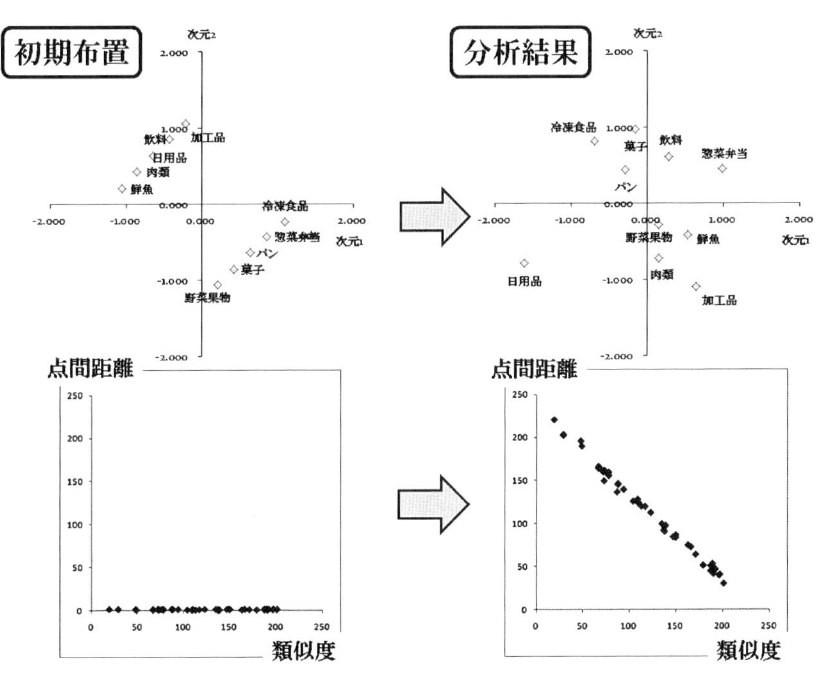

図Ⅳ－6－3　布置の反復計算のイメージ

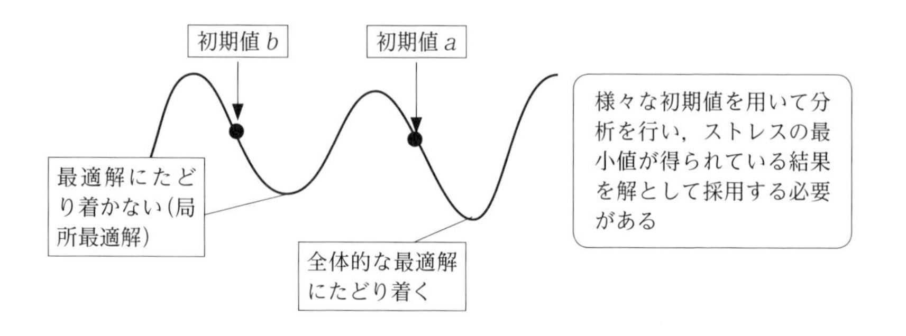

図Ⅳ－６－４　最急降下法のイメージと局所最適解

初期の座標値をどのように与えるかに解が依存するため，局所極小布置（局所的な最小値であって，全体の最小値ではない値）が得られてしまう場合がある。局所極小布置を防ぐには，初期布置でストレスが最小である布置に近いものを選ぶことが望ましい。ただし，その布置は未知であるため，データからある類似度を計量的多次元尺度構成法により分析して布置を求め，その布置を初期布置として利用する。この初期布置はデータからある類似度で求められるので，合理的初期布置と呼ばれる。そのほかに，別の分析や理論的な考察から布置が得られている場合があり，これらを初期布置に用いることができる。また，乱数に基づいて初期布置を求めることもできる。この場合には，求められた初期布置がデータからの類似度と無関係であるため，局所極小布置が得られる可能性が高く，多数の初期布置を用いて結果を求め，その中でストレスが最小である布置を選ぶ。

なお，ストレス（S）は点間の距離によって定義されているため，あらかじめ布置の次元数を決めておく必要がある。しかし，布置の次元数がいくつであるかは，通常は分析を行う前には分からない。そこで，何種類かの次元数の下で分析を行い，各次元数においてストレスを最小にする布置を求める。さらに，得られたストレスや布置を検討して，何次元の布置を解にするかを決定する。なお，分析を実施する際には，分析の最大次元数と分析の最小次元数を決めて分析を行うのが一般的である。分析の最大次元数で分析して布置を求め，分析により得られたその布置の「最大次元数－1」個の次元の座標の値を初期布置として,「分析の最大次元数－1」の次元で分析して布置を求める。このように,次元数をひとつずつ減らしていき,分析の最小次元数まで布置を求めていく。この時,布置を改善するための最大反復回数は,通常50～200回程度行う。最大反復数に達する前にストレスがほぼ0と考えられる値（目安は,0.00001程度）まで減少すれば,反復を終了する。最大反復数に達し,さらに布置を改善することができる可能性がある場合もある。その場合は,最大反複数の1回前と最大反復数でのストレスの値を比較して,その減少の程度が一定の値以上あれば,布置はさらに改善できる可能性があると判断して,最大反復数を増やし,再度分析を行う。この時の減少の程度の目安は,0.000001がおおよその基準となる。最大反復数に達していない場合には,現在の反復と1回前の反復のストレスを比較して,減少の程度が一定の値以下であれば,それ以上反復しても布置は改善しないと判断して,反復を終了する。この時の減少の程度の目安は,0.000001程度である。

なお,ストレスは点間の距離に基づいて定義されているため,布置の大きさ,原点の位置,次元の方向には影響を受けない。そのため,布置の重心が原点となるように,次式に従って調整する。

$$\sum_{i=1}^{n} x_{it} = 0 \quad (t = 1, \cdots, p) \qquad (4.6.5)$$

また,座標値の2乗和が対象の個数に等しくなるように,次式に従って布置を標準化する。

$$\sum_{i=1}^{n} \sum_{t=1}^{p} x_{it}^{2} = n \qquad (4.6.6)$$

平均が0,分散が1となるように,得られた布置の座標を標準化したものを次元数の平方根で除せばよい。

(4) 解の決定

ストレスが小さい布置は適合度が大きいので，ストレスの値は解の次元数を決定する際のひとつの規準となる。対象数や布置の次元数も考慮する必要があるが，およそ0.05から0.5程度までのストレスであれば，その次元数の結果を解として採用することができるといわれている（岡太・守口，2010）。そのほかにも，解を採用する基準には，布置の解釈，肘の基準（ストレスの変化の程度），点間距離と類似度との散布図などがある。これらの基準から総合的に判断して，解とする次元数を決定するのが望ましい。なお，可能であれば，３次元までの低次元の布置が望ましい。布置を解釈するためには，視覚的に対象間の関係を理解できることが重要であり，そのためには３次元までの低次元の布置が最適である。４次元以上の解を解釈するためには，個個の次元を２つ（もしくは３つ）ずつ取り上げて分割して解釈し，それぞれの組み合わせごとに総合的に布置を解釈することになる。３次元までの布置の解釈に比べて，解釈が難しくなる。

肘の基準（ストレスの変化の程度）による解の決定は，次元数を増やした時のストレスの値の減少の程度により，解として採用する次元数を決定する方法である。次元数を増やした時に，ある次元数においてストレスの値が急激に減少し，それ以上の次元数ではストレスの値の減少が顕著でないならば，そのストレスが急激に減少した次元数の結果を解として採用する(「図Ⅳ－６－５（ａ)」を参照)。この時の次元とストレスの値の関係をあらわした図の形状が肘に似ていることから，この判断基準は肘の基準と呼ばれる。実際には肘の形状が明瞭でないこともある（「図Ⅳ－６－５（ｂ)」を参照)。肘が明瞭でない場合，次元数を増やしても，どの次元数においても大きくストレスが減少しない。ストレスの肘が不明瞭となるのは，データに含まれる誤差が大きい場合である。ストレスの肘が明瞭でない場合は，ストレスの変化の程度からどの次元数の結果を解として採用するかの判断は難しい。

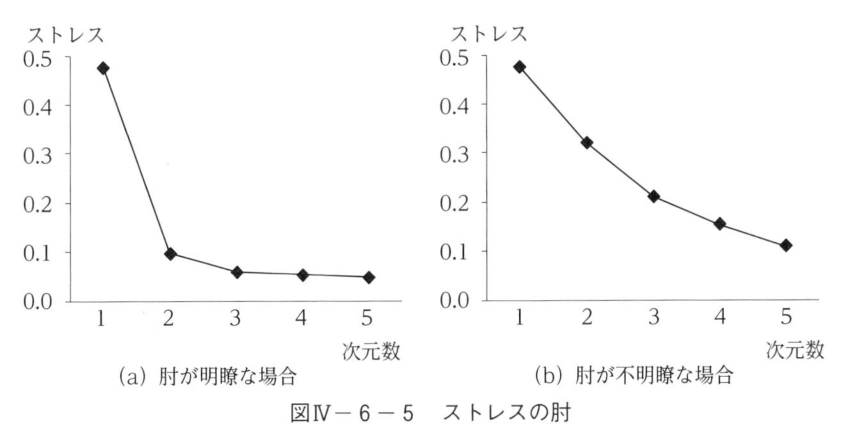

図Ⅳ－6－5 ストレスの肘

また，各次元数の結果を用いて，点間距離と類似度との散布図を描き，散布図がどのように変化するのかをみると，各次元数で点間距離の類似度に対する単調関係がどの程度満たされているのかを捉えることができる。類似度と点間距離の単調関係がある次元数で明瞭になるならば，その次元数の結果を解として採用することも可能である。点間距離と類似度との散布図からは，解が退化していないかどうかを確認することもできる。退化した布置からは対象間の関係についての情報が得られないため，初期布置を変更して再度分析する必要がある。

布置の退化とは，布置を構成する点が少数の点，もしくはその近くに集中し，ストレスが小さく布置のデータに対するあてはまりはよいが，布置としての意味がなく，ほとんど何の情報ももたらさないことをいう（岡太・守口，2010）。図Ⅳ－6－6のように，各次元数での点間距離と類似度との散布図を作成すると，退化している傾向はなく，次元数2で類似度と点間距離の単調関係が明確となっていることが読み取れる。したがって，この例の場合では，次元数2の結果を解として採用するのが望ましい。

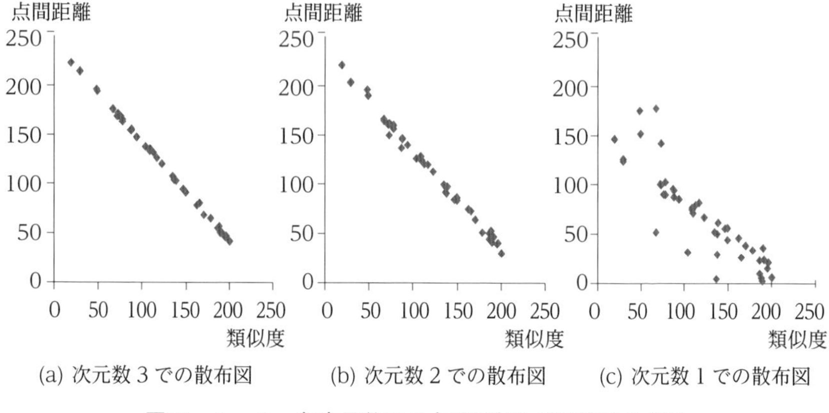

(a) 次元数３での散布図　(b) 次元数２での散布図　(c) 次元数１での散布図

図Ⅳ－６－６　各次元数での点間距離と類似度の散布図

(5) 布置の回転

布置の解釈は，得られた布置でブランド間の関係を明確に理解することができるかどうかにより，解として採用するかを判断する。そのために，各次元とブランドの特性が対応するように，布置を解釈しやすい方向に視覚的に回転する（岡太・守口，2010)。ストレスの値を定義している点間距離は，布置の次元を直交回転しても変化しないため，布置の各次元は解釈を行いやすい方向に直交回転することができる。なお，因子分析で行われるオーソマックス回転などの直交回転の方法も適用できるが，一般的ではない。

(6) 多次元尺度構成法による分析例

10種類のビールの類似度判断からグループを作ってもらい，各ビールが同じグループに分類された同時分類回数データ（「表Ⅳ－６－１」を参照）を分析した結果について解説する。同時分類回数の大きいブランド同士ほど類似度が大きいといえ，また，同時分類回数の小さいブランド同士ほど類似度が小さいと考えられる。

表Ⅳ－6－1　類似度判断データ（同時分類回数データ）

	1ラガー	2一番搾り	3スーパードライ	4黒ラベル	5ザ・プレミアム・モルツ	6ヱビスビール	7のどごし〈生〉	8クリアアサヒ	9金麦	10麦とホップ
1ラガー	70	28	32	36	12	8	16	4	4	0
2一番搾り	28	70	24	24	12	8	4	12	24	16
3スーパードライ	32	24	70	16	4	0	8	8	8	8
4黒ラベル	36	24	16	70	20	24	4	0	4	4
5ザ・プレミアム・モルツ	12	12	4	20	70	68	2	2	8	3
6ヱビスビール	8	8	0	24	68	70	2	1	0	0
7のどごし〈生〉	16	4	8	4	2	2	70	48	24	36
8クリアアサヒ	4	12	8	0	2	1	48	70	32	32
9金麦	4	24	8	4	8	0	24	32	70	40
10麦とホップ	0	16	8	4	3	0	36	32	40	70

(「首都大学東京経営学系『マーケティッング・サイエンス』の受講生に対しての意識調査」より作成)

表Ⅳ－6－1からは「ヱビスビール」と「ザ・プレミアム・モルツ」は68回，「クリアアサヒ」と「のどごし〈生〉」は48回とそれぞれ類似度が大きい。「ヱビスビール」と「スーパードライ」，「クリアアサヒ」と「黒ラベル」，「金麦」と「ヱビスビール」，「麦とホップ」と「ラガー」及び「ヱビスビール」は，それぞれ0回と類似度が小さいことがわかる。ただし，同時分類回数からは2つのブランド間の局所的な類似度関係を捉えることができるが，ブランド数が増えるとブランド間の組み合わせは膨大となり，ブランド間の全体的な類似度関係を捉えることは難しい。

この同時分類回数データを分析することで得られた布置（「図Ⅳ－6－7」を参照）では，ブランド間の類似度の強弱の関係を，ブランドを表現する点間の距離によって視覚的に把握できる。本分析では，ストレス，布置の解釈，肘の基準（ストレスの変化の程度），点間距離と類似度との散布図から判断して，2次元の結果を解として採用した。同時分類回数が多い商品同士は空間内で近くに位置付けられ，同時分類回数が少ない商品同士は遠くに位置付けられて，近くにあるブランド程強い競合（類似）関係にある。第１象限には「エビスビール」や「ザ・プレミアム・モルツ」が，第２象限には「クリアアサヒ」，「麦とホップ」，「金麦」，「のどごし〈生〉」が，第４象限では「スーパードライ」，「一番搾り」，「ラガー」，「黒ラベル」が位置しており，これらのブランドに対するイメージの類似度が大きいことが分かる。横軸は，「ザ・プレミアム・モルツ」を含むビールが正の座標値となっているのに対して，第３のビールが負の座標値となっている。縦軸は，「プレミアムビール」が正の座標値となっているのに対して，「スーパードライ」が負の座標値となっている。このことから，横軸は「ビール－第３のビール」，縦軸は「プレミアムビール－スーパードライ」という類似度判断の基準があることが示唆される。

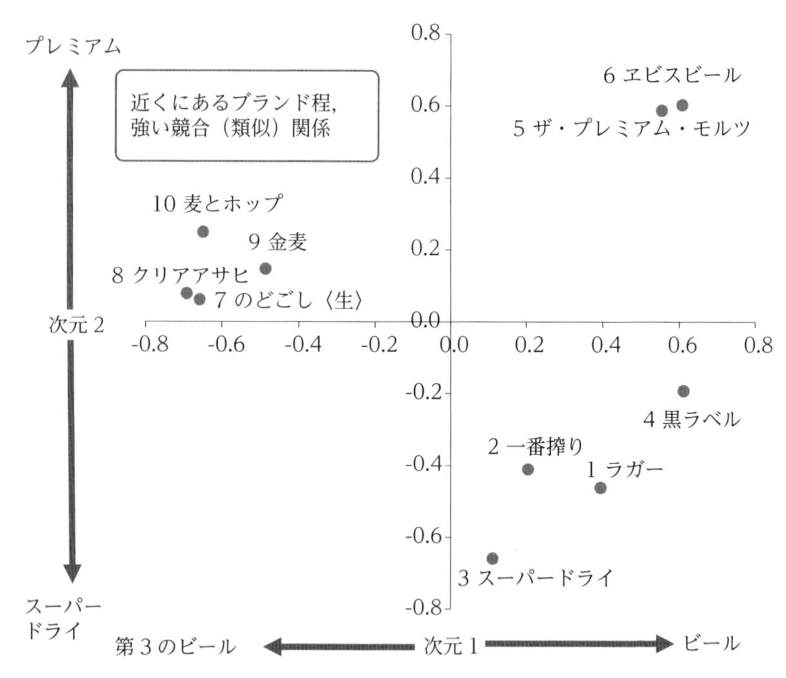

図Ⅳ－６－７　10種類のビールの類似度判断データ分析した結果得られた２次元布置

第Ⅴ部

継時調査と時系列データの分析

1 継時調査とは

(1) 断面調査と継時調査

① 断面調査

断面調査（cross-sectional survey）とは，調査課題を現在という時点で捉える調査をいう。この調査手法は，アドホック調査（ad hoc survey）とか単発調査（one-shot survey）と呼ばれる。

定期的に複数回にわたって調査を実施するが，調査回ごとに調査内容が異なるオムニバス調査（omunibus survey）も，調査対象となる時点から断面調査に分類される。　（林英夫・上笹恒・種子田實・加藤五郎，1993）

② 継時調査

継時調査（longitudinal survey）は継続調査（continuous survey）あるいは時系列調査（time series survey）とも呼ばれ，同一内容の調査を一定の周期をおいて実施し，得られたデータを比較して時系列の変化を明らかにしようとする手法である。

この手法には，毎回独立した標本を用いて調査を行う独立標本方式（cross-sectional-sample method）と，毎回同一標本を用いて調査を行う同一標本方式（fixed-sample method）の２つの手法がある。

同一標本方式では，母集団（population）から標本を１回無作為抽出（random sampling）し毎回その標本を調査するが，独立標本方式では，各回の調査ごとに同じ母集団から標本を無作為抽出することとなる。後者の場合，分析における標本誤差（sampling error）等による信頼度を考慮して，各回同一の標本数とするのが一般的である。　（林・上笹・種子田・加藤，1993）

ところで，定量調査（quantitative research）には，調査対象となる集団を構成する調査単位をすべて調査する悉皆調査（complete enumeration）と，調査対象となる集団（母集団）から標本（sample）を抽出して，標本に対する調査の結果から母集団の傾向を推計する標本調査（sample survey）の２つの手法がある（島崎・大竹，2017)。

標本調査の結果から母集団の傾向を推計するためには，標本の姿が母集団の姿に近似していなければならない。そのような標本を抽出するためには，抽出時に調査者の恣意が介入しない，統計学に基づく無作為抽出法を用いる必要がある（島崎・大竹，2017)。

(2) 継時調査の種類と目的

① 継時調査の種類

継時調査には，例えば官公庁の一部の統計調査のように何年，年十年と長期にわたって実施するものと，例えば広告の効果測定調査のように広告出稿前と出稿終了後といった短期間に調査を実施するものがある。

② 継時調査の目的

長期にわたる継時調査は，その調査によって時系列データ（time series data）を入手して，時間の推移による数値の変化を分析しその要因を探索したり，場合によっては過去の数値の変動から今後の変動を予測することを目的としている（(社）日本マーケティング・リサーチ協会，1995)。

この種の調査の周期は 1 カ月，1 年，数年間隔など，目的によって異なり，テレビの視聴率調査のように毎日実施するものもある。

短期間に実施する継時調査は，前掲の広告効果測定調査のように傾向の変化を把握しようとする目的で行うものが多く，これらは傾向調査（trend study）と呼ばれる。傾向調査は，傾向の変化が測定できれば終了となる。主として，限定された目的のために実施するのが一般的である。

(3) 同一標本方式と独立標本方式

① 同一標本方式の場合

同一標本を用いる継時調査は，同じ標本に対して複数回の調査を実施することとなる。このことを調査開始前に対象者に告知せずに調査を実施する場合と，調査開始前に複数回の調査の依頼を行ってから調査を実施する場合がある。いずれもパネル調査（panel study）と呼ぶ場合と，後者のみをパネル調査と呼ぶ場合がある。

パネル（panel）とは，調査対象者として予定された人びとの一団，即ち標本を指す（林・上笹・種子田・加藤，1993）と定義されており，パネル調査は本来同じ内容の調査を複数回実施する場合を指したが，現在ではパネルに対して異なる内容の調査を実施する場合でも，パネル調査と呼んでいる（島崎・大竹，2017)。

前掲のとおり，母集団の傾向を推計するために，パネルは母集団から無作為抽出された標本で構成されなければならない。現在，パネル調査の多くはインターネットを利用して調査を行っているが，調査のツールとしてのインターネットではなく，インターネット調査のパネルの構築方法には大きな問題が指摘されている。インターネット・パネルの多くはインターネット上で募集した標本によって構成されており，母集団が不明，標本が無作為抽出ではない。したがって，母集団の傾向を推計することができない，という問題である（島崎・大竹，2017)。

パネル調査の問題点は，ほかにもある。同一標本に数多くの調査を実施すると，対象者（標本）本人が意識する，しないにかかわらず，行動や意識に変化が生じ，それが回答傾向に影響を与える学習効果の問題である。学習効果を排除するためには，一定回数の調査経験に達した標本をパネルからはずし，新たな標本に入れ替える必要がある（島崎・大竹，2017)。

② 独立標本方式の場合

独立標本を用いて複数回の継時調査を行う場合，標本抽出の対象となる母集団は同一でなければならない。異なる母集団から抽出された標本による調査の結果は，本来時系列データとして比較することはできない。なお比較する場合は，一般的に各調査回の標本は，調査結果の比較検討時の信頼性確保のために，各調査回の標本数を同数とすることは前に述べたとおりである。

独立標本方式の場合は，同一標本方式の場合に指摘した対象者の学習効果は排除できるが，各調査結果がそれぞれ標本誤差を含んでおり，比較検討結果の信頼性に問題が生じる恐れがある。そこで，長期にわたる時系列データを得ようとする調査では，一定の規準を設けて，その規準にあてはまる調査単位（標本）を調査することが多い。この場合，各調査回の標本の多くは，結果として同一となる。

なお，断面調査やオムニバス調査において複数回の調査で同一質問を行った場合，その複数回の調査の母集団が同一で，各回の調査の標本数が妥当であるならば，調査結果を時系列データとして取り扱うことが可能である。

(4) ベンチマーク調査とフォローアップ調査

先にとりあげた広告の効果測定調査のように，調査対象者に常態での調査を実施した後に何らかの刺激を与え，その後，変化を知るための調査を実施する場合，このような調査手法を事前/事後調査（pre/post survey）と総称し，先に実施する基準値（bench mark）を得るための事前調査（pre survey）をベンチマーク調査（bench mark survey）と呼び，後に実施する変化を掌握するための事後調査（post survey）をフォローアップ調査（follow-up survey）と呼ぶ。この事前/事後調査では，一般的に独立標本方式が用いられる。

（林・上笹・種子田・加藤，1993）

(5) 継時調査の調査内容と調査方法

① 継時調査の調査内容

継時調査の調査票は原則各回同じ内容であり，特に時系列データを入手しようとする質問・選択肢は同一でなければならない。

社会状況の変化等から質問・選択肢を変更する場合は，変更前と変更後のデータが論理的につながるように，変更後の質問・選択肢を設計する必要がある。場合によってはプリテストを行った上で分析を実施し，変更後の質問・選択肢の妥当性を検証しておくべきである。また，変更前と変更後のデータ構造が近似しているか，相関係数等を用いて確認しておくとよい。

② 継時調査の調査方法

時系列データを入手するための継時調査では，各回の調査方法は同一方法でなければならない。調査方法を変更すると，回答傾向が変わるためである。

一部の企業対象の官公庁の統計調査のように，事実のみを把握しようとする調査では，例えば郵送回答からネットワーク回答に回答方法を変更しても，回答傾向に与える影響はほとんどないであろう。

しかし，マーケティング・リサーチ等のように意見・態度を聞く質問が多い調査では，調査方法の変更が回答傾向に与える影響は顕著である。調査方法が異なる継時調査の時系列データでは，数値の変化が時間経過によるものか，調査方法の変更によるものか判然としないし，両者の影響を分別することもできない（島崎・大竹，2017）。

なお，やむを得ず調査方法を変更した場合は，継時調査の質問・選択肢の変更についての指摘と同様，調査方法の変更前と変更後のデータ構造等を分析し，変更の妥当性とデータの信頼性について検証する必要がある。

(6) 時系列データの分析

① 時系列分析

短期の時系列データの分析は，分析の目的であるデータの変動の有無のみに着目することとなるが，長期の時系列データの分析では，さまざまな変動要因を考慮する必要がある。

長期の時系列データの分析については，次のような視点が指摘されている。あるデータが時間的に変動する時，その変動に関する分析を時系列分析（time series analysis）という。この分析は，① 傾向変動，② 循環変動，③ 季節変動，④ 不規則変動に分けられる。ある商品の販売量が次第に増加すれば傾向変動であり，夏・冬等で差があれば季節変動である。一定期間，例えば年間の変動が毎年繰り返されれば，循環変動である。長期の時系列データで，ある年のみ気候の影響で販売量が異常値を示せば，それは不規則変動である。不規則変動は，短期の時系列データでも生じる。広告キャンペーン中のみ，メーカーやブランドの知名度があがったり，商品の販売量が増えれば，それは不規則変動である。　　　　　　　　　　　　（(社) 日本マーケティング・リサーチ協会，1995)

長期の時系列データでは，クロスセクション分析（cross-sectional analysis）によってこれらの変動要因を分離することができる。クロスセクション分析は，ある特定時点で断面的な構造分析を行うことを指し，横断分析とも呼ばれる。例えば物価指数について，物価の地域差を分析するのはクロスセクション分析である。　　　　　　　　　　　　（(社) 日本マーケティング・リサーチ協会，1995)

なお，長期の時系列データで数値の減少や増加の傾向は把握できるが，その数値間に統計学的に差があるかどうかは，検定等の手法を用いて検証するべきである。

これらの分析の詳細は，事例を含めて後掲する。

② 時系列予測

時系列予測（time-series forecasting method）とは，過去の時系列データに基づいて将来の数値を予測することをいう。

その手法は，過去のデータから得られた傾向線（trend）を将来に延長する方法で，外挿法（extrapolation）と呼ばれる（(社) 日本マーケティング・リサーチ協会，1995)。

時系列予測は，狭義には上記の手法を指すが，広義には次の２つの手法も含まれる。ひとつは，他変数との因果関係（causality）で予測する説明変数予測法（explanative forecasting）であり，もうひとつは，いくつかの変数との相互依存関係を用いて予測する計量経済学的予測法（econometric forecasting）である（(社) 日本マーケティング・リサーチ協会，1995)。

外挿法における一般的手法として，予測要因分析の手法のひとつである回帰分析（regression analysis）をあげておく。この手法は，過去のデータを外的基準（criterion または従属変数 dependent variable），時間の推移を独立変数（independent variable あるいは説明変数 explanatory variable）とし，過去のデータから残差（residual）を最小とする回帰直線（regression line）を見出し，その回帰直線の延長上で将来の数値を予測しようとする方法である（本多正久・島田一明，1980)。この手法は，高次回帰分析とも呼ばれる。

説明変数予測法の主な手法として，外的基準を複数の独立変数で予測する手法である重回帰分析（multiple regression analysis）のほか，数量化Ⅰ類（quantification analysis Ⅰ），判別分析（discriminant analysis)，数量化Ⅱ類（quantification analysis Ⅱ）をあげることができる。これらの手法の適用は，外的基準と独立変数がそれぞれ量的データか質的データかによる。外的基準・独立変数ともに量的データであれば重回帰分析，外的基準が量的データで独立変数が質的データであれば数量化Ⅰ類，外的基準が質的データで独立変数が量的データであれば判別分析，外的基準・独立変数ともに質的データであれば数量化Ⅱ類が適用される（島崎・大竹，2017)。

これらは，いずれも連立方程式を解く手法である。計量経済学的手法の一部も，連立方程式を解く点では説明変数予測法と同様である（(社）日本マーケティング・リサーチ協会，1995)。

(7) 継時調査の利用

① 官公庁の統計調査

国の統計調査は，各官公庁が担当して，場合によってはひとつの統計調査を複数の官公庁が担当して，数多く実施されている。その多くは継時調査として実施され，国のさまざまな局面の動向を把握すると同時に，時系列データを用いて将来予測にも利用され，行政上の施策等の根拠ともなっている。

数多くの国の統計調査のうち，世帯・個人を対象とする調査でもっとも規模の大きなものは，５年に１回実施される国勢調査（総務省統計局「平成27年度国勢調査」）であり，企業等を対象とする調査では経済センサス（総務省統計局「経済センサスの目的・法的根拠」）の各調査であろう。

これらの官公庁の統計調査を，利活用の視点からみてみる。日本の将来の人口や世帯数は，長期にわたって予測されている。この予測には，「国勢調査」（総務省統計局）の調査結果のほか，「人口動態統計（概数)」（厚生労働省）から出生児数及び死亡者数のデータが，「出入国管理統計」（法務省）から出入国者数のデータが，「法務省資料及び官報」から日本国籍取得者数及び日本国籍喪失者数のデータが，「住民基本台帳人口移動報告月報」（総務省）から都道府県間転出入者数のデータが用いられ，さらに「在留外国人統計」（法務省）のデータが加えられて，推計が行われている（国立社会保障・人口問題研究所）。

GDP（gross domestic product：国内総生産）などで知られる「国民経済計算」（内閣府）も，多くの官公庁による統計調査等を用いて計算されている。「国民経済計算」は「四半期別 GDP 速報」と「国民経済計算年次推計」の２つからなり，「四半期別 GDP 速報」は GDP をはじめとする支出系列等を年８回作成・公表し，「国民経済計算年次推計」は生産，分配，支出，資本蓄積といったフローと，資産，負債といったストックを含めて年１回作成・公表している（内閣府「国民経済計算とは」）。

「国民経済計算」は膨大な統計等から数多くの指標となる数値を計算しているので，ここでは「商品出荷額」の推計に絞って，利用する統計をあげておく。「商品出荷額」は，「産業連関表」を用い，領域別に次の統計を加えて算出される。

(イ) 農林水産物

「作物統計」（農林水産省），「特用林産基礎資料」（農林水産省），「漁業・養殖業生産統計」（農林水産省）

(ロ) 鉱業品及び採石

「資源・エネルギー統計」（経済産業省），「企業物価指数」（日本銀行）

(ハ) 製造業製品

「工業統計調査」（経済産業省），「経済産業省生産動態統計」（経済産業省），「企業物価指数」（日本銀行）等

(ニ) 建設業

省略

(ホ) 電気・ガス・水道業

「電気事業便覧」（経済産業省），「ガス事業便覧」（経済産業省），「地方公営企業年鑑」（総務省）等

(ヘ) 卸売・小売業

「商業統計」（経済産業省），「商業動態統計調査」（経済産業省），「法人企業統計」（財務省）

(ト) 金融・保険業

- 保険・年金基金を除く金融機関
  「資金循環統計」（日本銀行）等
- 生命保険会社及び年金基金等
  省略
- 非生命保険会社
  省略

(チ) 不動産業

「法人企業統計」（財務省），「経済センサス基礎調査」（総務省），「企業向けサービス価格指数」（日本銀行）等

(リ) 運輸業

「鉄道輸送統計調査」（国土交通省）等

(ヌ) 情報通信業

「特定サービス産業実態調査」（経済産業省）等

(ル) サービス業

「特定サービス産業実態調査」（経済産業省），「毎月勤労統計調査」（厚生労働省）等

② 視聴率調査

日本のテレビ視聴率調査（television audience research）は，テレビ放送開始直後の1954年に，よりよい番組制作・編成を目指して，人びとの視聴傾向を把握するために始まった。しかし，間もなく視聴率（TV-rating）は，広告出稿の指標として用いられるようになった。

視聴率は，当初世帯構成員の誰かが視聴していることを，電源の切入（set-in-use）によって計測する世帯視聴率であったが，１世帯あたりの受像機数の増加と個人視聴傾向の進展に伴い，視聴率計測を行う（株）ビデオリサーチは

1997年に個人視聴率の測定も行うようになった。

（(株）ビデオリサーチホームページ）

視聴率は，現在でも，時系列データがテレビ局の番組制作・編成と，広告出稿主のチャンネル・時間帯等の選択に用いられている。

なお，新聞の紙面・広告の閲読率調査（readership survey）の結果もまた，広告出稿の指標として利用されている（例えば，朝日新聞社メディアビジネス局)。

（株）ビデオリサーチの視聴率調査は，複数の顧客にデータを提供するシンジケート調査（syndicated survey）であり，提供する時系列データは，契約放送局や広告代理店，さらに広告代理店を通じて広告出稿主に利用されている。

③ 広告効果測定調査

テレビの視聴率調査や新聞の閲読率調査も広告効果測定として利用されるが，ここでは広告やキャンペーンの効果を出稿の事前 / 事後で測定する調査について述べる。

広告効果測定における事前 / 事後調査は，前掲のとおり，広告出稿前に事前調査（ベンチマーク調査）を実施し，これを基準値（ベンチマーク）として用いる。広告出稿後に同一項目で事後調査（フォローアップ調査）を実施し，同一項目におけるベンチマークからの変化（事前調査データと事後調査データの差）を，広告効果とする。

広告の種類と広告投入量が多いキャンペーンを対象とする場合は，キャンペーン開始前のベンチマーク調査とキャンペーン終了後のフォローアップ調査のほか，キャンペーン途中の一定量の広告が投入された時点で，何回かのフォローアップ調査を行うこともある（林・上笹・種子田・加藤，1993)。

広告効果測定の調査内容では，AIDMA（Attention（注目）→ Interest（関心）→ Desire（欲求）→ Memory（記憶）→ Action（購買行動））や DAGMAR（Unawareness（未知）→ Awareness（知名）→ Comprehension（理解）→ Conviction（確信）→ Action（行為)），さらにその後提唱された新しい効果モデルが用いられることが多い（林・上笹・種子田・加藤，1993)。AIDMA モデルを用いて調査を行う場合は，広告効果を調査対象者の広告への注目，広告（商品）への関心，購入（あるいは使用）欲求，商品の記憶，購入行動のレベルで計測することとなる。

④ 消費者パネル調査

一般消費者で構成されるパネルを構築し，各種商品の購買・使用状況を時系列データとして入手する調査を消費者パネル調査（consumer panel survey）という。調査内容は，購入・使用した商品の種類，銘柄，パッケージ，個数，容量，単価，総額，購入店舗等で構成されている（林・上笹・種子田・加藤，1993）。

もっとも早い時期に始まり，現在も続く消費者パネル調査は，（株）インテージ（消費者パネル調査開始当時は社会調査研究所）の全国消費者パネル調査（SCI）であろう。SCI は，世帯を対象として1964年に開始され，2010年には全国個人消費者パネル調査（SCI-personal）も開始された。SCI は，開始当時は調査項目について調査対象者が調査票に毎日記入する日記式調査（diaries）であった（(株）インテージホームページ)。

これらの方式の調査の多くは，コンピュータ技術の発展とバーコードの普及により，スキャナーで読み取りパソコンに記録する方式となり，さらに通信技術の発展により，対象者と調査機関の間が通信で結ばれ，対象者から送信されたデータがホスト・コンピュータに格納される方式となっている。

SCI は，(株）ビデオリサーチの視聴率調査と同様，シンジケート調査であり，提供される時系列データは契約各社のマーケティング戦略に利用されている。

⑤ 小売店パネル調査

多数の小売店をパネルとして構築し，これらの店を対象に，一定の間隔で各種の商品や銘柄の仕入・返品・在庫数や金額などを継続して調査し，時系列データを得る調査を小売店パネル調査（retail panel survey）と呼び，販売店パネル調査と呼ぶこともある（林・上笹・種子田・加藤，1993）。

古くから，小売店側に調査票に状況を記録してもらう日記式調査法や，調査員が店頭や倉庫の商品の在庫量を調べたり，帳簿類で仕入・返品量や金額を調べる小売店監査法（store audit）といった手法が用いられている（林・上笹・

種子田・加藤，1993)。

なかには，メーカーの依頼で調査機関の調査員が無断で小売店店舗内に入り，競合メーカーの商品を含めて店頭陳列状況を調査する方法も行われていたが，1984～1985年の江崎グリコ社長誘拐や関西・愛知における青酸入り菓子ばら撒きなどのグリコ・森永事件以降，この手法は実施が困難となり消滅していった。

コンピュータ技術の発展とバーコードの登場に伴い，現在ではPOS（point-of-sales）によるデータを用いた分析手法が普及し，自前で調査を実施するメーカーや小売店も増えている。

小売店パネル調査によって得られたデータから，販売量・金額，商品取扱店率，在庫品切れ店率，小売店頭価格などの指標となる数値が算出される。これらの時系列データにより，市場の大きさ，市場の拡大・縮小傾向，地域・店舗規模別の特性，自社および他社のシェア，価格構成，パッケージサイズの構成，小売店在庫量の適・不適，小売店の仕入動向，販売促進活動の効率，取り扱い店の増減，在庫切れなどが把握され，メーカーなどのマーケティング戦略に活用されている（林・上笹・種子田・加藤，1993)。

官公庁統計調査の設計と時系列データの分析の実際

(1) 官公庁統計調査の設計

① 調査対象者

官公庁統計調査の対象者は，調査の目的によって一般世帯・個人であったり，団体・企業等であったりする。例えば，国勢調査は日本に居住する全世帯と，その世帯構成員である全個人を対象とする。団体・企業等を対象とする調査では，調査の目的によって業種や資本金，販売額，従業員数等の規模を用いて調査対象者を規定している。一例として，経済産業省が実施する「企業活動基本調査」における調査対象者の規定をあげておく。

この調査の対象者は，日本標準産業分類（総務省，2013）の次にあげる分類に属する事業所を有する企業のうち，従業者50人以上かつ出資金額3,000万円以上のもの，としている。

【対象となる産業の分類】

- 大分類C－鉱業，採石業，砂利採取業
- 大分類E－製造業
- 大分類F－電気・ガス・熱供給・水道業（中分類35－熱供給業及び中分類36－水道業を除く）
- 大分類G－情報通信業（別表に掲げるもの（別表略））
- 大分類I－卸売業，小売業
- 大分類J－金融業，保険業（別表に掲げるもの（別表略））
- 大分類K－不動産業，物品賃貸業（別表に掲げるもの（別表略））
- 大分類L－学術研究，専門・技術サービス業（別表に掲げるもの（別表略））
- 大分類M－宿泊業，飲食サービス業（別表に掲げるもの（別表略））
- 大分類N－生活関連サービス業，娯楽業（別表に掲げるもの（別表略））
- 大分類O－教育・学習支援業（別表に掲げるもの（別表略））
- 大分類R－サービス業（他に分類されないもの）（別表に掲げるもの（別表略））

（経済産業省，2017）

② 調査対象者の抽出方法

官公庁の統計調査は，さまざまな領域の日本の現状を明らかにしようとするものである。そこで，国勢調査のように，対象となるすべての調査単位を調査する悉皆調査（全数調査）もあれば，団体・企業を対象とした調査では，前掲の「企業活動基本調査」のように，調査単位を業種，従業員数，資本金（出資金）額で限定した悉皆調査もある。

このような調査以外に，層化を用いて，層ごとに調査対象の抽出方法を変更する調査もある。例えば，調査対象となる企業を従業員数，資本金額，販売金額等で層化し，大規模な層は悉皆調査とし，中・小規模層はそれぞれ抽出率を変えて標本調査とするような手法である。このような手法を用いた場合，標本調査を行った層については，抽出率に応じてウエイト・バック集計を実施し，全体を推計することとなる。これは，日本全体の傾向を推計するにあたって，推計結果の誤差を小さくするための工夫である。

官公庁調査には，前掲の統計調査のほかに，政策立案等のために，国民や地域住民の動向や意見・態度を明らかにしようとする調査がある。これらの調査は，企画調査と呼ばれることもある。これらの調査では標本調査を用いることが多い。標本は，一般的に確率比例（２段）抽出法を用いて抽出することが多い。また，自治体の調査等で経済センサス等の他のデータとの比較検討を行うような場合，全国を250m 四方，500m 四方，１km 四方に分割して，それごとに国勢調査や経済センサスのデータをとりまとめたメッシュを抽出して行う手法を用いることもある（標本抽出法については，『マーケティング・リサーチに従事する人のための調査法・分析法－定量調査・実験調査・定性調査の調査法と基礎的分析法－』「Ⅱ－７　無作為抽出法と有意抽出法」を参照）。

③ 調査方法

かつては，統計調査など官公庁調査の多くは国の統計調査員（総務省）による面接調査や留置調査が中心であったが，近年新たな統計調査員のなり手が減少し，十分な補充ができなくなり，統計調査員制度の維持が著しく困難になりつつある（総務省,「統計制度｜統計調査員って何？」）。

このため，団体・企業を対象とする調査など，統計調査員を利用せずに調査実施が可能な調査は，郵送調査へと移行していった。

さらに，政府は各省庁の枠を越えて統計オンライン調査のシステム「e-survey」（政府統計オンライン調査システム）を開発し，調査対象者からのオンライン回答が可能な調査では，システムの利用が進展している（政府オンライン調査総合窓口）。

特に，意見や態度を聞くのではなく，現状に関するさまざまな数値等の事実を聞く調査では，調査回答方法の変更が回答内容に影響を与える恐れは少ない。そこで，このような調査では，オンライン利用を含む回答方法の併用が進展している。

(2) 官公庁統計の時系列データの分析

① 時系列データと時系列グラフ

時系列データとは時間軸上で等間隔に観測される系列的なデータを指し，集

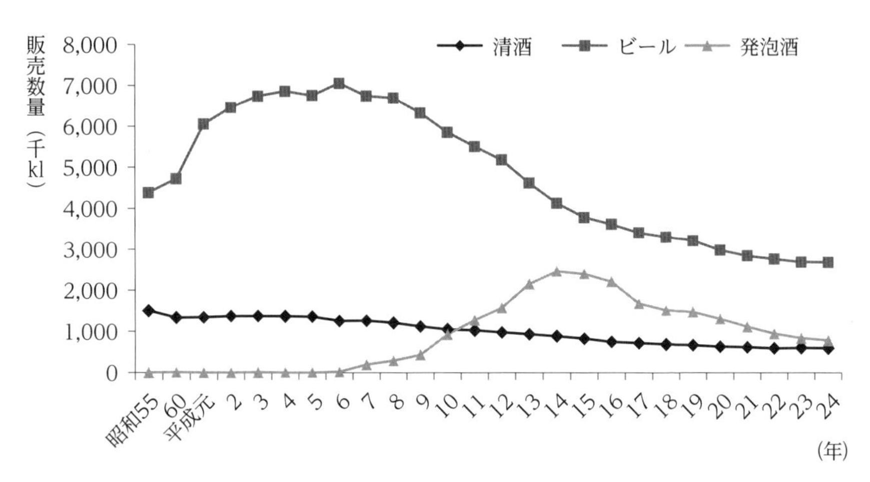

（a）目盛り間隔が不統一

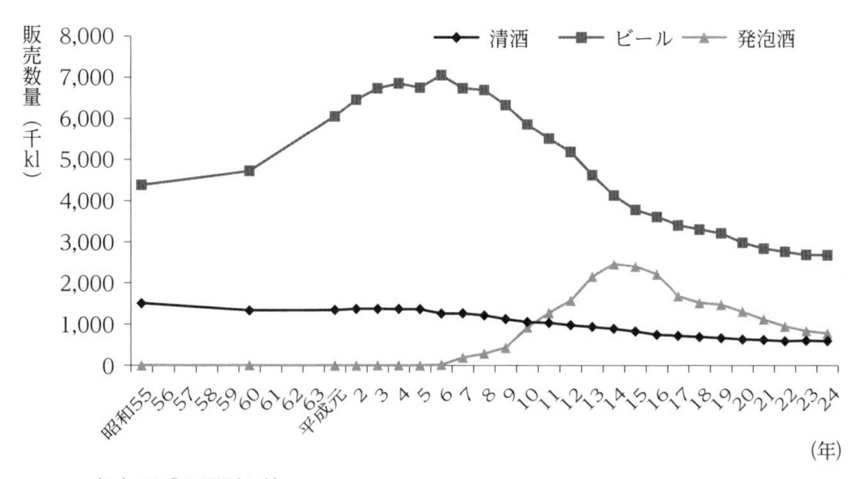

（b）目盛り間隔が統一

（国税庁「平成26年　酒のしおり」より）

図Ⅴ－2－1　酒類販売（消費）数量の推移

計単位は年別，四半期別，月別，日別，時間別などさまざまである。

時系列データでの間隔は，必ず等間隔で表現する必要がある。

図V－2－1は，酒類販売（消費）数量の推移をあらわしたグラフである。図V－2－1（a）の時系列グラフでは5年幅と1年幅が混在し，それぞれの幅で折れ線の傾きが異なるため，長期的な増加減少傾向を読み取れない。時系列グラフを作成する際には，必ず横軸の目盛間隔を等間隔にして作成することが，正しい傾向を読み解く上で重要となる（「図V－2－1（b）」を参照）。

時系列データの傾向（トレンド）を読み取る際には，右肩上がりの増加傾向や右肩下がりの減少傾向というような長期的な傾向を確認し，年周期，四半期周期，曜日周期といった周期性があるのかどうかを確認する。また，不規則な変化が存在していないか，ノイズがないかを確認する。

表V－2－1　2000年度から2013年度までの魚介類の1世帯あたりの年平均1カ月の支出金額のデータ

年	支出金額
2000年	8,659
2001年	8,339
2002年	8,126
2003年	7,689
2004年	7,385
2005年	7,240
2006年	7,163
2007年	7,126
2008年	6,891
2009年	6,678
2010年	6,398
2011年	6,174
2012年	6,053
2013年	6,146

（総務省「『家計調査』長期時系列データ(年)」より）

2000年度から2013年度までの，魚介類の１世帯当たりの年平均１カ月の支出金額のデータ（「表Ⅴ－２－１」を参照）を時系列グラフで表現すると，図Ⅴ－２－２のような折れ線グラフとなる。

図Ⅴ－２－２では右肩下がりにデータがプロットされていることが確認でき，魚介類に対する１世帯当たりの支出金額が単調減少している傾向が読み取れる。2011年，2012年，2013年では折れ線の傾きがなだらかになっているため，2011年以降ではそれ以前と比べると，魚介類に対する１世帯あたりの支出金額の減少傾向は弱まっていることが示されている。

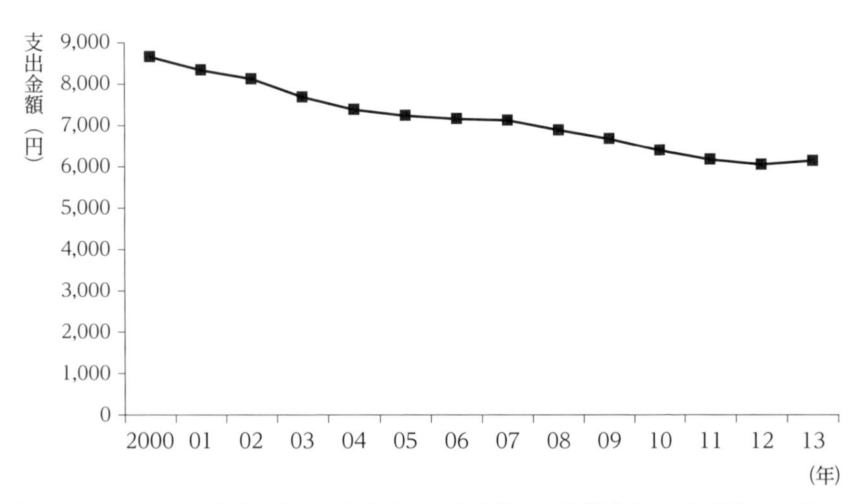

図Ⅴ－２－２　2000年度から2013年度までの魚介類の１世帯当たりの年平均１カ月の支出金額の時系列グラフ（折れ線グラフ）

② 移動平均

移動平均は一定期間ごとにずらしながらデータの平均を取り，データの細かな上下の変動を打ち消し，データの変動を滑らかにする（平滑化する）ことで，時系列データの特徴を正しく把握するための方法である。

移動平均を計算することで，季節，曜日，日によって生じている要因をならすことが可能となる。

時系列データには，季節的な変化のパターンなどの意味のある動きに加えてノイズ（不規則な値の変化）が含まれている場合があり，不規則な変化を除くためには移動平均を用いる。一定期間ごとにずらしながら平均を計算することで，ノイズを打消すことができる。

表Ｖ－２－１の2000年度から2013年度までの魚介類の１世帯あたりの年平均１カ月の支出金額のデータを基に，移動平均の計算方法について説明する。３年の移動平均であれば，順次３年ごとに支出金額の平均を計算すればよい。最初の３年の移動平均は2000年，2001年，2002年の支出金額の平均により求められるので，下記のように計算できる。

$$((8{,}659+8{,}339+8{,}126))/3=8{,}374.7$$

上記の場合は，2001年を中心として中心化した移動平均となる。

逐次的に株価の動きをみたい時などは，中心化せず直前数カ月の移動平均をみることもある。

実際に計算してみれば分かるが，移動平均が実際の動きよりも遅れて動くようにみえる。中心にもってくると元の時系列と動きが連動してわかりやすいが，未来のデータがないので先の予測がしにくくなる。

このように中心化した場合と，中心化せずに移動平均を求めた場合では，それぞれ一長一短がある。

日次データ，月次データ，四半期毎のデータのように明確な周期性（季節性）がある場合には，その周期に合わせた項の移動平均を取ると季節性を除去できる。

例えば，７日移動平均を取ると月曜日から日曜日までが１回ずつ含まれるため，曜日の影響を消すことができる。

四半期（１Ｑ，２Ｑ，３Ｑ，４Ｑ）のデータであれば，４項移動平均をとれば周期に合わせた項の移動平均を取ることができ，季節性を除去できそうである。しかし，例えば第二四半期（２Ｑ）の４項移動平均は，下記の２つの方法が考えられる。

A＝(前年４Q＋１Q＋２Q＋３Q)/4　　(5.2.1)
B＝(１Q＋２Q＋３Q＋４Q)/4　　(5.2.2)

どちらも２Qが中心に来ていないため，この２つを平均して，下記の方法で移動平均を算出する方法（中心化移動平均）がよく用いられる。

C＝(A＋B)/2
C＝((前年４Q＋１Q＋２Q＋３Q)/4＋(１Q＋２Q＋３Q＋４Q)/4)/2
C＝(0.5×前年４Q＋１Q＋２Q＋３Q＋0.5×４Q)/4
(5.2.3)

図Ⅴ－２－３の時系列グラフは，東京都の年平均気温の移動平均を計算し，平均気温とともに図示化したものである。

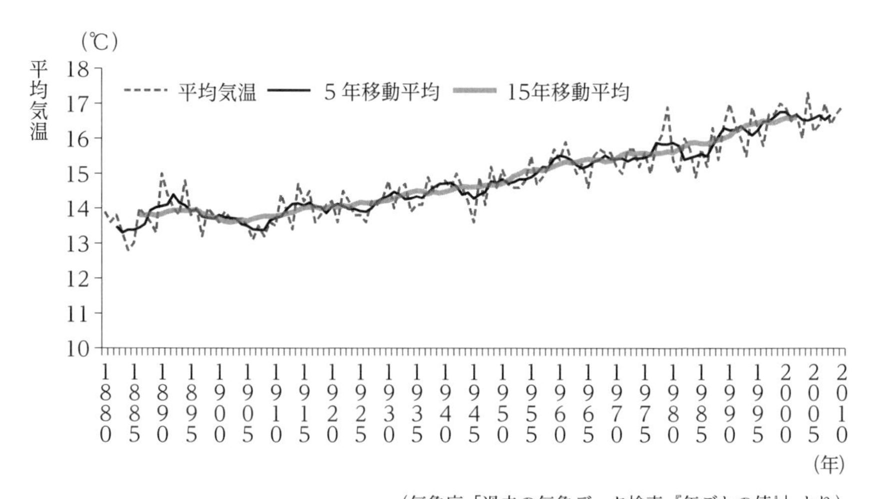

(気象庁「過去の気象データ検索『年ごとの値』」より)
図Ⅴ－２－３　東京都の年平均気温の移動平均の時系列グラフ

点線の変動が大きい折れ線が平均気温そのもの，細い線の折れ線が５年移動平均，太い線の折れ線が15年移動平均を示している。

平均気温は変動が複雑でその傾向を読み取ることは難しいが，移動平均を取ることで変動が滑らかとなり，右肩上がりに平均気温が上昇している長期的な傾向を捉えることができる。

より長い期間で移動平均を計算した方が折れ線はより滑らかとなり，より長期的ななだらかな傾向を捉えることができる。

③ 指数，増加（減少）率，成長率

(イ) 指数

時間軸上で等間隔に観測されるデータの変動を読み解くためには，時系列データそのものではなく，さまざまな加工を実施することで特徴をより詳細に捉えることができる。

指数とは，基準点の値を100として，その他の時点の値を基準点の値に対する相対値であらわしたものであり，指数により，基準点に対しての変化の大きさ，基準点に対して比較時点でどの程度の変化が生じているかを捉えることができる。

$$\text{指数} = \frac{\text{比較時点 } t \text{ の値}}{\text{基準点 } t_0 \text{ の値}} \times 100 \qquad (5.2.4)$$

表V－2－1の魚介類の支出金額のデータについて，2000年を基準年として2008年の金額を指数で計算すると，6,891/8,659×100＝79.6と計算できる。2008年の支出金額を2000年と比較をするとおよそ80％となり，魚介類に対して支出される金額が80％程度まで減少していることが分かる。

この基準時が指数ごとに異なると，指数間の相互利用や比較等に支障が生じる恐れがある。こうしたことを防ぐため，「指数の基準時に関する統計基準」（平成22年３月31日総務省告示第112号）において，「指数の基準時は五年ごとに更新することとし，西暦年数の末尾が０又は５である年とする」と定められている（総務省「指標の基準時に関する統計基準」）。

指数は「個別指数」と「総合化指数」に区別される。例えば，牛肉や豚肉の

価格変化をあらわすそれぞれの指数は個別指数であり，牛肉・豚肉など「肉全般」の価格変化をあらわす指数が総合化指数である。

総合化指数の算式は，基本的には加重平均方式である。総合化指数には，加重平均のウエイトを基準時実績で固定するラスパイレス方式と，ウエイトを比較時実績で固定するパーシェ方式がある。

ａ．ラスパイレス方式

ラスパイレス方式では，物価指数を作成する際に，個別品目の基準時の価格，比較時の価格，基準時における数量を用いて以下のように計算する。分母，分子の和はそれぞれ品目についての合計であり，比較時と基準時の価格をそれぞれ基準時の数量をウエイトとして加重平均したものとなる（総務省統計局「2015年基準消費者物価指数の解説『付４　ラスパイレス連鎖基準方式による指数の作成』」）。

$$\frac{\Sigma(\text{比較時の財・サービスの価格}\times\text{基準時の財・サービスの数量})}{\Sigma(\text{基準時の財・サービスの価格}\times\text{基準時の財・サービスの数量})}\times 100$$
$$=\sum\left\{\left(\frac{\text{基準時の財・サービスの支出額}}{\text{基準時の全財・サービスの総支出額}}\right)\times\left(\frac{\text{比較時の財・サービスの価格}}{\text{基準時の財・サービスの価格}}\right)\right\}\times 100 \quad (5.2.5)$$

ｂ．パーシェ方式

パーシェ方式では，物価指数を作成する際に，個別品目の基準時の価格，比較時の価格，比較時における数量を用いて以下のように計算する。分母，分子の和はそれぞれ品目についての合計であり，比較時と基準時の価格をそれぞれ比較時の数量をウエイトとして加重平均したものとなる。

$$\frac{\Sigma(\text{比較時の財・サービスの価格}\times\text{比較時の財・サービスの数量})}{\Sigma(\text{基準時の財・サービスの価格}\times\text{比較時の財・サービスの数量})}\times 100 \quad (5.2.6)$$

ラスパイレス方式は基準時の固定ウエイトであるため，比較時の価格だけが分かればよいので，計算が簡単であり，各種経済指標でよく利用される。ただし，時間の変化に伴い実態との乖離が大きくなるため，数年ごとのウエイトの見直しが必要となる。パーシェ指数は，比較時点の価格だけでなく比較時点の数量も必要なため，データの収集に手間がかかる点が特徴である。ＧＤＰデフレーターはこのパーシェ方式を採用している。

ｃ．フィッシャー方式

フィッシャーにより理想算式（ideal formula）と呼ばれた指数算式であるフィッシャー方式は，個別品目の基準時の価格，基準時における数量，比較時の価格，比較時における数量を用いて以下のように計算する（総務省統計局「統計に関するQ＆A」)。

$$\text{フィッシャー指数} = \sqrt{\text{ラスパイレス指数} \times \text{パーシェ指数}} \tag{5.2.7}$$

この式は，ラスパイレス方式とパーシェ方式の幾何平均である。通常，ラスパイレス方式≧フィッシャー方式≧パーシェ方式という関係が成立する。この式は，基準時と比較時の両時点の価格・数量体系が著しく異なる場合の比較などに用いられる。

(ロ) 増加（減少）率

増加（減少）率は基準点からの変化の大きさを捉えるための指標であり，基準点からどの程度変化しているかを示す。増加（減少）率は，基準点からの変化量を基準点の値で除算することで得られる。

増加（減少）率の計算では，分子の部分では比較時点 t の値から基準点 t_0 の値を引くことで，基準点からの変化量を計算する。この変化量を基準点 t_0 の値で除算することで増加（減少）率が求められる。

$$\text{比較時点}(t)\text{での増加(減少)率} = \frac{\text{比較時点 } t \text{ の値} - \text{基準点 } t_0 \text{ の値}}{\text{基準点 } t_0 \text{ の値}} \tag{5.2.8}$$

表Ⅴ－２－１の魚介類の支出金額のデータで，2000年を基準年として増加（減少）率を計算する。2008年での魚介類の支出金額の増加（減少）率を計算した場合，増加（減少）率は（6,891－8,659)/8,659＝－0.204となり，2000年よりも魚介類の支出金額が20％程度減少していることが分かる。

指数の場合は基準点に対する相対的な値であったが，増加（減少）率の場合にはどの程度増加（減少）しているのかという変化量を捉えることができる。

(ハ) 成長率

成長率は基準点を常に比較時点の１時点前として，順次増加（減少）率を計算した指標であり，基準点は比較する一時点前となる。

比較時点 t での成長率は，比較時点 t の値と比較時点の１時点前 $t-1$ の値の変化量を計算し，それを比較時点の一時点前 $t-1$ の値で除算することで求められる。

$$\text{比較時点}(t)\text{での成長率}=\frac{\text{比較時点 }t\text{ の値}-\text{比較時点の一時点前 }t-1\text{ の値}}{\text{比較時点の一時点前 }t-1\text{ の値}} \tag{5.2.9}$$

成長率の推移を時間軸に沿ってみることで，変化の勢いの推移を捉えることができる。

特定の商品の売上高の成長率を求めれば，その商品の市場における商品ライフサイクルを把握するためのヒントとなる。

表Ⅴ－２－１の魚介類の支出金額のデータにおいて，2008年の成長率であれば，(6,891－7,126)/7,126＝－0.033と計算できる。2008年が比較時点であり，その一時点前は2007年となるので，2007年と2008年の支出金額の変化量を計算する。その変化量を，比較時点の一時点前の2007年の支出金額で除すことで成長率は算出できる。

成長率は－0.033であり，2008年の成長率が前年と比べて－３％程度であることが分かる。

成長率からは，前年と比較して魚介類への支出金額がどのように推移しているのかを読み取ることができる。

④ 名目値と実質値

所得が3倍になっても，物価も3倍になっていれば生活が豊かになったとはいえないため，物価の影響を除去して実質での豊かさをみる必要がある。

そのため，経済指標には物価の変動を除去せずに算出した名目値と，物価の変動を除去した実質値の2種類がある。

名目GDP（Gross Domestic Product：国内総生産）は貨幣単位であらわされたGDPであり，物価が継続的に上昇するインフレでは，GDPの名目値が増加しても物価が上がっただけであり，実際に手に入れた財やサービスが変化しているかは分からない。物価が継続的に下落するデフレでは，GDPの名目値が減少したとしても物価が下がっただけであり，実際に手に入れた財やサービスが変化しているかは分からない。

実質GDPはある年を基準年として選び，基準年の財サービスの価格を用いて，その他の年に生み出された最終生産物の総価値額を計算する。名目GDPをある年の貨幣価値でみた場合の金額として表現することで，物価の影響を除去している。

名目GDPを実質GDPで除算することで得られる数値を，GDPデフレーターという。

$$\text{GDPデフレーター}(\%) = \text{名目 GDP}/\text{実質 GDP} \times 100 \tag{5.2.10}$$

GDPデフレーターは，消費者物価指数と並んで物価の水準を示す重要指標である。

2015年のGDPで計算すると，名目GDP/実質GDP ＝500.4兆円/529.0兆円×100＝94.6となる。

消費者物価指数は，全国の世帯が購入する家計にかかわる財及びサービスの価格等を総合した物価の変動を，時系列的に測定したものである。家計の消費構造を一定に固定し，これに要する費用が物価の変動によってどう変化するかを指数値で示したもので，毎月作成されている。指数計算に採用している各品目のウエイトは，総務省統計局実施の家計調査の結果等に基づいている。品目の価格は，総務省統計局実施の小売物価統計調査によって調査された小売価格を用いている。結果は，各種経済施策や年金の改定などに利用されている（総務省統計局「消費者物価指数（CPI）」）。

GDP デフレーターは，インプリシットデフレーターとも呼ばれる。デフレーションを行うべき対象についてのデフレーターが直接作成されるのではなく，その対象の構成項目ごとにデフレーターを作成して実質値を求め，全体としてのデフレーターは名目値/各構成項目の実質値の合計として，逆算によって求められる場合がある。このようなデフレーターの算出方法をインプリシット方法と呼び，求められたデフレーターをインプリシット・デフレーター（Implicit Deflator）と呼ぶ（内閣府「用語解説『インプリシット・デフレーター』」）。

また GDP デフレーターは輸入を含まないため，その前期比増減率を取ると国内物価の物価上昇率を示し，ホームメイドインフレーションと呼ばれる。ホームメイドインフレーションは，輸入品の価格上昇による輸入インフレに対して，国内の製品価格引上げや賃金上昇で生じるインフレを指す。インフレがホームメイド化する原因としては，国内需給の逼迫を背景として利潤が拡大することや，生産性が高まり賃金が上昇することなどがあげられる（証券投資用語辞典「ホームメイドインフレーション」）。GDP デフレーターから100を引いたものが，物価上昇率となる。

⑤ 季節調整

経済時系列データにより短期的な経済動向を分析するにあたっては，当該データの原数値に自然的要因（気温，天候等），制度的要因（企業の決算時期等）及び社会的要因（年始年末，盆等）による１年を周期として繰り返される変動である「季節変動」が含まれている可能性があるので，原数値を用いた分析は必ずしも適当ではない。

分析の際に，経済時系列データの原数値から季節変動を除去する「季節調整」が行われ，当該変動を除去した数値を「季節調整値」といい，季節調整の手法を「季節調整法」という。

「季節調整法の適用に当たっての統計基準」（平成23年３月総務省告示第96号）により，季節調整法を適用する場合の手法や公表事項が定められている（総務省「経済指標に関する統計基準『季節調整法の適用に当たっての統計基準（平成23年３月統計基準設定)』」)。現在，日本の公的統計で適用されている季節調整法は，主に米国商務省センサス局で開発された，移動平均の考え方を使った統計的な手法「X-12-ARIMA」である。なお，2012年に米国センサス局が独自に作成配布を行っている季節調整プログラムは，「X-12-ARIMA」から「X-13ARIMA-SEATS」へ更新されている。「X-13ARIMA-SEATS」は，スペイン中央銀行の協力を得て米国センサス局が開発したものである。

季節調整値では季節要因による変動が除かれ，当月と前月や前前月などとの比較が可能となり直近の動向を確認することができるため，精度の高い比較や分析が可能となる。

原数値と季節調整値は，目的に合わせて使い分ける必要がある。企業にとって消費の需要に季節性がある場合には，季節性を含んだデータを基に商品の生産量を決める必要がある。また，行政機関が失業者（職を探している人）に対しての対策を検討するためには，実際にどの程度の失業者が存在しているのかを把握し，失業者が増加する時期を踏まえて対策を講じる必要がある。したがって，完全失業率のように月月の動きが重要な意味をもつものでは，主に季節調整値が公表され，季節調整する前の原数値も併せて公表される。一方，就業者数のように，人数規模等の水準が重要な意味をもつものでは，主に原数値が公表され，季節調整値も併せて公表される。原数値をみる場合には季節変動の影響を考慮し，１年前の同じ月と比較した分析をするのが一般的である。

図Ｖ－２－４は，2014年と2015年の完全失業率の季節調整値と原数値を折れ線グラフで表現したものである。

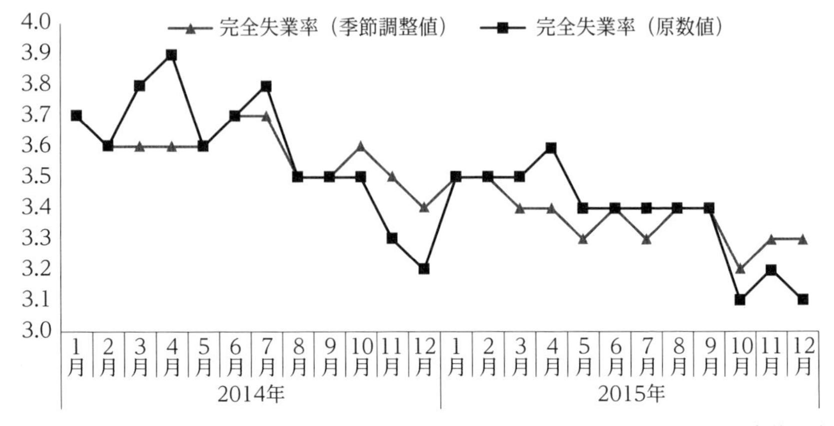

（総務省統計局「労働力調査長期時系列データ『月別結果―全国，月別結果の季節調整値及び原数値　a－1主要項目』」より）

図Ⅴ－２－４　2014年と2015年の完全失業率の季節調整値と原数値の折れ線グラフ

⑥ 連鎖指数

連鎖方式とは，前年（前期）のウエイトを基準にラスパイレス方式，またはパーシェ方式で指数を作成し，それを１年目から比較時まで順順に掛け合わせることによって指数を作成する方法で，常に前年（前期）が基準時となるという特徴がある（寺林暁良，2009）。

連鎖方式は，特異な統計変動があった時にそれを引きずってしまうという問題点も指摘されている（これを「ドリフト」という）が，基準時と比較時が離れてしまうことがないため，バイアスの発生を最小限に抑えることができる指数作成法として評価されている。

日本では，2004年７～９月期の第２次速報から「GDP デフレーター」の算出に連鎖方式が導入され，バイアスの発生を抑え，最近のウエイト構造を踏まえた指標となっており，消費者物価指数や国内企業物価指数などでも，参考指数として連鎖方式による指数が公開されている。

連鎖方式は，前期の指数に，前期の指数水準を100に基準化して当期を計算した指数を乗算していくことで，指数を鎖のように繋いでいくことにより求められる。

例えば，３年目の指数であれば以下のように計算できる。

（１年目の指数）×（１年目を基準に２年目を計算した指数）
×（２年目を基準に３年目を計算した指数）　　（5. 2. 11）

（総務省統計局「2015年基準消費者物価指数の解説『付４　ラスパイレス連鎖基準方式による指数の作成』」）

⑦ 景気動向指数と CI・DI

(イ) 景気動向指数とは

景気動向指数は，生産，雇用などさまざまな経済活動での重要かつ景気に敏感に反応する指標の動きを統合することによって，景気の現状把握及び将来予測に資するために作成された指標である。

景気動向指数には，コンポジット・インデックス（CI）とディフュージョン・インデックス（DI）がある。　　（内閣府「景気動向指数の利用の手引き」）

(ロ) コンポジット・インデックス（CI）

CI は，構成する指標の動きを合成することで景気変動の大きさやテンポ（量感）を，DI は構成する指標のうち改善している指標の割合を算出することで，景気の各経済部門への波及の度合い（波及度）を測定することを主な目的としている。

従来，景気動向指数は DI を中心とした公表形態であったが，近年，景気変動の大きさや量感を把握することがより重要になり，2008年４月値以降，CI を中心とした公表形態に移行した。DI も景気の波及度を把握するための重要な指標なので，参考指標として引き続き作成・公表している。なお，景気転換点の判定にはヒストリカル DI を用いている。

CI と DI には，それぞれ，景気に対し先行して動く先行指数，ほぼ一致して動く一致指数，遅れて動く遅行指数の３つの指数がある。景気の現状把握に一致指数を利用し，先行指数は一般的に一致指数に数カ月先行するので，景気の動きを予測する目的で利用する。遅行指数は，一般的に一致指数に数カ月から半年程度遅行するので，事後的な確認に用いる。

CI と DI は共通の指標を採用しており，現在は先行指数11，一致指数10，遅行指数９の30系列である。採用系列は概ね景気が１循環（谷→山→谷）するごとに見直しを行っており，現行30系列は，第15循環の景気基準日付確定時（2015年７月）に選定されている。先行指数の系列には，消費者態度指数や東証株価指数など11項目がある。一致指数の系列には，生産指数（鉱工業）や有効求人倍率（除く学卒）など10項目がある。遅行指数の系列には，家計消費支出（勤労者世帯，名目，前年同月比）や完全失業率など９項目がある。完全失業率は，景気拡張期に下降する逆サイクルの系列である。

景気動向指数は，各経済部門から選ばれた指標の動きを統合して単一の指標によって景気を把握しようとするもので，すべての経済指標を総合的に勘案して景気を捉えようとするものではないことに留意する必要がある。

CI は，主として景気変動の大きさやテンポ（量感）を測定することを目的としている。一般的に，CI 一致指数が上昇している時は景気の拡張局面，低下している時は後退局面であり，CI 一致指数の動きと景気の転換点は概ね一致する。

CI 一致指数の変化の大きさから，景気の拡張または後退のテンポを読み取る。例えば景気の拡張局面においても，CI 一致指数が単月で低下するなど，不規則な動きも含まれることから，移動平均値をとることにより，ある程度の期間の月月の動きをならしてみることが望ましい。

毎月の統計表には，足下の基調の変化をつかみやすい３カ月後方移動平均と，足下の基調の変化が定着しつつあることを確認する７カ月後方移動平均をあわせて掲載している。

景気の基調をみる上では，経済活動の拡張（又は後退）がある程度の期間持続しているか，またある程度の大きさで変化しているかが重要である。したがって，CI 一致指数が続けて上昇（又は下降）していても，その期間が極めて短い場合は，拡張（又は後退）とみなすことは適当でない。また，CI 一致指数がこれまでの基調と逆方向に十分に振れてから，その基調が変化したとみなすことが望ましい。

(ハ) ディフュージョン・インデックス（DI）

DI は，景気拡張の動きの各経済部門への波及度合いを測定することを主な目的とする。DI は採用系列のうち改善している指標の割合のことで，景気の各経済部門への波及の度合いをあらわす。月月の振れがあるものの，DI 一致指数は景気拡張局面では50％を上回り，後退局面では下回る傾向がある。

DI は，景気の拡張が経済活動の多くの分野に浸透したことを示す指標であり，景気拡張が加速していることを示すものではない。また，毎月公表される DI は，景気転換点を判定するヒストリカル DI とは異なる指標である。

DI は景気の各経済部門への波及の度合いをあらわす指標であり，各採用系列が大幅に拡張しようと，小幅に拡張しようと，拡張系列の割合が同じならば DI は同じ数値となる。

CI は景気の強弱を定量的に計測する指標であり，DI が同じ数値で計測されたとしても，各採用系列が大幅に拡張していれば CI も大幅に上昇し，各採用系列が小幅に拡張しているならば CI も小幅に上昇する傾向がある。

CI は，DI では計測できない景気の山の高さや谷の深さ，拡張や後退の勢いといった景気の「量感」を計測することができる。一方，DI が異なる数値で計測されたとしても，多くの系列で小幅に拡張した時と，一部の系列が大幅に上昇した時とで，同じ CI の上昇幅が得られる場合がある。CI の変化幅そのものからは経済部門の相違を把握することが難しいため，CI の変化幅に対する各採用系列の寄与度や DI をあわせて利用することが望ましい。

「景気動向指数 平成28年６月分（速報）」を基に DI と CI について説明する。基準年は2010年であり，2010年を100として変化を示す。

2016年６月の CI（速報値・平成22（2010）年＝100）は，先行指数98.4，一致指数110.5，遅行指数112.0である。

先行指数は前月と比較して横ばいとなり，３カ月後方移動平均は0.20ポイント上昇し２カ月連続の上昇となっている。７カ月後方移動平均は0.27ポイント下降し，11カ月連続の下降となっている。

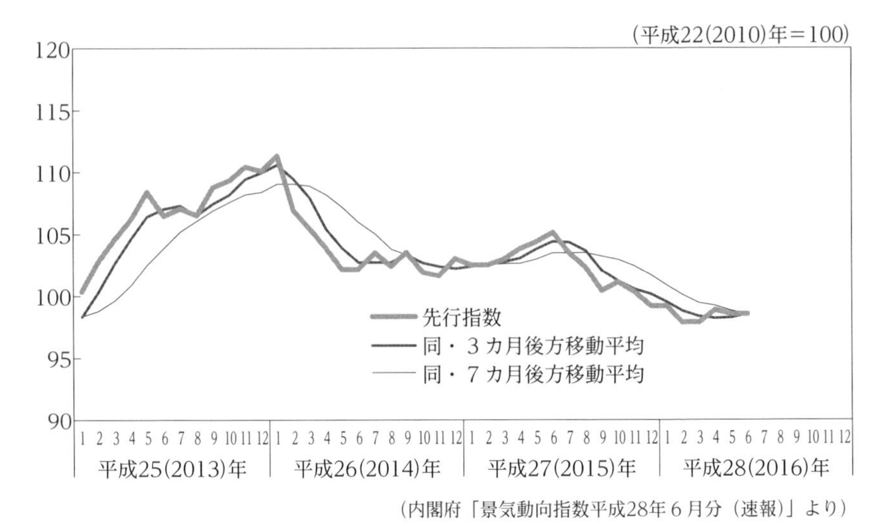

（内閣府「景気動向指数平成28年６月分（速報)」より）

図Ｖ－２－５ CI 先行指数の推移

一致指数は前月と比較して1.3ポイント上昇し，２カ月ぶりの上昇となっている。３カ月後方移動平均は0.17ポイント上昇し，２カ月ぶりの上昇となっている。７カ月後方移動平均は0.18ポイント下降し，２カ月連続の下降となっている。

遅行指数は前月と比較して0.5ポイント上昇し，２カ月ぶりの上昇となっている。３カ月後方移動平均は0.30ポイント下降し，２カ月連続の下降となっている。７カ月後方移動平均は0.23ポイント下降し，２カ月連続の下降となっている（「図Ｖ－２－５」を参照)。

⑧ ローレンツ曲線とジニ係数

ローレンツ曲線とジニ係数は，累積相対度数を応用し格差を統計的に測る指標であり，分布の集中度や不平等度を測ることにも用いることができる。

2015（平成27）年の家計調査における２人以上の世帯の10分位階級ごとの平均年間収入（世帯を年間収入が少ない順に並べ10等分した階級ごとに年間収入の平均を求めたもの）を用いて，ローレンツ曲線とジニ係数について説明する(「表Ｖ－２－２」を参照)（総務省統計局「家計調査『よくある探し方 収入階級別

表Ⅴ－２－２　平成27(2015)年の家計調査での２人以上の世帯の10分位階級ごとの平均年間収入と相対度数，累積相対度数と世帯数の累積相対度数

階級	1	2	3	4	5	6	7	8	9	10
年間収入10分位階級	219	306	360	414	479	557	646	757	914	1,450
年間収入の相対度数	0.04	0.05	0.06	0.07	0.08	0.09	0.11	0.12	0.15	0.24
世帯数の累積相対度数	0.10	0.20	0.30	0.40	0.50	0.60	0.70	0.80	0.90	1.00
年間収入の累積相対度数	0.04	0.09	0.15	0.21	0.29	0.38	0.49	0.61	0.76	1.00

の統計表』」)。

ローレンツ曲線を作図し，ジニ係数を求めるためには，世帯数および年間収入それぞれの累積相対度数を求める必要がある。

世帯数については，10等分しているので各階級の相対度数はすべて0.1となり，年間収入については，全体の総収入のうち各階級の占める割合が相対度数となる。

これらを累積することで累積相対度数が求められ，この２つの累積相対度数を縦軸と横軸にとって折れ線グラフで表現したものがローレンツ曲線になる。もっとも格差がなく全世帯の収入が等しい場合には，ローレンツ曲線は対角線である均等分布線に一致する。もっとも格差が激しく１世帯が収入を独占している場合には，ローレンツ曲線は枠線横の右端と枠線縦の上端をつないだ線（┘字形）となる。

ローレンツ曲線が２つの状況のどちらに近いかで，格差の有無を視覚的に把握できる。図Ⅴ－２－６のローレンツ曲線は，均等分布線ともっとも格差が激しい枠線横の右端と枠線縦の上端をつないだ線（┘字形）の中間付近に分布しており，日本全体の収入の格差はそれほど大きくないと考えられる。

ローレンツ曲線で視覚的に把握した格差を，数値であらわしたものがジニ係数となる。ジニ係数は，下側の直角三角形の面積のうち，ローレンツ曲線と対角線（均等分布線）とで囲まれる領域の面積がどの程度を占めているかで定義される。ジニ係数は，１に近いほど格差が大きくなり，０に近いほど格差は小さいことになる。

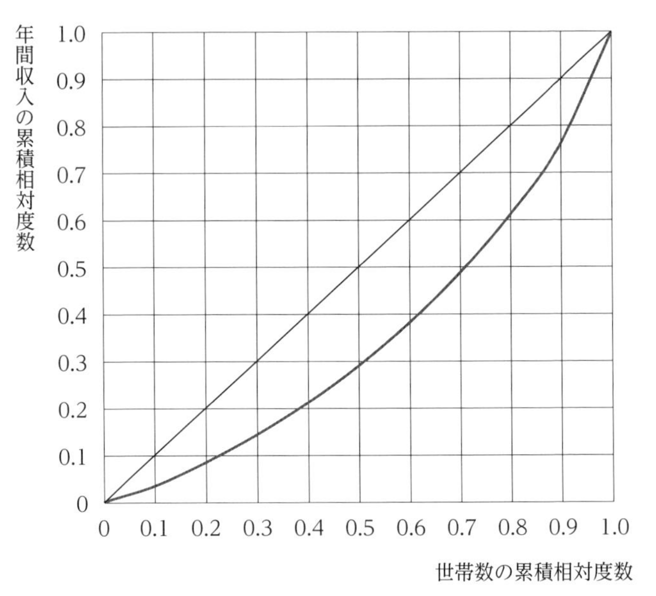

図Ⅴ－２－６　平成27年(2015年)の家計調査での二人以上の世帯の10分位階級ごとの平均年間収入のローレンツ曲線

ローレンツ曲線の下側の面積は台形であるので，階級ごとに台形の面積を((上底＋下底)×高さ)/２により求め，その和を求めて対角線（均等分布線）の下側の面積0.5 (＝(１×１)/２）より引けばローレンツ曲線と対角線（均等分布線）とで囲まれる領域の面積を求めることができる。

例えば，階級１と２の部分で構成される台形の面積は

$$((0.04+0.09)\times 0.1)/2=0.0065$$

と計算できる。

同様にして，ローレンツ曲線の下側の台形部分の面積の和を求めると0.352となる。ジニ係数の値は（0.5－0.352)/0.5＝0.296と計算でき，それほど大きな値とはいえない。ジニ係数からは日本全体の収入の格差はそれほど大きくないと考えられる。

 視聴率調査の設計と時系列データの分析の実際

本稿Ｖ－３からＶ－５では，視聴率調査や広告効果測定調査といった産業界における継時調査の活用と，その時系列データの分析の事例を紹介する。これらの事例は，いずれも調査対象者を日常生活の営みの中で測定する実験手法を用いている。

(1) 視聴率調査の設計

① 調査対象者

日本における代表的な視聴率調査は，（株）ビデオリサーチの機械式テレビ視聴率調査である。この調査は全国27地区で行われており，地区ごとに調査対象を抽出して調査を実施している。

調査対象者は，各地区の調査エリアに居住している自家用テレビ所有世帯である。世帯を母集団とした世帯視聴率のほかに，一部の地区では個人視聴率も機械で測定しており，世帯調査の対象世帯内の４歳以上の個人が対象となっている。

② 調査対象者の抽出方法

視聴率調査の対象となる世帯は，統計学の理論に基づいて確率比例抽出法で抽出している。まず，国勢調査の世帯数データを基に調査エリア内の総世帯数を求め，次に調査エリア内総世帯数を調査対象世帯数で除して，抽出間隔（インターバル）を決める。仮に関東地区のエリア内総世帯数を18,000,000世帯とすると，調査対象世帯数が900世帯なので，インターバルは18,000,000÷900＝20,000となる。乱数表を用いてインターバルよりも小さな数字をひとつ選び，最初の調査対象世帯の位置（スタートナンバー）とする。スタートナンバーにインターバルを加算していき，選ばれる世帯の番号を求めていく。

これらの番号に該当する世帯に調査協力を依頼する。調査協力が得られないなど調査不能であった場合は，同地点より世帯特性に基づき「代替世帯」を抽

出する。

③ 調査方法

世帯視聴率と個人視聴率を同時に調査している地区では，ピープルメータ（ＰＭ）という機械式調査システムを用いている。

家庭内の，最大８台までのテレビの視聴状況を測定する。チャンネルセンサーで視聴しているチャンネルを測定するとともに，ＰＭ表示器には世帯内の各個人のボタンがあり，視聴の開始時と終了時にそれを押すことにより，個人の視聴を登録してもらう。ボタンには個人の顔のイラストをつけ，入力確認がしやすいよう工夫している。リモコンによる遠隔操作も可能になっている。調査対象者は，世帯内の４歳以上の家族全員である。

測定した視聴データは，オンラインメータに転送され，記録される。記録されたデータは，データ通信回線（インターネット回線もしくは電話回線）を利用して，毎日，早朝に自動ダイヤルによりデータセンターに送信される。

世帯視聴率・個人視聴率とも，最小単位は１分である。それらの毎分視聴率を基に，世帯単位や年齢区分ごとの番組視聴率や時間区分視聴率を集計する。

調査結果は，ビデオリサーチの Web によるデータサービスシステムである iNEX３により，契約企業やテレビ局，広告会社などに提供される（(株) ビデオリサーチホームページ)。

(2) 視聴率調査の時系列データの分析

① 視聴率の計算方法

世帯視聴率も個人視聴率もデータの最小単位は「毎分視聴率」で，番組（時間帯）の視聴率集計を行う時は，この毎分視聴率をもとに計算する。

表Ⅴ－３－１は，5世帯を対象に調査していると仮定した場合の，ある１分の視聴状況を示している。１台でもテレビの電源が ON になっていれば，その世帯はテレビをみているとみなす。５世帯中３世帯がテレビをみているので，総世帯視聴率（HUT：Households Using Television）は下記のとおりである。

表Ｖ－３－１　５世帯の視聴状況

		TV 1	TV 2	TV 3	TV ON/OFF	局のカウント
佐藤家	TV３台所有	A局	A局	OFF	ON	A局＝１
鈴木家	TV２台所有	OFF	OFF		OFF	
田中家	TV１台所有	A局			ON	A局＝１
山田家	TV１台所有	OFF			OFF	
佐々木家	TV２台所有	B局	C局		ON	B局＝１ C局＝１
					ON＝３	A局＝２ B局＝１ C局＝１

$$総世帯視聴率(\mathrm{HUT}) \Rightarrow \frac{3\,世帯}{5\,世帯} = 60\%$$

総世帯視聴率は，テレビ放送を放送と同時に視聴している世帯の割合である。

佐藤家はTV１とTV２が両方ともA局になっているが，佐藤家（世帯）としてみるとA局のカウントは１となる。佐々木家はTV１がB局，TV２がC局となっているので，カウントはB局，C局とも１カウントずつになる。各放送局の視聴率は，下記の式に従って計算される。

$$各局の視聴率 \Rightarrow \mathrm{A}局\ \frac{2\,世帯}{5\,世帯} = 40\% \qquad \mathrm{B}局\ \frac{1\,世帯}{5\,世帯} = 20\%$$

$$\text{C局}\ \frac{1\text{世帯}}{5\text{世帯}}=20\%$$

各局の視聴率を基に，占拠率も計算できる。占拠率とは，各局の視聴率の合計を100として，そのうち特定局または番組の占める割合のことである。各局の占拠率の算出のために，まず各局の視聴率を合計して占拠率を算出するための母数を作る。

$$\text{A局}40\%+\text{B局}20\%+\text{C局}20\%=80\%$$

次に，下記の式に従って各局の占拠率を計算する。

$$\text{A局}\ \frac{40\%}{80\%}=50\% \qquad \text{B局}\ \frac{20\%}{80\%}=25\%$$

$$\text{C局}\ \frac{20\%}{80\%}=25\%$$

ちなみに，各局の視聴率の合計と総世帯視聴率の関係は，40％＋20％＋20％≧60％となる。各局の視聴率の合計が総世帯視聴率と同等か，上回る理由は，世帯内の複数のテレビを調査しているためである。

「どのような人がどれくらいテレビを視聴したか」を示す個人視聴率も，毎分視聴率が最小単位になる。個人視聴率調査の対象者は世帯内における４歳以上の家族全員である。

対象者の中で何％の人がテレビをみていたかを示す指標である「全局」視聴率は，下記の式で求められる。

$$\text{全局視聴率}=\frac{\text{テレビをみていた人数}}{\text{調査対象世帯内の4歳以上の家族全員}} \tag{5.3.1}$$

また，特定の局（例えばA局）をみていた人の割合を示す局別視聴率は，下記の式で求められる。

表Ⅴ－３－２　８時から10分間の毎分視聴率

時間	8:00	8:01	8:02	8:03	8:04	8:05	8:06	8:07	8:08	8:09	10分間の視聴率の合計
A局	15.0	15.0	25.0	30.0	25.0	20.0	20.0	25.0	15.0	10.0	200.0
B局	10.0	10.0	30.0	20.0	10.0	5.0	2.0	3.0	5.0	5.0	100.0
C局	25.0	25.0	20.0	35.0	35.0	50.0	55.0	60.0	50.0	45.0	400.0

$$局別視聴率=\frac{\text{A局をみていた人数}}{\text{調査対象世帯内の４歳以上の家族全員}} \qquad (5.3.2)$$

テレビ番組の視聴率も，毎分視聴率から計算している。毎分視聴率の合計を番組の放送分数で除算したものが番組平均視聴率である。

表Ⅴ－３－２は，A，B，C局が８時から10分間の番組を放送している場合の毎分視聴率を示している。各局の世帯視聴率（毎分視聴率）は，10分間でそれぞれ10個ずつある。この10分番組の世帯視聴率は，A局20.0%，B局10.0%，C局40.0%となる。このように，番組の世帯視聴率は毎分世帯視聴率の合計を番組の放送分数で除算したもの，即ち平均したものである。

$$番組平均世帯視聴率=\frac{\text{番組の放送時間内における１分ごとの視聴率の合計}}{\text{番組の放送分数}} \qquad (5.3.3)$$

ここでは10分番組を例にしたが，番組ごとだけでなく特定の時間帯で区切り，同じように平均視聴率を計算することができる。

② 毎60分時系列データの比較

図Ⅴ－３－１は，毎60分全局平均世帯視聴率の1997年，2007年，2017年の年間平均を示している。一般的に視聴率が高いゴールデンタイム（19時～22時），プライムタイム（19時～23時）と呼ばれる時間帯で，視聴率が低下している様子がうかがえる。「テレビ離れ」といわれるが，実際はどの時間帯でも視聴率が低下しているのではなく，28時台（午前４時台），５時台，６時台

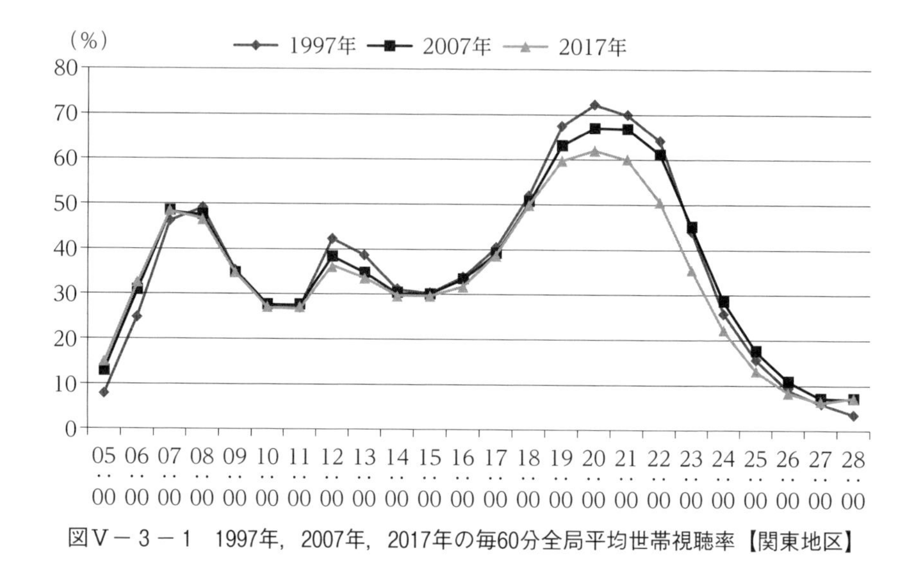

図Ⅴ－３－１　1997年，2007年，2017年の毎60分全局平均世帯視聴率【関東地区】

といった早朝の時間帯では視聴率の上昇が見受けられる。

なお，関東地区では，放送から７日内での録画による番組の視聴（タイムシフト視聴）の実態を2016年10月から測定しているが，図Ⅴ－３－１は放送時間と同時間に視聴するリアルタイムの視聴率を示している。

③ 番組平均世帯視聴率データの時系列比較

毎年大晦日に放送されている「NHK 紅白歌合戦」は，ニュースをはさんで１部と２部に分かれている。図Ⅴ－３－２は，この形式を採用した1989年から2018年までの「NHK 紅白歌合戦２部」の番組平均世帯視聴率を示している。

1990年から1998年までの番組平均世帯視聴率は，概ね50％から60％の間を推移している。1998年をピークに，2004年までは視聴率の低下がみられるが，2004年から2018年までは概ね40％から45％の間となっており，比較的安定した動きをみせている。

1988年以前は1部制で条件が異なるため，同じグラフ上での比較は行わないが，1962年から1984年までは概ね70％から80％の間を推移していた。

視聴率に限らず，このように時系列比較はどのくらいの期間を採用するかで

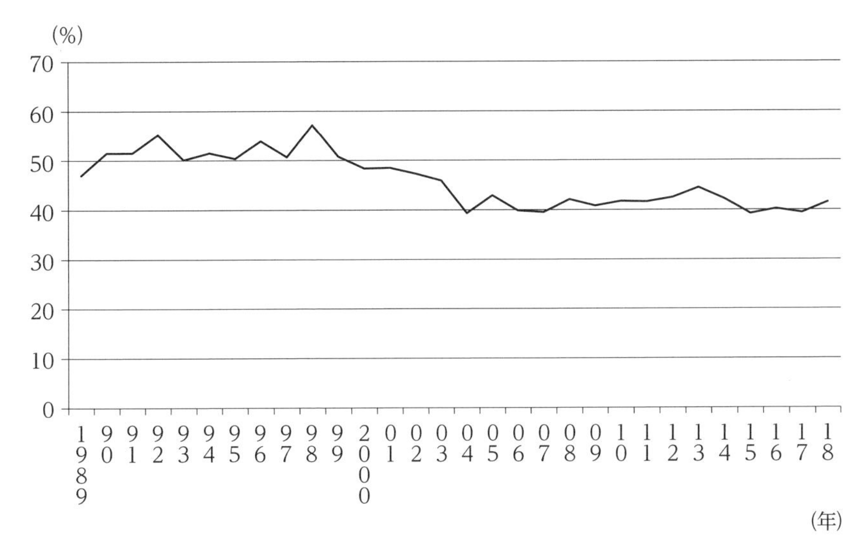

図Ⅴ－３－２　1989年から2018年までの「NHK 紅白歌合戦２部」の番組平均世帯視聴率【関東地区】

様相が異なる場合がある。したがって，分析の目的に合わせて適切な期間を選択する必要がある。

④ 累積到達率と視聴回数（リーチ＆フリクエンシー）の分析

累積到達率と視聴回数は，番組や時間帯がどれだけ多くの世帯や個人に視聴されたのか（Reach＝累積到達率），また視聴世帯（者）は何回視聴したのか（Frequency＝視聴回数）を分析するものである。

図Ⅴ－３－３は，2016年10月に開始した２つのドラマの累積到達率と総合視聴率を示したものである。なお，総合視聴率とは，リアルタイム視聴とタイムシフト視聴（放送とは別の時間にテレビをみる行為）のいずれかでの視聴を示す指標である。

総合視聴率をみると，第１週は番組Ａと番組Ｂの差が10ポイント近くあるが，番組Ｂは回を重ねるごとに上昇し，第10週で番組Ａを上回った。

一方，番組を１度でもみた世帯の割合（累積到達率）は，第１週から第11週まで一貫して番組Aの方が高いが，第４週以降両者の差は縮まっている。なお，累積到達率を算出する際には，視聴世帯を判定する条件を設定する必要がある。図Ⅴ－３－３では，継続，断続を問わず放送分数の３分の１以上を視聴すれば，「視聴世帯」と判定している。

図Ⅴ－３－４は，上記の視聴条件で判定した「視聴世帯」が，番組を何回

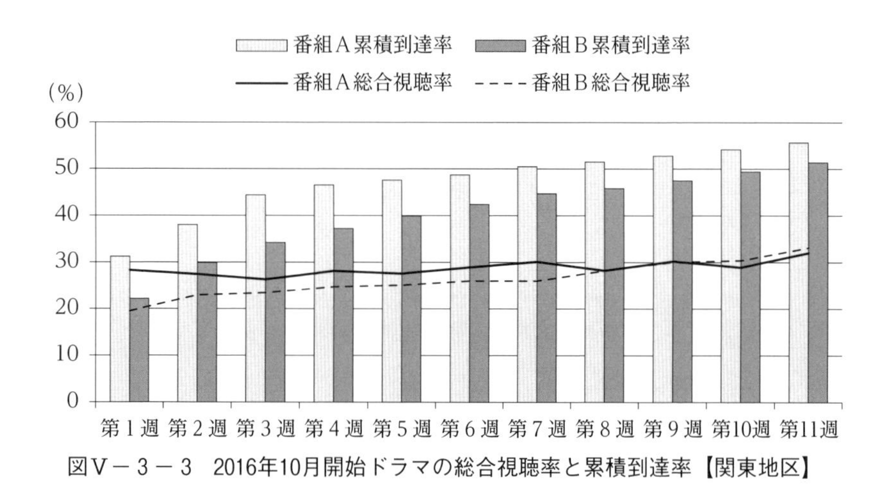

図Ⅴ－３－３　2016年10月開始ドラマの総合視聴率と累積到達率【関東地区】

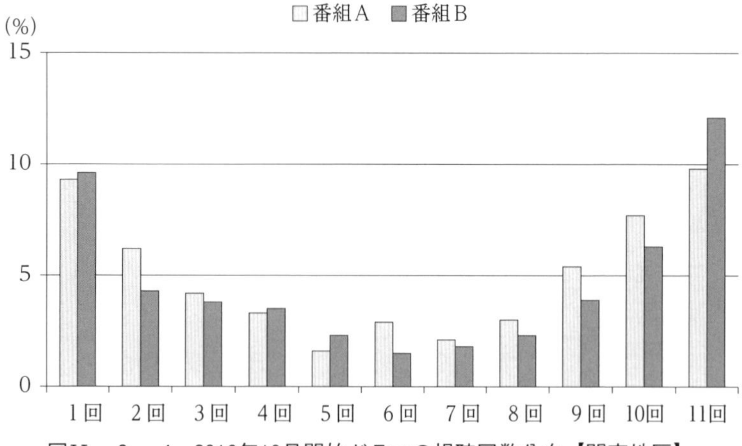

図Ⅴ－３－４　2016年10月開始ドラマの視聴回数分布【関東地区】

視聴したのかを示したものである。いずれも１回しか視聴しなかった世帯と全回視聴した世帯の割合が多い。番組Ｂは番組Ａよりも全回視聴した世帯の割合が多いが，番組Ａが一話完結型，番組Ｂが連続型というストーリーの特徴がその一因だと思われる。なお，平均視聴回数は，番組Ａが6.2回，番組Ｂが6.4回となっている。

テレビ広告とインターネット広告の相乗効果測定調査の設計と時系列データの分析の実際

(1) テレビ広告とインターネット広告の相乗効果測定調査の設計

① 調査対象者

広告効果を測定するには，事前に広告目的の明確化と目標の設定が求められる。調査対象者の選定は，その設定に従って条件が決まる。広告の一般的評価を把握することが目的であれば，特に条件を設けず一般消費者を対象に行われる。複数のマス媒体を利用して広く消費者に広告のメッセージを伝えようとする場合は，このケースにあたる。

それ以外では，例えばアルコール飲料の広告の場合にはアルコール飲用者に絞ったり，自動車保険の場合は自動車免許保有者に絞ったりするなど，該当商品・サービスのターゲット層に焦点を絞る場合もある。

また調査対象者の選定は，効果測定したい広告媒体によって影響を受けることも多い。例えば，新聞や雑誌などの特定広告の効果測定の際には，該当新聞あるいは雑誌の購読者・閲読者に限定して調査が行われる。またインターネット広告の効果測定では，調査対象はサイト閲覧者のアクセスになり，広告の露出数やクリック数などが機械的に取得されることで，広告出稿とクリックの実態把握がシステム化されている。これらのように，媒体によってあるいは広告の種類によって，対象者の選定は多岐にわたるのが実情である。しかしながら，いずれの場合もそうして抽出した対象者は，ある特定の集団を代表しているということが担保されなければならず，標本抽出に際しては緻密さが求められる。

② 広告効果調査パネルの概要

広告の評価指標は，主に次の３つに集約される。ひとつめは「広告自体の評価」で，主な指標として広告認知率や広告好意度などがあげられる。２つめは広告の「ブランドに対する貢献」で，ブランド知名率や想起率，購入意向度などがあげられる。以上はアンケート調査によって取得できる。３つめの視点は広告による「行動喚起」で，売り上げ，来店数やサイト訪問数，資料請求数など企業が保有する管理指標である。これらの指標と，広告費や広告量との関係性から効果が評価される。

では広告効果調査について，本稿のテーマである「継時調査と時系列データの分析」との関連でいえば，次の２つがあげられる。ひとつめはキャンペーンの事前と事後に同一の対象者に調査を実施し，評価指標の変化を検証する手法（事前/事後比較調査）である。２つめは，定期的に結果指標を取得する調査を実施し，広告費や広告量との関係性を集計済みデータで解析する手法（定点調査）である。

ひとつめの手法の場合，対象者が目的の広告に接触したかどうかを測定する仕掛けが必要となる。そこで広告接触の有無を判定するために，対象者にメディア接触に関する調査が必要となる。しかし，新聞や雑誌の場合は広告が掲載された紙面接触の有無を聞き取って代用させることが可能だが，テレビやインターネットの場合，広告が露出された番組やサイトの接触有無は聞き取れても，果たして本当にその対象者が評価したい広告に接触したのかは疑わしい。これを正確に把握するために，その視聴実態を機械やアプリケーションで測定する調査が必要である。

このような調査環境に応じて，（株）ビデオリサーチの「VR　CUBIC」と呼ばれるパネル調査は，人びとのテレビ視聴とパソコン，タブレット，スマートフォン等のインターネット接触を機械的に毎日測定している。

同パネルの概要は，下記のとおりである（（株）ビデオリサーチ，ホームページ）。

- 調査地区　　　　…　関東１都６県
- 調査対象標本数　…　5,000標本

- 対象者　　　…　満15歳～69歳男女個人
- 対象者条件　…　インターネット利用者
- 測定データ　…　テレビ視聴（機械式），PC・スマホ・タブレットのネット接触（Cookie 照合/ログ取得），プロフィール（デモ特性，生活意識，商品関与など），広告効果（広告認知など）

このパネル調査から得られたデータを利用した広告効果調査の内容と分析について，以下にまとめた（「図V－４－１」を参照）。

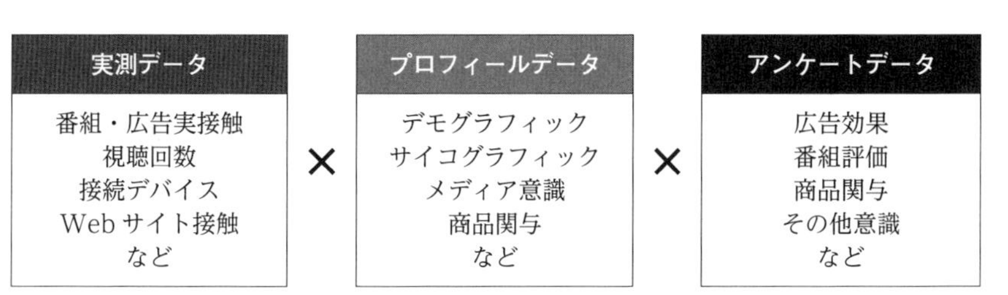

図V－４－１　広告効果を把握する仕組み

テレビ視聴測定機を設置するので，対象者には一定の期間，調査に協力してもらう。対象者のプロフィールが事前に捕捉されているので，対象者条件に適う人を抽出し，対象として広告評価調査を実施することができる。テレビ広告では，例えば関東地区のどのチャンネルで何の CM が流れたかがほかのデータで把握できているので，対象者のテレビ視聴ログから CM 接触の有無が判定できる。一方，ネット広告の場合は，特別なタグを広告に付随させて接触判定を行う。これにより，事前/事後で，例えばテレビ広告とインターネット広告の相乗効果を標本別に把握できる。さらに，それによって何回程度の接触が有効かといった分析も可能である。

(2) 広告の相乗効果測定調査の時系列データの分析

① 時系列データの分析手法

(イ) 事前/事後比較調査における差の差法（DID 法）

この手法は，DID 法（Difference in Differences Method）と呼ばれる。広告出稿前後で結果指標，例えばブランドの購入意向度を聴取して差分を測ることで効果を把握する（山口慎太郎，2016）。この際には，広告接触者と非接触者に分けて変化を比較する。何故なら事前と事後の間の時間経過によって，市場環境が変化したり（例えば季節変動），広告の忘却が起こるためである。これにより，広告の正味の貢献より高くみえたり，あるいは広告効果が無かったようにみえたりする。このため，事前/事後比較調査においては，対象者の広告接触の有無を把握することが必要になる。

図Ⅴ－４－２は，差の差法によって正味の広告効果を把握する概念図である。広告出稿後の購入意向度は，広告非接触者も向上している。この上昇分は広告以外の環境要因による変化と考えられる。そこでこの上昇分は，広告接触者の側にも共通に働くと考える。それが図Ⅴ－４－２に示した「平行トレンド仮定」である。一方広告接触者の購入意向度は，広告非接触者の上昇分よりさらに事前 / 事後のスコア差が大きいが，この仮定による上昇分を除くことに

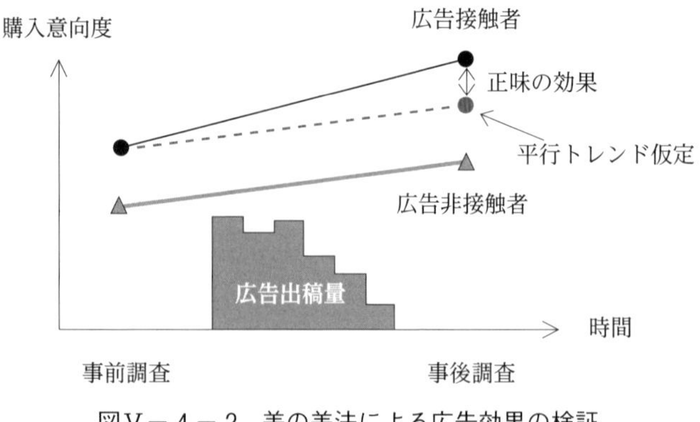

図Ⅴ－４－２　差の差法による広告効果の検証

よって正味の広告効果が把握できる。

平行トレンド仮定が成立しているかどうかは検証が不能なため，結果指標（ここでは購入意向度）に影響を与え，広告接触の有無にも相関を持つ要因がないかの検討が必要である。例えば，商品が明らかに高年齢主婦層向けの場合，それらの購入意向度は他の層より高くなる。高年齢主婦はテレビ広告に接触する可能性も他の層より高いので，上述の分析では広告接触者に多く含まれる可能性が高くなりそうである。これでは平行トレンド仮説は成立しないので，予め性・年齢層を分けて比較するなどの処理が必要となる。あるいは傾向スコアによる補正が考えられるが，時系列分析のテーマから外れるのでここでは取り上げない。

(ロ) 定点調査における時系列モデリング

この方法は広告自体の評価には不向きであるが，ブランド評価や売り上げといった経営にとって重要な指標となる広告効果の把握に対して適用できる。結果指標や広告データは，それぞれのデータの時点を週単位，月単位などに揃えて集計し，時系列分析を行うことで効果を把握する。また，将来の予測を行うこともできる。

時系列データを扱う際に注意すべきことは，時系列データは並び順に意味があり，バラバラに並べ替えることはできない点である。一時点前のスコアに依存して変化するデータなのである。これは，一時点前のスコアには過去に行ってきた広告活動の成果が含まれているということを意味する。

広告には，短期的な効果と長期的な効果があると考えられている。この選別ができると，短期間における過度な広告出稿を抑えることができる。またシリーズ広告を展開している場合，長期効果の変化を把握できれば，クリエイティブの磨耗に気がつくことができる。

広告に関する時系列モデルにはさまざまな計算式が提唱されているが，有名なモデルを２つ紹介する。ひとつはどちらかといえば新ブランド向きで，他方は既存ブランドに向いたものである。

a．新ブランドの知名率・トライアル購入率モデル

新ブランドの知名率・トライアル購入率モデルとしては，TRACKER(Blattberg, R. and Golanty, J., 1978)，NEWS（Pringle, L. G., Wilson, R. D. and Brondy, E. I., 1982)，LITMUS（Blackburn, J. D. and Clancy, K. J., 1982）などがあげられる。LITMUS を参考に，次のような方式のモデルを紹介する。このモデルは，次の式に従う。

$$\log \frac{A^{*}-A_t}{A^{*}-A_{t-1}}=\alpha-\Sigma\beta X_{it} \qquad (5.4.1)$$

A_t：t 期のブランドの知名率やトライアル購入率

X_{it}：i 番目の広告量（やマーケティング変数）の t 期めの値をあらわす

β：正であることが仮定されている

このモデルの A^{*}は上限値をあらわし，最大100%である。図Ⅴ－４－３に概念図を示す。このモデルは，前期までにまだブランド名を知らない（トライアル購入していない）層に，今期の広告などマーケティング努力が作用して新

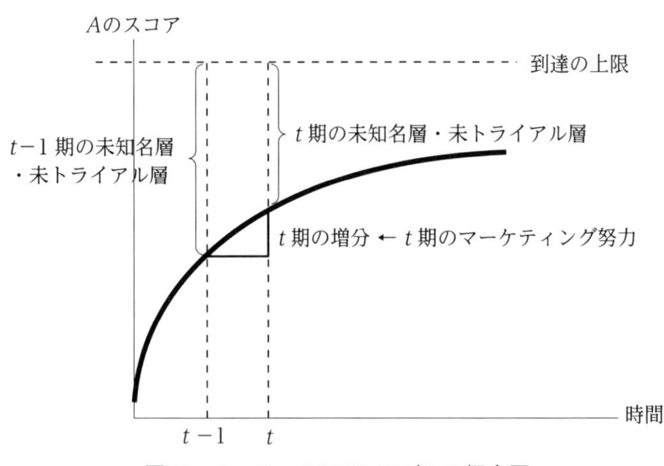

図Ⅴ－４－３　LITMUS モデルの概念図

たな知名層（トライアル層）が生じると考えるモデルである。前期までの未知名層と今期までの未知名層の比がマーケティング努力に比例すると捉えており，前期までの未知名層の割合が大きければ大きい程マーケティング努力は効果的で，逆に前期の知名層が多ければ今期は相当の努力を要することになる。

左辺の対数化は，A が広告量（やマーケティング変数）の増加に対して収穫逓減の関係にあることをあらわしている。広告に関してはその期で効果がすべて消えてしまうと考えるより，減少しつつも効果は継続することを考える方が自然である。このような長期効果を考慮するために，広告のストック（$ADSTOCKt$）を考えてデータに適用する。

$$ADSTOCK_t = \sum_{m=t}^{-\infty} (\gamma^{t-m} * GRP_m) \qquad (5.4.2)$$

この $ADSTOCK$ は広告露出時点で最大の効果を示し，その後一定の割合で効果が逓減していくことを仮定している。γ は1より小さな正の値の繰越係数で，1に近いほど長期効果が大きいことをあらわす。例えば，0.8であれば，当期100GRP（Gross Rating Point：グロス・レイティング・ポイント）出稿した効果は，次の期に80GRP 効果が継続し，次の次の期は64GRP 効果が継続すると考える。

（5.4.1）式にデータを適用し，重回帰分析によって α と β を求める。$ADSTOCK$ の繰越係数 γ については，0～1の間でもっともデータにフィットする値を適用する。これをグリットサーチという。期別の知名率やトライアル購入率の推定には，（5.4.1）式を展開し次の式にデータを順次代入して求めていく。

$$\text{知名率の増分}\ t\ (\text{またはトライアル購入率}) = A_t - A_{t-1}$$
$$= \{A^* - A_{t-1}\} * \{1 - \exp(\alpha - \Sigma\beta X_{it})\} \qquad (5.4.3)$$

b．既存ブランドのブランド評価・売り上げモデル

既存ブランドに適用できるモデルとして，古典経済学のモデルとしても有名

な Koyck モデルが広告効果の把握に適用できる（Koyck, L. M., 1954）。

$$A_t = \alpha + \sum \beta X_{it} + \gamma A_{t-1} \qquad (5.4.4)$$

A_t：t 期のブランドの知名率や想起率，または売上数量をあらわす。

X_{it}：i 番目の広告量（やマーケティング変数）の t 期目の値をあらわす。

（5.4.4）式の α は，A のベースラインをあらわす。β は，当期の目的変数 A に対する広告量（あるいはマーケティング変数）1 単位あたりの広告効果をあらわす。このモデルでは目的変数 A が維持されることを仮定しており，γ は 0 ～ 1 の値で，1 期前のスコアのうちどの程度維持されるかをあらわす。

図Ⅴ－４－４は，（5.4.4）式について A を広告想起率，X を GRP とした場合の概念図を示したものである。

このモデルでは，当期の広告想起率は，次の期には 1 期前の広告想起率となって影響を及ぼすと捉えられている。さらにその次の期では，影響を及ぼした広告想起率が 1 期前の広告想起率となるので，間接的に影響を及ぼすこと

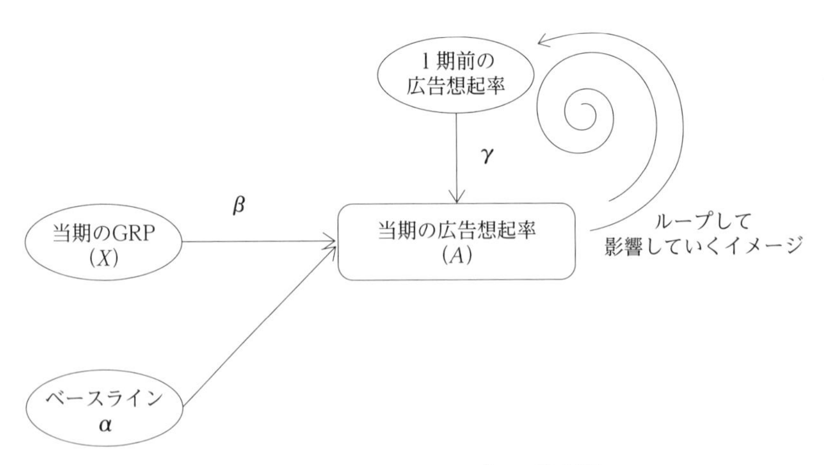

図Ⅴ－４－４　Koyck モデルの概念図

になる。つまり，無限にループして広告想起率に効果を及ぼしていくモデルになっている。

(5.4.4) 式の係数でみると，β に１期前の γ を掛けた効果，β に２期前（$\gamma \times \gamma$）を掛けた効果，β に３期前（$\gamma \times \gamma \times \gamma$）を掛けた効果…が累積されていく。これを式にすれば，$\beta^* \gamma + \beta^* \gamma^2 + \beta^* \gamma^3 + \beta^* \gamma^4 + \cdots$ のようになり，この無限項の和は無限等比級数の和の公式に従い，$\beta / (1 - \gamma)$ に収束することが知られている。この値が，長期にわたる広告の効果であると捉える。定点調査を長期間測定していると，例えば広告クリエイティブの変更などのタイミングごとにモデルが組める。この時，目的変数 A に対する短期効果 β や長期効果を把握することができる。

② 具体的分析事例

分析事例として，既存ブランドのブランド評価モデルを取り上げる。下記のデータは，ビール飲料Ａのテレビ広告想起率とターゲット GRP の推移を示している。

テレビ広告想起率はインターネット調査による継続調査で取得したもので，

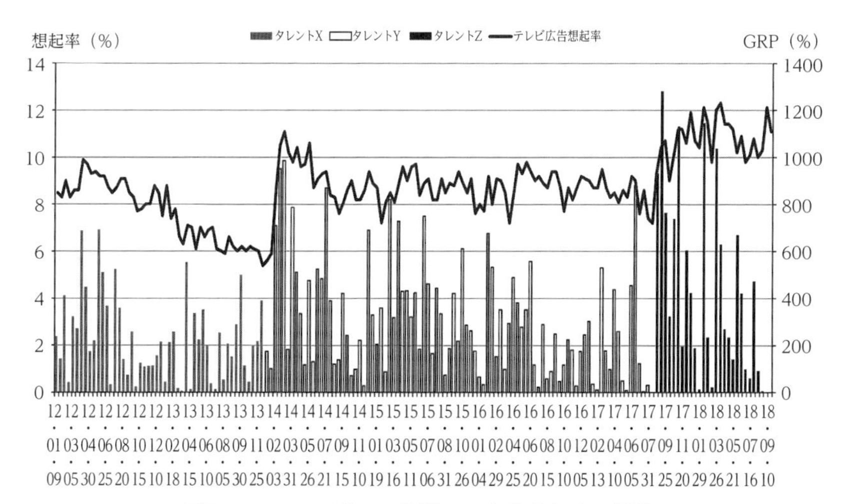

図Ⅴ－４－５　ビール飲料Ａの広告想起率の推移

20～59歳男女のスコアをあらわしている。「ビール（発泡酒など含む）と聞いて思い浮かぶ広告をあげてください」という純粋想起の質問の回答のうち，認知経路がテレビであるものに絞った回答率である。GRP（Gross Rating Points: グロス・レイティング・ポイント）は，出稿期間中に放送したテレビCMの延べ視聴率を指す。これは，テレビ広告想起率の調査対象者とは別の関東視聴率調査世帯によるもので，テレビ広告想起率の測定間隔に合わせて2週間隔で集計している。

ビール飲料Aは分析期間中に大きくは2回，CMの起用タレントを変更しトーン＆マナーを大きく改変している。図Ⅴ－4－5から，2013年は特にGRPも少なくテレビ広告想起率は6％台に低迷しているが，2014年1月に前期より5ポイント以上アップしていることが分かる。ビール飲料Aは，この時テレビ広告の大幅リニューアルを敢行した。CMタレントは，それまで他の銘柄で起用していたタレントYを異動させ話題をさらった。その約4年後，タレントZ（複数）の俳優に変え，彼らの演技力を利用しビール飲料Aのさらなる美味しさの伝達に力点をおく戦略に移行した。2017年のGRPの大きさも際立っているが，2018年は出稿量を抑えているにもかかわらずテレビ広告想起率は上昇・維持している。

分析期間後半のスコアの高さは明確だが，GRPも大きく，その量に見合う効果かは判断がつかない。そこで分析方法で説明したモデリングを行う。(5.4.4) 式の定数項αを3つのモデル期間で共通とし，広告効果係数の大きさを把握してみる。

図Ⅴ－4－6に示すように，短期効果はGRPの係数値で，1GRPあたりのテレビ広告想起率を高めるチカラを示す。事例ではタレントX期よりタレントY期の方が僅かに高く，タレントZ期とはあまり差がない。例えば1000GRP投下すると，タレントZ期では1.39ポイント，当期のテレビ広告想起率を押し上げるチカラがあると解釈できる。

長期効果は，GRPの係数値と1期前のテレビ広告想起率の維持率から算出される通期の累積効果である。例えば，タレントZ期のCMは1000GRP投

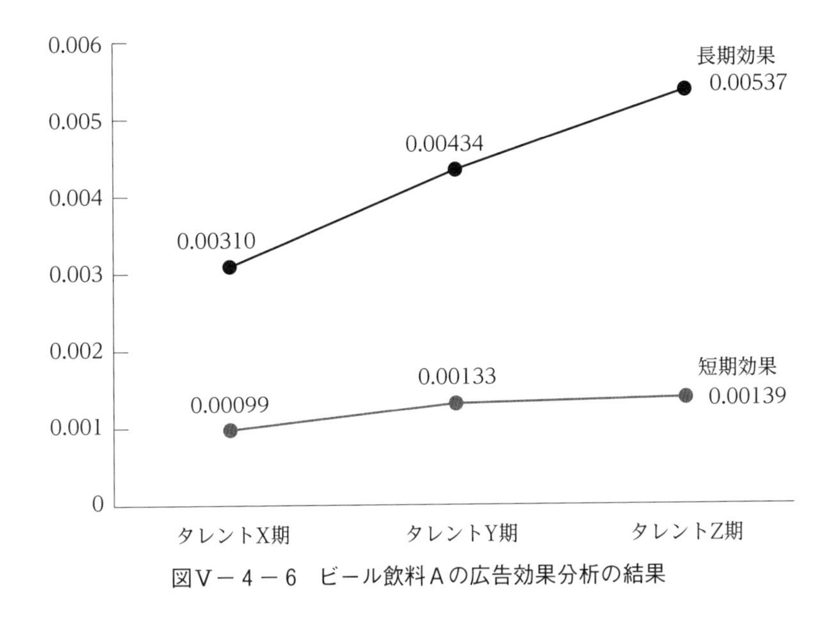

図Ｖ－４－６　ビール飲料Ａの広告効果分析の結果

下すると，長期の累積効果は5.37ポイントに及ぶ（収束する)。この値はタレントＹ期より高く，CM のトーン ＆ マナーの変更は改善されたと解釈できる。このように広告効果の GRP に対する効果を監視することで，広告内容の変更などの意思決定に利用することができる。

⑤ メディア・ミックス・キャンペーンの効果測定調査の設計と時系列データの分析の実際

(1) メディア・ミックス・キャンペーン効果測定調査の設計

① 調査対象者とグループ構成

本稿でとりあげる事例は，飲料メーカーＸが牛乳を原材料とする飲料Ｙについて，女性タレントを起用して1988年３月から５月にかけてテレビ，ラジオ，雑誌，フリーペーパーに広告を出稿して行ったメディア・ミックス・キャンペーンを対象に，朝日新聞社広告局（当時，現同社メディアビジネス局）が実施した実験調査のキャンペーン効果測定調査である。

キャンペーンは，1988年２月25日から５月10日までの前期と，５月12日から５月28日までの後期に分かれると考えられる。また，前期の冒頭に首都圏の主要新聞６紙に一斉に広告を出稿し，さらに前期中に４紙に出稿している。後期でも冒頭に主要５紙に一斉に出稿し，さらに後期中に６紙に出稿している。テレビ広告は特番とスポットの組合せで，スポット広告は前期に2,000GRP，前期から後期に800GRP を在京民放全局に出稿，雑誌広告は前期に女性誌５誌に，後期に女性誌３誌に出稿（うち２誌には前後期で２回ずつ出稿），フリーペーパー広告は，前期に３回，後期に１回出稿している（朝日新聞社，1989）（「図Ⅴ－５－１」を参照）。

このことを考慮して，主として新聞広告の効果を測定しようとするＡ群，キャンペーンの前期の効果を測定しようとするＢ群，前・後期のキャンペーン全体の効果を測定しようとするＣ群に分けて，調査対象者を設定している（「図Ⅴ－５－１」を参照）（朝日新聞社，1989）。

なお，この実験調査はフィールド実験で実施したので，いずれの調査対象者も日常生活の中で調査対象のキャンペーン広告に接触している可能性がある。したがって，実験室実験のように，刺激（キャンペーン広告）を提示する実験群と刺激を提示しない統制群を設定して効果を測定することができない。そこで，この実験調査の結果から測定した効果は，キャンペーン効果による主効果に，事前調査を行ったことが調査対象者に影響を与える交互作用テスト効果を含んでいる可能性がある（交互作用テスト効果は『マーケティング・リサーチに従事する人のための調査法・分析法―定量調査・実験調査・定性調査の調査法と基礎的分析法―』の「Ⅲ－４－(2) 実験の効果推定」を参照）。

調査スケジュール					新聞						TV	ラジオ	雑誌	ﾌﾘｰﾍﾟｰﾊﾟｰ
調査時点	A群	B群	C群		A紙	B紙	C紙	D紙	E紙	F紙	(全局)	G局	(6誌)	N誌
開始前	↑ 事前調査 ①<訪問面接> (n=676) ↓	↑ 事前調査 ①<訪問面接> (n=500) ↓	↑ 事前調査 ①<訪問面接> (n=500) ↓	2月23日										
				3月4日										
				24										
				25	朝刊 全7段	朝刊 全7段	朝刊 全7段	朝刊 全7段	朝刊 全7段	朝刊 全7段				
①時点	②<電話調査> (n=496)			26										
				27							特集 ↑			
				28										
				29										
				30										
				31										
				4月1日										
				2										
				3										
				4								↑		
				5							スポット			
				6							2000GRP			
				7										
				8										
				9										
				10										
				11										1/4P
				12										
				13										
				14			朝刊 全7段			朝刊 全6段				
				15										
				16		朝刊 全7段								1/4P
				17	朝刊 全7段									
				18										
				19							↓			
		↑		20										
				21										
				22										
②時点		②<訪問面接> (n=365)		23										
				24										
				25										
				26										
		↓		27										
				28									H誌	
				29										
				30										
				5月1日									I誌	
				2										
				3										
				4							特集			
				5										
				6										
				7							↑		J誌, K誌	
				8										
				9									L誌	1/4P
				10										
				11										
				12	朝刊 全7段	朝刊 全7段	朝刊 全7段	朝刊 全7段		朝刊 全5段	スポット (800GRP)			
③時点	③<電話調査> (n=430)			13										
				14										
				15										
				16							↓		M誌	1/4P
				17										
				18										
				19	夕刊RT面 全10段									
				20				夕刊RT面 全10段		朝刊 全10段				
				21		夕刊RT面 全10段	夕刊RT面 全10段		夕刊RT面 全10段					
	↑		↑	22										
				23										
				24										
④時点	④<訪問面接> (n=400)		②<訪問面接> (n=359)	25									L誌	
				26										
				27										
	↓		↓	28									H誌	

(朝日新聞社，1989より島崎修正)

図V－5－1　キャンペーン広告の出稿経過と調査の実施時期

② 調査対象者の抽出方法

飲料Ｙを飲用する層を６～17歳を中心に３～５歳の子供を加えた層と想定して，該当する子供がいる首都圏40km 圏に居住する世帯を調査対象とし，商品の購入者である同世帯の主婦を調査回答者としている。

調査対象世帯は，キャンペーン効果測定の方法に基づいて設定したＡ，Ｂ，Ｃ３群別に，確率比例２段抽出法を用いて抽出している。１段目の抽出は，首都圏40km 圏の町丁別世帯数を基に，系統抽出法（等間隔抽出法）で町丁を抽出（各グループごとに50地点）し，２段目の抽出では抽出した町丁で３～17歳の子供のいる世帯を下記条件を用いた割当抽出法（クォーター・サンプリング）で抽出している。

各町丁での子供の年齢による対象世帯の割合	
•３～５歳の子供のがいる世帯	1
•６～11歳の子供のがいる世帯	2
•12～17歳の子供のがいる世帯	2

各群の調査回数は，Ａ群が４回，Ｂ群が２回，Ｃ群が２回である。同一対象者に調査を重ねることによる回収率・脱落率を考慮して，各群ごとに下記の調査対象世帯数を設定した。各群の全調査回答の有効回答数は，下記のとおりである（朝日新聞社，1989）。

	標本数	全体有効回答数
Ａ群	676	200
Ｂ群	500	365
Ｃ群	500	359

③ 調査方法と調査内容

調査方法は，３群ともキャンペーン開始前の事前調査と最終回の調査（Ａ・Ｃ群のキャンペーン終了時の調査とＢ群のキャンペーン前期終了時の調査）は調査員による訪問面接調査，Ａ群のキャンペーン前期中間及び後期中間の調査は電話調査である。

Ａ・Ｂ・Ｃ群の全調査の調査項目は，表Ⅴ－５－１の８問のいずれかの調査項目で構成されている（朝日新聞社，1989）。

表Ｖ－５－１　調査項目

Ｑ１	牛乳から作られた飲料の商品，銘柄の純粋想起（自由回答形式）
Ｑ２	飲料の商品，銘柄の純粋想起（自由回答形式）
Ｑ３	乳酸飲料のメーカー名，商品名の純粋想起（自由回答形式）
Ｑ４	飲料Ｙの原材料の純粋想起（自由回答形式）
Ｑ５	飲料Ｙにあてはまるイメージ（プリコード形式）
Ｑ６	飲料メーカーＸにあてはまるイメージ（プリコード形式）
Ｑ７	ここ１カ月に購入経験がある牛乳から作られた飲料（プリコード形式）
Ｑ８	ここ１カ月に世帯で飲料経験がある牛乳から作られた飲料（プリコード形式）

（朝日新聞社，1989より島崎作成）

Ａ・Ｂ・Ｃ３群の各回の調査の調査項目は，上記８問を用いて表Ｖ－５－２にように構成されている

表Ｖ－５－２　Ａ・Ｂ・Ｃ群の各調査の調査項目

	Ａ群	Ｂ群	Ｃ群
キャンペーン開始前の事前調査	Ｑ１～Ｑ８	Ｑ１～Ｑ８	Ｑ１～Ｑ８
キャンペーン前期新聞広告出稿後の調査	Ｑ１		
キャンペーン前期終了後の調査		Ｑ１～Ｑ８	
キャンペーン後期新聞広告出稿後の調査	Ｑ１，Ｑ３		
全キャンペーン終了後の調査	Ｑ１～Ｑ８		Ｑ１～Ｑ８

（朝日新聞社，1989より島崎作成）

表Ｖ－５－２の各群・各回の調査項目の組合せによって，以下の諸点の知見が得られる。

①飲料Ｙの商品，銘柄名の認知度に対する効果（Ｑ１，Ｑ２）

②飲料Ｙのメーカー名，商品名の認知度に対する効果（Ｑ３）

③飲料Ｙの商品内容（原材料）の理解度に対する効果（Ｑ４）

④飲料Ｙの商品イメージに対する効果（Ｑ５）

⑤ 飲料メーカーXのメーカー・イメージに対する効果（Q６）
⑥ 飲料Yの購入行動に対する効果（Q７）
⑦ 飲料Yの飲用行動に対する効果（Q８）

(2) メディア・ミックス・キャンペーン効果測定調査の時系列データの分析

① 時系列データ（事前/事後調査データ）の分析手法

広告実験（advertising experiment）には，実験室で被験者に対して諸条件を統制して行う実験室実験（laboratory experiment）と，日常生活の中で被験者の反応を把えようとするフィールド実験（field experiment）がある。

実験室実験では，効果測定のために広告（刺激）を提示する実験群（experiment group）と広告を提示しない統制群（control group）を設定し，両者の結果の差から効果を測定しようとする（林・上笹・種子田・加藤，1993）。

なお，実験調査法に基づく事前調査・事後調査のデータによる効果の計算は，下記の式に従う（林・上笹・種子田・加藤，1993，マルホトラ，N. K., 2004=2006）。

効果＝(事後調査結果)－(事前調査結果)　　(5.5.1)

② 具体的分析事例

(イ) 本事例の効果の分析手法

本調査は，広告キャンペーン実施前，実施中，実施後に，被験者が日常生活を送る中で実施するフィールド実験である。したがって，A・B・C群のどの被験者もキャンペーン開始後に同キャンペーンの広告に接触している可能性があり，実験室実験における広告を提示しない（広告に接触しない）統制群は存在しない。

そこで，キャンペーン全体の効果は，下記の式によって算出する。

キャンペーン全体の効果＝(C群キャンペーン終了後の事後調査

の結果）−（C群のキャンペーン開始前の事前調査の結果）

(5. 5. 2)

キャンペーン前期の効果と後期の効果の算出は，下記の式に従う。

キャンペーン前期の効果＝（B群キャンペーン前期終了後の調査結果）−（B群のキャンペーン開始前の事前調査の結果）

(5. 5. 3)

キャンペーン後期の効果＝((5.5.2)式によるキャンペーン全体の効果)−((5.5.3)式によるキャンペーン前期の効果)

(5. 5. 4)

キャンペーン前期及び後期の新聞広告出稿による効果の算出は，下記の式に従う。

キャンペーン前期の開始直後における新聞広告一斉出稿の効果＝（A群のキャンペーン前期新聞出稿直後の調査結果）−（A群のキャンペーン開始前の事前調査の結果）　(5. 5. 5)

キャンペーン後期の開始直後における新聞広告一斉出稿の効果＝（A群のキャンペーン後期新聞出稿直後の調査結果）−（B群のキャンペーン前期終了後の調査結果）　(5. 5. 6)

なお，(5. 5. 5) 式と (5. 5. 6) 式によって算出されたキャンペーン前期・後期における新聞広告出稿の効果の値は，効果全体の値に基づく修正を行う必要がある。修正値は，下記の式の値を用いる。

新聞広告効果の修正係数＝((A群のキャンペーン終了後の事後調査の結果)−(A群のキャンペーン開始前の事前調査の結果))÷((5.5.2)式によるキャンペーン全体の効果)　(5. 5. 7)

(ロ) 分析結果

以下の分析結果については，紙幅の関係で「商品，銘柄名の認知度（Ｑ１）」，「メーカー名，商品名の認知度（Ｑ３）」，「商品内容の理解度（Ｑ４）」，「購買行動（Ｑ７）」，「飲用行動（Ｑ８）」に絞った。また，Ｑ１，Ｑ２，Ｑ３，Ｑ６，Ｑ７ではさまざまな商品，銘柄名，メーカー名があげられているが，キャンペーンの対象である飲料Ｙに絞り，Ｑ４は牛乳に絞って分析結果を記述した。

ａ．キャンペーン全体を通じた効果

キャンペーン全体を通じた効果は，Ｃ群の調査結果から前掲（5.5.2）式に従って算出した。

結果は，図Ⅴ－５－２に示すとおり，キャンペーンは商品，銘柄名，メーカー名の認知度アップに大きく寄与しており，商品内容の理解度も上昇している。また，ここ１カ月の購買行動，飲用行動も増加している。

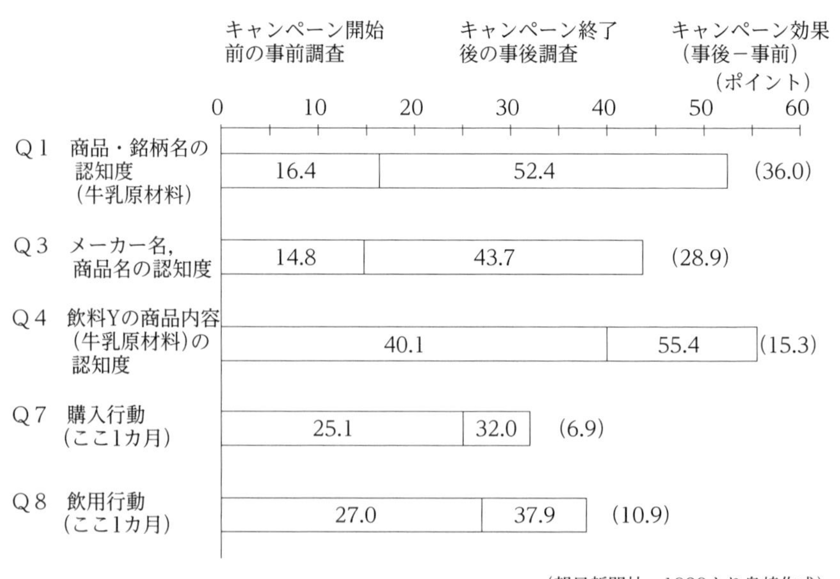

（朝日新聞社，1989より島崎作成）

図Ⅴ－５－２　キャンペーン全体を通じた効果

b．キャンペーンの前期効果と後期効果

キャンペーンの前期における効果と後期における効果の算出は，C群とB群の調査結果から前掲（5.5.3）式と（5.5.4）式に従って算出した。

この結果をみると，商品，銘柄名及びメーカ名の認知度にはキャンペーン前期の効果が大きいが，商品内容の理解度や飲用行動へは，前期，後期を通じて効果があることが分かる（「図Ⅴ－５－３」を参照)。

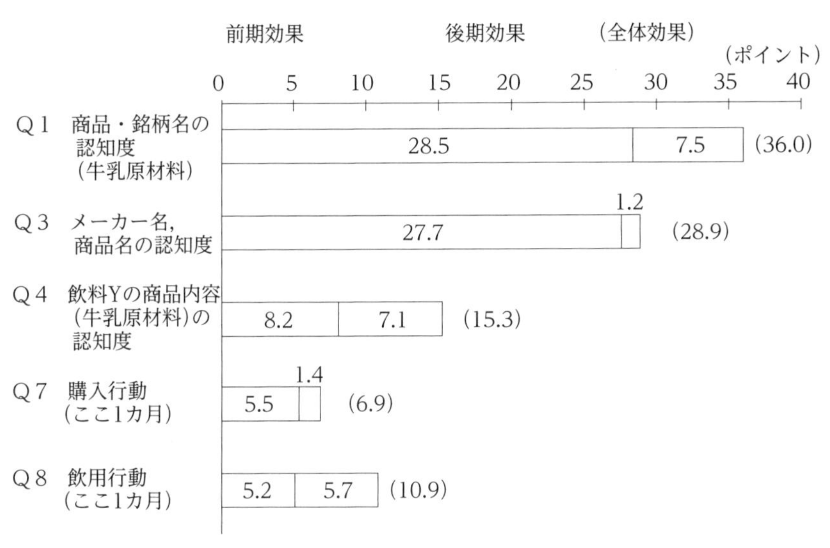

図Ⅴ－５－３　キャンペーン前期効果と後期効果

c．新聞広告の効果

新聞広告は，キャンペーン前期冒頭とキャンペーン後期冒頭の２度，一斉に同日出稿されている。キャンペーン前期冒頭の新聞広告一斉出稿時には，他メディアの広告はまったく出稿されていないので，純粋に新聞広告の効果を測定できる。キャンペーン後期の新聞広告一斉出稿時には，キャンペーン後期開始前後，新聞広告一斉出稿前にテレビのスポット広告や雑誌広告の出稿が始

まっており，新聞広告の純粋な効果の測定を行うことは難しい。そこで，ここではキャンペーン前期の新聞広告の効果をとりあげた。調査項目は，表Ⅴ－５－２に示すとおり，商品，銘柄名の認知度（牛乳原材料）（Ｑ１）のみである。

効果は，前掲（5.5.5）式に従って算出し，キャンペーン全体の効果の値に合わせて修正するため，前掲（5.5.7）式の係数を用いて修正した（「図Ⅴ－５－４」を参照）。

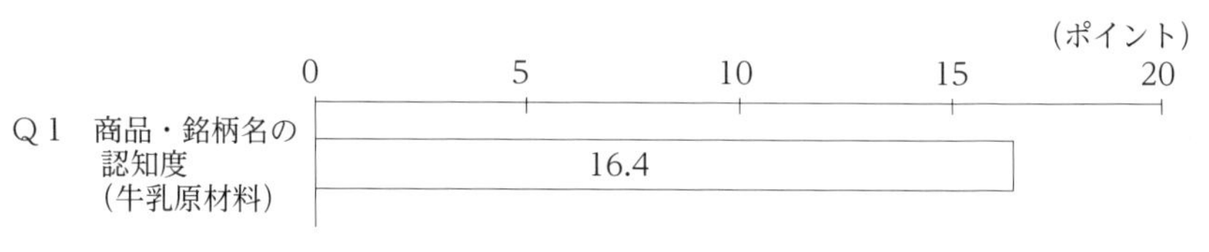

（朝日新聞社，1989より島崎作成）

図Ⅴ－５－４　新聞広告の効果

付　表

付表1 *F* 分布表

$F_{dfw, dfb(P)}$ p=0.05

df_w	df_b 1	2	3	4	5	6	7	8	9	10	11	12	13	14	15
1	161.448	199.500	215.707	224.583	230.162	233.986	236.768	238.883	240.543	241.882	242.984	243.906	244.690	245.364	245.950
2	18.513	19.000	19.164	19.247	19.296	19.330	19.353	19.371	19.385	19.396	19.405	19.413	19.419	19.424	19.429
3	10.128	9.552	9.277	9.117	9.013	8.941	8.887	8.845	8.812	8.786	8.763	8.745	8.729	8.715	8.703
4	7.709	6.944	6.591	6.388	6.256	6.163	6.094	6.041	5.999	5.964	5.936	5.912	5.891	5.873	5.858
5	6.608	5.786	5.409	5.192	5.050	4.950	4.876	4.818	4.772	4.735	4.704	4.678	4.655	4.636	4.619
6	5.987	5.143	4.757	4.534	4.387	4.284	4.207	4.147	4.099	4.060	4.027	4.000	3.976	3.956	3.938
7	5.591	4.737	4.347	4.120	3.972	3.866	3.787	3.726	3.677	3.637	3.603	3.575	3.550	3.529	3.511
8	5.318	4.459	4.066	3.838	3.687	3.581	3.500	3.438	3.388	3.347	3.313	3.284	3.259	3.237	3.218
9	5.117	4.256	3.863	3.633	3.482	3.374	3.293	3.230	3.179	3.137	3.102	3.073	3.048	3.025	3.006
10	4.965	4.103	3.708	3.478	3.326	3.217	3.135	3.072	3.020	2.978	2.943	2.913	2.887	2.865	2.845
11	4.844	3.982	3.587	3.357	3.204	3.095	3.012	2.948	2.896	2.854	2.818	2.788	2.761	2.739	2.719
12	4.747	3.885	3.490	3.259	3.106	2.996	2.913	2.849	2.796	2.753	2.717	2.687	2.660	2.637	2.617
13	4.667	3.806	3.411	3.179	3.025	2.915	2.832	2.767	2.714	2.671	2.635	2.604	2.577	2.554	2.533
14	4.600	3.739	3.344	3.112	2.958	2.848	2.764	2.699	2.646	2.602	2.565	2.534	2.507	2.484	2.463
15	4.543	3.682	3.287	3.056	2.901	2.790	2.707	2.641	2.588	2.544	2.507	2.475	2.448	2.424	2.403
16	4.494	3.634	3.239	3.007	2.852	2.741	2.657	2.591	2.538	2.494	2.456	2.425	2.397	2.373	2.352
17	4.451	3.592	3.197	2.965	2.810	2.699	2.614	2.548	2.494	2.450	2.413	2.381	2.353	2.329	2.308
18	4.414	3.555	3.160	2.928	2.773	2.661	2.577	2.510	2.456	2.412	2.374	2.342	2.314	2.290	2.269
19	4.381	3.522	3.127	2.895	2.740	2.628	2.544	2.477	2.423	2.378	2.340	2.308	2.280	2.256	2.234
20	4.351	3.493	3.098	2.866	2.711	2.599	2.514	2.447	2.393	2.348	2.310	2.278	2.250	2.225	2.203
25	4.242	3.385	2.991	2.759	2.603	2.490	2.405	2.337	2.282	2.236	2.198	2.165	2.136	2.111	2.089
30	4.171	3.316	2.922	2.690	2.534	2.421	2.334	2.266	2.211	2.165	2.126	2.092	2.063	2.037	2.015
35	4.121	3.267	2.874	2.641	2.485	2.372	2.285	2.217	2.161	2.114	2.075	2.041	2.012	1.986	1.963
40	4.085	3.232	2.839	2.606	2.449	2.336	2.249	2.180	2.124	2.077	2.038	2.003	1.974	1.948	1.924
50	4.034	3.183	2.790	2.557	2.400	2.286	2.199	2.130	2.073	2.026	1.986	1.952	1.921	1.895	1.871
60	4.001	3.150	2.758	2.525	2.368	2.254	2.167	2.097	2.040	1.993	1.952	1.917	1.887	1.860	1.836
80	3.960	3.111	2.719	2.486	2.329	2.214	2.126	2.056	1.999	1.951	1.910	1.875	1.845	1.817	1.793
100	3.936	3.087	2.696	2.463	2.305	2.191	2.103	2.032	1.975	1.927	1.886	1.850	1.819	1.792	1.768
120	3.920	3.072	2.680	2.447	2.290	2.175	2.087	2.016	1.959	1.910	1.869	1.834	1.803	1.775	1.750
∞	3.841	2.996	2.605	2.372	2.214	2.099	2.010	1.938	1.880	1.831	1.789	1.752	1.720	1.692	1.666

df_w	df_b 16	17	18	19	20	25	30	35	40	50	60	80	100	120	∞
1	246.464	246.918	247.323	247.686	248.013	249.260	250.095	250.693	251.143	251.774	252.196	252.724	253.041	253.253	254.314
2	19.433	19.437	19.440	19.443	19.446	19.456	19.462	19.467	19.471	19.476	19.479	19.483	19.486	19.487	19.496
3	8.692	8.683	8.675	8.667	8.660	8.634	8.617	8.604	8.594	8.581	8.572	8.561	8.554	8.549	8.526
4	5.844	5.832	5.821	5.811	5.803	5.769	5.746	5.729	5.717	5.699	5.688	5.673	5.664	5.658	5.628
5	4.604	4.590	4.579	4.568	4.558	4.521	4.496	4.478	4.464	4.444	4.431	4.415	4.405	4.398	4.365
6	3.922	3.908	3.896	3.884	3.874	3.835	3.808	3.789	3.774	3.754	3.740	3.722	3.712	3.705	3.669
7	3.494	3.480	3.467	3.455	3.445	3.404	3.376	3.356	3.340	3.319	3.304	3.286	3.275	3.267	3.230
8	3.202	3.187	3.173	3.161	3.150	3.108	3.079	3.059	3.043	3.020	3.005	2.986	2.975	2.967	2.928
9	2.989	2.974	2.960	2.948	2.936	2.893	2.864	2.842	2.826	2.803	2.787	2.768	2.756	2.748	2.707
10	2.828	2.812	2.798	2.785	2.774	2.730	2.700	2.678	2.661	2.637	2.621	2.601	2.588	2.580	2.538
11	2.701	2.685	2.671	2.658	2.646	2.601	2.570	2.548	2.531	2.507	2.490	2.469	2.457	2.448	2.404
12	2.599	2.583	2.568	2.555	2.544	2.498	2.466	2.443	2.426	2.401	2.384	2.363	2.350	2.341	2.296
13	2.515	2.499	2.484	2.471	2.459	2.412	2.380	2.357	2.339	2.314	2.297	2.275	2.261	2.252	2.206
14	2.445	2.428	2.413	2.400	2.388	2.341	2.308	2.284	2.266	2.241	2.223	2.201	2.187	2.178	2.131
15	2.385	2.368	2.353	2.340	2.328	2.280	2.247	2.223	2.204	2.178	2.160	2.137	2.123	2.114	2.066
16	2.333	2.317	2.302	2.288	2.276	2.227	2.194	2.169	2.151	2.124	2.106	2.083	2.068	2.059	2.010
17	2.289	2.272	2.257	2.243	2.230	2.181	2.148	2.123	2.104	2.077	2.058	2.035	2.020	2.011	1.960
18	2.250	2.233	2.217	2.203	2.191	2.141	2.107	2.082	2.063	2.035	2.017	1.993	1.978	1.968	1.917
19	2.215	2.198	2.182	2.168	2.155	2.106	2.071	2.046	2.026	1.999	1.980	1.955	1.940	1.930	1.878
20	2.184	2.167	2.151	2.137	2.124	2.074	2.039	2.013	1.994	1.966	1.946	1.922	1.907	1.896	1.843
25	2.069	2.051	2.035	2.021	2.007	1.955	1.919	1.892	1.872	1.842	1.822	1.796	1.779	1.768	1.711
30	1.995	1.976	1.960	1.945	1.932	1.878	1.841	1.813	1.792	1.761	1.740	1.712	1.695	1.683	1.622
35	1.942	1.924	1.907	1.892	1.878	1.824	1.786	1.757	1.735	1.703	1.681	1.652	1.635	1.623	1.558
40	1.904	1.885	1.868	1.853	1.839	1.783	1.744	1.715	1.693	1.660	1.637	1.608	1.589	1.577	1.509
50	1.850	1.831	1.814	1.798	1.784	1.727	1.687	1.657	1.634	1.599	1.576	1.544	1.525	1.511	1.438
60	1.815	1.796	1.778	1.763	1.748	1.690	1.649	1.618	1.594	1.559	1.534	1.502	1.481	1.467	1.389
80	1.772	1.752	1.734	1.718	1.703	1.644	1.602	1.570	1.545	1.508	1.482	1.448	1.426	1.411	1.325
100	1.746	1.726	1.708	1.691	1.676	1.616	1.573	1.541	1.515	1.477	1.450	1.415	1.392	1.376	1.283
120	1.728	1.709	1.690	1.674	1.659	1.598	1.554	1.521	1.495	1.457	1.429	1.392	1.369	1.352	1.254
∞	1.644	1.623	1.604	1.587	1.571	1.506	1.459	1.423	1.394	1.350	1.318	1.273	1.243	1.221	1.000

（島崎・大竹，2017より転載）

付表２　スチューデント化された範囲表

スチューデント化された範囲（0.05）（行：自由度（*df*），列：群数（*k*））

	2	3	4	5	6	7	8	9	10
2	6.080	8.331	9.799	10.881	11.734	12.435	13.028	13.542	13.994
3	4.501	5.910	6.825	7.502	8.037	8.478	8.852	9.177	9.462
4	3.927	5.040	5.757	6.287	6.706	7.053	7.347	7.602	7.826
5	3.635	4.602	5.218	5.673	6.033	6.330	6.582	6.801	6.995
6	3.460	4.339	4.896	5.305	5.628	5.895	6.122	6.319	6.493
7	3.344	4.165	4.681	5.060	5.359	5.606	5.815	5.997	6.158
8	3.261	4.041	4.529	4.886	5.167	5.399	5.596	5.767	5.918
9	3.199	3.948	4.415	4.755	5.024	5.244	5.432	5.595	5.738
10	3.151	3.877	4.327	4.654	4.912	5.124	5.304	5.460	5.598
11	3.113	3.820	4.256	4.574	4.823	5.028	5.202	5.353	5.486
12	3.081	3.773	4.199	4.508	4.750	4.950	5.119	5.265	5.395
13	3.055	3.734	4.151	4.453	4.690	4.884	5.049	5.192	5.318
14	3.033	3.701	4.111	4.407	4.639	4.829	4.990	5.130	5.253
15	3.014	3.673	4.076	4.367	4.595	4.782	4.940	5.077	5.198
16	2.998	3.649	4.046	4.333	4.557	4.741	4.896	5.031	5.150
17	2.984	3.628	4.020	4.303	4.524	4.705	4.858	4.991	5.108
18	2.971	3.609	3.997	4.276	4.494	4.673	4.824	4.955	5.071
19	2.960	3.593	3.977	4.253	4.468	4.645	4.794	4.924	5.037
20	2.950	3.578	3.958	4.232	4.445	4.620	4.768	4.895	5.008
25	2.913	3.523	3.890	4.153	4.358	4.526	4.667	4.789	4.897
30	2.888	3.486	3.845	4.102	4.301	4.464	4.601	4.720	4.824
40	2.858	3.442	3.791	4.039	4.232	4.388	4.521	4.634	4.735
50	2.841	3.416	3.758	4.002	4.190	4.344	4.473	4.584	4.681
60	2.829	3.399	3.737	3.977	4.163	4.314	4.441	4.550	4.646
80	2.814	3.377	3.711	3.947	4.129	4.277	4.402	4.509	4.603
100	2.806	3.365	3.695	3.929	4.109	4.256	4.379	4.484	4.577
120	2.800	3.356	3.685	3.917	4.096	4.241	4.363	4.468	4.560
∞	2.772	3.314	3.633	3.858	4.030	4.170	4.286	4.387	4.474

11	12	13	14	15	16	17	18	19	20
14.396	14.759	15.088	15.389	15.665	15.921	16.159	16.381	16.588	16.783
9.717	9.946	10.155	10.346	10.522	10.686	10.838	10.981	11.114	11.240
8.027	8.208	8.373	8.524	8.664	8.793	8.914	9.027	9.133	9.233
7.167	7.323	7.466	7.596	7.716	7.828	7.932	8.030	8.122	8.208
6.649	6.789	6.917	7.034	7.143	7.244	7.338	7.426	7.508	7.586
6.302	6.431	6.550	6.658	6.759	6.852	6.939	7.020	7.097	7.169
6.053	6.175	6.287	6.389	6.483	6.571	6.653	6.729	6.801	6.869
5.867	5.983	6.089	6.186	6.276	6.359	6.437	6.510	6.579	6.643
5.722	5.833	5.935	6.028	6.114	6.194	6.269	6.339	6.405	6.467
5.605	5.713	5.811	5.901	5.984	6.062	6.134	6.202	6.265	6.325
5.510	5.615	5.710	5.797	5.878	5.953	6.023	6.089	6.151	6.209
5.431	5.533	5.625	5.711	5.789	5.862	5.931	5.995	6.055	6.112
5.364	5.463	5.554	5.637	5.714	5.785	5.852	5.915	5.973	6.029
5.306	5.403	5.492	5.574	5.649	5.719	5.785	5.846	5.904	5.958
5.256	5.352	5.439	5.519	5.593	5.662	5.726	5.786	5.843	5.896
5.212	5.306	5.392	5.471	5.544	5.612	5.675	5.734	5.790	5.842
5.173	5.266	5.351	5.429	5.501	5.567	5.629	5.688	5.743	5.794
5.139	5.231	5.314	5.391	5.462	5.528	5.589	5.647	5.701	5.752
5.108	5.199	5.282	5.357	5.427	5.492	5.553	5.610	5.663	5.714
4.993	5.079	5.158	5.230	5.297	5.359	5.417	5.471	5.522	5.570
4.917	5.001	5.077	5.147	5.211	5.271	5.327	5.379	5.429	5.475
4.824	4.904	4.977	5.044	5.106	5.163	5.216	5.266	5.313	5.358
4.768	4.846	4.918	4.983	5.043	5.098	5.150	5.199	5.245	5.288
4.732	4.808	4.878	4.942	5.001	5.056	5.107	5.154	5.199	5.241
4.686	4.761	4.829	4.892	4.949	5.003	5.052	5.099	5.142	5.183
4.659	4.733	4.800	4.862	4.918	4.971	5.020	5.066	5.108	5.149
4.641	4.714	4.781	4.842	4.898	4.950	4.998	5.043	5.086	5.126
4.552	4.622	4.685	4.743	4.796	4.845	4.891	4.934	4.974	5.012

（島崎・大竹，2017より転載）

スチューデント化された範囲（0.01）（行：自由度（*df*），列：群数（*k*））

	2	3	4	5	6	7	8	9	10
2	13.902	19.015	22.564	25.372	27.757	29.856	31.730	33.412	34.926
3	8.260	10.620	12.170	13.322	14.239	14.998	15.646	16.212	16.713
4	6.511	8.120	9.173	9.958	10.583	11.101	11.542	11.925	12.263
5	5.702	6.976	7.804	8.421	8.913	9.321	9.669	9.971	10.239
6	5.243	6.331	7.033	7.556	7.972	8.318	8.612	8.869	9.097
7	4.949	5.919	6.542	7.005	7.373	7.678	7.939	8.166	8.367
8	4.745	5.635	6.204	6.625	6.959	7.237	7.474	7.680	7.863
9	4.596	5.428	5.957	6.347	6.657	6.915	7.134	7.325	7.494
10	4.482	5.270	5.769	6.136	6.428	6.669	6.875	7.054	7.213
11	4.392	5.146	5.621	5.970	6.247	6.476	6.671	6.841	6.992
12	4.320	5.046	5.502	5.836	6.101	6.320	6.507	6.670	6.814
13	4.260	4.964	5.404	5.726	5.981	6.192	6.372	6.528	6.666
14	4.210	4.895	5.322	5.634	5.881	6.085	6.258	6.409	6.543
15	4.167	4.836	5.252	5.556	5.796	5.994	6.162	6.309	6.438
16	4.131	4.786	5.192	5.489	5.722	5.915	6.079	6.222	6.348
17	4.099	4.742	5.140	5.430	5.659	5.847	6.007	6.147	6.270
18	4.071	4.703	5.094	5.379	5.603	5.787	5.944	6.081	6.201
19	4.046	4.669	5.054	5.334	5.553	5.735	5.889	6.022	6.141
20	4.024	4.639	5.018	5.293	5.510	5.688	5.839	5.970	6.086
25	3.942	4.527	4.885	5.144	5.347	5.513	5.655	5.778	5.886
30	3.889	4.455	4.799	5.048	5.242	5.401	5.536	5.653	5.756
40	3.825	4.367	4.695	4.931	5.114	5.265	5.392	5.502	5.599
50	3.787	4.316	4.634	4.863	5.040	5.185	5.308	5.414	5.507
60	3.762	4.282	4.594	4.818	4.991	5.133	5.253	5.356	5.447
80	3.732	4.241	4.545	4.763	4.931	5.069	5.185	5.284	5.372
100	3.714	4.216	4.516	4.730	4.896	5.031	5.144	5.242	5.328
120	3.702	4.200	4.497	4.709	4.872	5.005	5.118	5.214	5.299
∞	3.643	4.120	4.403	4.603	4.757	4.882	4.987	5.078	5.157

11	12	13	14	15	16	17	18	19	20
36.293	37.533	38.664	39.701	40.656	41.540	42.362	43.130	43.850	44.526
17.164	17.573	17.948	18.294	18.615	18.915	19.196	19.461	19.711	19.948
12.565	12.839	13.087	13.316	13.527	13.723	13.905	14.077	14.238	14.390
10.479	10.696	10.894	11.076	11.244	11.400	11.546	11.682	11.811	11.932
9.300	9.485	9.653	9.808	9.951	10.084	10.208	10.325	10.434	10.538
8.548	8.711	8.860	8.997	9.124	9.242	9.353	9.456	9.553	9.645
8.027	8.176	8.311	8.436	8.552	8.659	8.760	8.854	8.943	9.027
7.646	7.784	7.910	8.025	8.132	8.232	8.325	8.412	8.495	8.573
7.356	7.485	7.603	7.712	7.812	7.906	7.993	8.075	8.153	8.226
7.127	7.250	7.362	7.464	7.560	7.648	7.731	7.809	7.883	7.952
6.943	7.060	7.166	7.265	7.356	7.441	7.520	7.594	7.664	7.730
6.791	6.903	7.006	7.100	7.188	7.269	7.345	7.417	7.484	7.548
6.663	6.772	6.871	6.962	7.047	7.125	7.199	7.268	7.333	7.394
6.555	6.660	6.756	6.845	6.927	7.003	7.074	7.141	7.204	7.264
6.461	6.564	6.658	6.744	6.823	6.897	6.967	7.032	7.093	7.151
6.380	6.480	6.572	6.656	6.733	6.806	6.873	6.937	6.997	7.053
6.309	6.407	6.496	6.579	6.655	6.725	6.791	6.854	6.912	6.967
6.246	6.342	6.430	6.510	6.585	6.654	6.719	6.780	6.837	6.891
6.190	6.285	6.370	6.449	6.523	6.591	6.654	6.714	6.770	6.823
5.983	6.070	6.150	6.224	6.292	6.355	6.414	6.469	6.522	6.571
5.848	5.932	6.008	6.078	6.142	6.202	6.258	6.311	6.361	6.407
5.685	5.764	5.835	5.900	5.961	6.017	6.069	6.118	6.165	6.208
5.590	5.665	5.734	5.796	5.854	5.908	5.958	6.005	6.050	6.092
5.528	5.601	5.667	5.728	5.784	5.837	5.886	5.931	5.974	6.015
5.451	5.521	5.585	5.644	5.698	5.749	5.796	5.840	5.881	5.920
5.405	5.474	5.537	5.594	5.647	5.697	5.743	5.786	5.826	5.864
5.375	5.443	5.505	5.561	5.614	5.662	5.708	5.750	5.790	5.827
5.227	5.290	5.348	5.400	5.448	5.493	5.535	5.574	5.611	5.645

（島崎・大竹，2017より転載）

□引用文献・引用サイト

足立浩平（2006）『多変量データ解析法－心理・教育・社会系のための入門－』ナカニシヤ出版。

青井和夫監修，直井優編集（1983）『社会調査の基礎』サイエンス社。

青木繁久（2005）「数量化Ⅰ類はダミー変数による重回帰分析である」http://aoki2.si.gunma-u.ac.jp/LateX/sreg-gt1.pdf，2020年１月閲覧。

アラビ , P.，キャロル , J.D.，デサルボ , W.S.（1990）岡太彬訓・今泉忠訳『３元データの分析』共立出版＝ Arabie, P., Carroll, J. D., DeSarbo, W.S.（1987）*THREE-WAY SCALING AND CLUSTERING*, SAGE Publications, Inc.

朝日新聞社（1989）『メディアミックスキャンペーンの効果』。

朝日新聞社メディアビジネス局（2014）『広告朝日』。

Blackburn, J.D. and Clancy, K.J.（1982）“LITMUS: A New Product Planning Model, Marketing Planning Models（Studies in the Manegement Sciences）”, Zoltners, A. (ed.), North - Holland, pp43-62.

Blattberg, R. and Golanty, J.（1978）“Tracker: An Early Test Market Forecasting and Diagnostic Model for New Product Planning”, *Journal of Marketing Research*, 15 (May). pp.192-202.

Borg, I. and Groenen, P. J. F.（2005）*Modern multidimensional scaling Theory and applications* (2nd. ed). New York: Springer.

（株）ブランド総合研究所「地域ブランド調査2008調査指標の見方」http://www.tiiki.jp/survey2008/about_survey4.html，2018年８月閲覧。

（株）ブランド総合研究所「地域ブランド調査2011」http://tiiki.jp/news/05_ research/tbs2011，2018年８月閲覧。

（株）ブランド総合研究所（2015）『地域ブランド NEWS　47都道府県の調査結果を無償公開（地域ブランド調査2011より）』http://tiiki.jp/news/05_research/survey2015/2815.htm，2018年８月閲覧。

クラウセン，S-E.，藤本一男訳・解説（2015）『対応分析入門－原理から応用まで－』オーム社 ＝ Clausen, S-E.（1998）*Applied Correspondence Analysis An Introduction*, Sage Publications, Inc.

Harshman, R. A., Green, P. E., Wind, Y.& Lundy, M. E.（1982）“A model for the analysis of asymmetric data in marketing research,” *Marketing Science*, 1, 205-242.

林知己夫監修，駒澤勉著（1982）『数量化理論とデータ処理』朝倉書店。

林英夫・上笹恒・種子田實・加藤五郎（1993）『体系マーケティングリサーチ事典』同友館。

本多正久・島田一明（1980）『経営のための多変量解析法』第４版，産業能率大学出版部。

堀啓造（2005）「因子分析における因子数決定法－平行分析を中心にして－」『香川大学経済論叢』No.77，65-77。
池田央（1980）『調査と測定』新曜社。
池本浩幸・山岡俊樹（2010）「完全プロファイル型コンジョイント分析の効果的活用」『日本感性工学会論文誌』Vol.9 No.2。
（株）インテージ，ホームページ
http://www.intage.co.jp/service/platform/sci/，2018年７月閲覧。
石岡恒憲（2006）「*x*-means 法改良の一提案－ *k*-means 法の逐次繰り返しとクラスターの再併合－」『計算機統計学』No.18 (1)，3-13。
J-MONITOR 連絡協議会ホームページ
http://www.j-monitor.net/，2018年８月閲覧。
狩野裕・三浦麻子（2002）『グラフィカル多変量解析』現代数学社。
粕谷英一（2012）『Ｒで学ぶデータサイエンス10一般化線形モデル』共立出版。
経済産業省（2017）「経済産業省企業活動基本調査における民間競争入札実施要領」。
気象庁「過去の気象データ検索『観測開始からの毎月の値』」http://www.data.jma.go.jp/obd/stats/etrn/view/monthly_s3.php?prec_no=44&block_no=47662&year=&month=&day=&view=p1，2017年８月閲覧。
気象庁「過去の気象データ検索『年ごとの値』」
http://www.data.jma.go.jp/obd/stats/etrn/view/annually_s.php?prec_no=44&block_no=47662&year=&month=&day=&view=a2，2017年８月閲覧。
国税庁「平成26年酒のしおり」
http://www.nta.go.jp/shiraberu/senmonjoho/sake/shiori-gaikyo/shiori/2014/，2017年８月閲覧。
小杉考司（2013）「ポリコリック相関係数（順序尺度水準の相関係数）についてのノート」http://kosugitti.sakura.ne.jp/wp/wp-content/uploads/2013/08/polynote.pdf.，2017年８月閲覧。
Koyck, L.M.（1954）*Distributed Lags and Investment Analysis*, North - Holland, Amsterdam, P.111.
Kruskal, J. B.（1964a）"Multidimensional scaling by optimizing goodness of fit to a nonmetric hypothesis", *Psychometrika*, 29, 1-27.
Kruskal, J. B.（1964b）"Nonmetric multidimensional scaling: A numerical method", *Psychometrika*, 29, 115-129.
Kruskal, J. B.& Carroll, J. D.（1969）"Geometrical models and badness-of -fit functions, In Krishnaih", P. R. (Ed.), *Multivariate analysis*, Vol. 2, pp. 639-671, New York: Academic Press.
Lance, G. N. & Williams, W. T.（1967）"A general theory of classificatory

sorting strategies I.", *Computer Journal*, 9, 373-380.
(株) マーケッティング・サービス（MS）（2013）自主調査『車に関する意識調査』（2013年４月実施）。
マルホトラ，N.K.，小林和夫監訳（2006）『マーケティング・リサーチの理論と実践－理論編』同友館 = Malhotra, N.K. (2004) *Marketing Research, An Applied Orientation*, 4th edition, Prentice Hall, Upper Saddle River, New Jersey, USA.
宮本定明（1999）『クラスター分析入門－ファジィクラスタリングの理論と応用－』森北出版。
森敏昭・吉田寿夫（1990）『心理学のためのデータ解析テクニカルブック』北大路書房。
守口剛（2002）『プロモーション効果分析』朝倉書店。
内閣府「景気動向指数平成28年６月分（速報）」
http://www.esri.cao.go.jp/jp/stat/di/preliminary1.pdf，2017年８月閲覧。
内閣府「景気動向指数の利用の手引」
http://www.esri.cao.go.jp/jp/stat/di/di3.html，2017年８月閲覧。
内閣府「国民経済計算とは」
http://www.esri.cao.go.jp/jp/sna/contents/sna.html，2017年８月閲覧。
内閣府「用語解説『インプリシット・デフレーター（Implicit Deflator)』」
http://www.esri.cao.go.jp/jp/sna/data/reference4/contents/kaisetsu.html，2017年８月閲覧。
長沢伸也監修，中山厚穂著（2009）『Excel ソルバー多変量解析－因果関係分析・予測手法編』日科技連。
長沢伸也監修，中山厚穂著（2010）『Excel ソルバー多変量解析－ポジショニング編』日科技連。
(社) 日本マーケティング・リサーチ協会編，朝野熙彦・後藤秀夫・小林和夫著（1995）『マーケティング・リサーチ用語辞典』同友館。
日本産業標準調査会「ＪＩＳ　X0001情報処理用語（基本用語)」1994改正，01.01.02データ」
http://www.jisc.go.jp，2019年11月26日閲覧。
日本野球機構「シーズン成績（2015）『2015年度パシフィック・リーグ パシフィック・リーグ個人打撃成績（規定打席以上)』」
http://npb.jp/bis/2015/stats/bat_p.html，2017年８月閲覧。
岡太彬訓（2002）「社会学におけるクラスター分析と MDS の応用」『理論と方法』17，167-181。
岡太彬訓・今泉忠（1994）『パソコン多次元尺度構成法』共立出版。
岡太彬訓・都築誉史・山口和範（1995）『データ分析のための統計入門』共立出版。

岡太彬訓・守口剛（2010）『マーケティングのデータ分析－分析手法と適用事例－』朝倉書店。
岡太彬訓・中井美樹・元治恵子（2012）『データ分析入門－基礎統計－』共立出版。
岡本眞一（1999）『コンジョイント分析』ナカニシヤ出版。
Pringle, L.G., Wilson, R.D. and Brondy, E.I.（1982）“NEWS: A Decision Oriented Model for New Product Analysis and Forcasting”, *Marketing Science*, 1（Winter）, pp.1-30.
（株）サーベイリサーチセンター（SRC）（2007）自主調査「三宅島帰島住民アンケート調査」。
（株）サーベイリサーチセンター（SRC）（2014）自主調査「職場における『ほめる効果』に関するアンケート」。
齋藤堯幸・宿久洋（2006）『関連性データの解析法－多次元尺度構成法とクラスター分析法－』共立出版。
政府オンライン調査窓口
http://www.e-survey.go.jp/，2019年８月閲覧。
政府統計の総合窓口（e-Stat）
http://www.e-stat.go.jp/，2017年８月閲覧。
芝祐順（1979）『因子分析法』第２版，東京大学出版会。
島崎哲彦（1987）「海外旅行市場の今後を予測する」『マーケティング・リサーチャー』No.44，（社）日本マーケティング・リサーチ協会，pp. 17-29。
島崎哲彦・大竹延幸（2017）『社会調査の実際－統計調査の方法とデータの分析－』第12版，学文社。
国立社会保障・人口問題研究所「『人口推計』における人口の算出方法」
http://www.ipss.go.jp/syoushika/tohkei/Mainmenu.asp，2018年７月閲覧。
首都大学東京経営学系（2012）「『マーケティッング・サイエンス』の受講生に対しての意識調査」。
証券投資用語辞典「ホームメイドインフレーション」
http://secwords.com/search/word:%E3%83%9B%E3%83%BC%E3%83%A0%E3%83%A1%E3%82%A4%E3%83%89%E3%82%A4%E3%83%B3%E3%83%95%E3%83%AC%E3%83%BC%E3%82%B7%E3%83%A7%E3%83%B3,
2017年８月閲覧。
総務省「家計調査長期時系列データ（年）」
http://www.stat.go.jp/data/kakei/longtime/index.htm#longtime，2017年８月閲覧。
総務省「経済指標に関する統計基準『季節調整法の適用に当たっての統計基準（平成23年３月統計基準設定）』」
http://www.soumu.go.jp/toukei_toukatsu/index/seido/kijun3.htm，2017年

８月閲覧。
総務省「経済指標に関する統計基準『指数の基準時に関する統計基準（平成22年３月統計基準設定)』」
http://www.soumu.go.jp/toukei_toukatsu/index/seido/kijun3.htm, 2017年８月閲覧。
総務省「統計制度｜統計調査員って何？」
http://www.soumu.go.jp/toukei_toukatsu/index/seido/2-7.html, 2018年７月閲覧。
総務省「日本標準産業分類」2013年10月改訂
http://www.soumu.go.jp/toukei_toukatsu/index/seido/sangyo/index.htm, 2018年７月閲覧。
総務省統計局「家計調査『よくある探し方 収入階級別の統計表』
http://www.stat.go.jp/data/kakei/search/, 2017年８月閲覧。
総務省統計局「経済センサスの目的・法的根拠」
http://www.stat.go.jp/data/e-census/guide/about/purpose.html, 2018年７月閲覧。
総務省統計局「消費者物価指数（ＣＰＩ)」
http://www.stat.go.jp/data/cpi/index.htm, 2017年８月閲覧。
総務省統計局「統計に関するＱ＆Ａ」
http://www.stat.go.jp/data/cpi/4-1s.html, 2017年８月閲覧。
総務省統計局「2015年基準消費者物価指数の解説『付４ラスパイレス連鎖基準方式による指数の作成』」
http://www.stat.go.jp/data/cpi/2015/kaisetsu/pdf/fu4.pdf, 2017年８月閲覧。
総務省統計局「平成27年度国勢調査」
http://www.stat.go.jp/data/kokusei/2015/index.html, 2018年７月閲覧。
総務省統計局「労働力調査　長期時系列データ『月別結果－全国：月別結果の季節調整値及び原数値 a-1主要項目』」
http://www.stat.go.jp/data/roudou/longtime/03roudou.html, 2017年７月閲覧。
Stevens, S.S. (1946) "On the Theory of Scales of Measurement", *SCIENCE*, Vol.103, No.268.
竹内啓・柳井晴夫（1972）『多変量解析の基礎』東洋経済新報社。
寺林暁良（2009）「経済統計の基礎知識第５回 指数について②～『フィッシャー式』,『連鎖方式』,『無加重幾何平均』～」，金融市場2009年９月号，農林中金総合研究所
http://www.nochuri.co.jp/report/pdf/f0909sta.pdf, 2017年８月閲覧。
Torgerson, W. (1952) "Multidimensional scaling: I. Theory and method",

Psychometrika, 17, 401-419.
（株）ビデオリサーチ，ホームページ
http://www.videor.co.jp，2018年11月閲覧。
（株）ビデオリサーチ，ホームページ「視聴率ハンドブック」
http://www.videor.co.jp/TVrating/pdf/handbook.pdf, 2018年11月閲覧。
脇本和昌（1973）『身近なデータによる統計解析入門』森北出版株式会社。
鷲尾泰俊（1974）『実験計画法入門』日本規格協会。
山口慎太郎（2016）「差の差法で検証する『保育所整備』の効果」『岩波データサイエンス』Vol.3。
横山暁・岡太彬訓（2006）「銘柄変更データにおけるエントロピーを用いた親近度行列の再編法」『行動計量学』33，159-166。
（公財）吉田秀雄記念事業財団「2015年度のオムニバス調査結果『社会における広告の役割・機能に関する認識』」http://www.yhmf.jp/data/omnibus_27.html, 2017年８月閲覧。
（公財）吉田秀雄記念事業財団「2015年度のオムニバス調査結果『媒体広告接触状況』」
http://www.yhmf.jp/data/omnibus_27.html，2017年８月閲覧。

索　引

【き】

【く】

【け】

【こ】

【さ】

【し】

【す】

【せ】

【そ】

【た】

【ち】

【て】

【と】

【な】

【に】

【の】

【は】

【ひ】

【ふ】

【へ】

【J】

【K】

【L】

【M】

【N】

【P】

【R】

【S】

【T】

【V】

【W】

【κ】

【χ】

編著者・執筆者紹介

〈編・著者〉

島崎　哲彦（しまざき　あきひこ）＜第Ⅴ部担当＞

1946年　神奈川県生まれ
1989年　立教大学大学院社会学研究科博士課程前期課程修了
1997年　博士（社会学）（立教大学）
1971年～1996年　旅行会社・調査会社勤務，調査会社代表取締役社長
1996年～2016年　東洋大学社会学部助教授・教授，東洋大学大学院社会学研究科客員教授
現在　日本大学大学院新聞学研究科非常勤講師
専門社会調査士
（一社）日本マーケティング・リサーチ協会元理事，公的統計基盤整備委員会元委員長・現顧問，ＨＲマネジメント委員会教育分科会顧問，ISO/TC225 国内委員会座長

〈共著著〉

中山　厚穂（なかやま　あつほ）＜第Ⅱ部，第Ⅲ部，第Ⅳ部，第Ⅴ部担当＞

1978年　埼玉県生まれ
2006年　立教大学大学院社会学研究科応用社会学専攻博士課程後期課程単位取得退学，博士（社会学）（立教大学）
2006年～2009年　立教大学経営学部助手，助教
2009年～2010年　長崎大学経済学部准教授（～2010年９月まで）
現在　首都大学東京大学院経営学研究科准教授
専門社会調査士
（一社）日本マーケティング・リサーチ協会公的統計基盤整備委員会委員長，ＨＲマネジメント委員会教育分科会委員

大竹　延幸（おおたけ　のぶゆき）＜第Ⅰ部，第Ⅲ部，第Ⅳ部担当＞

1955年　神奈川県生まれ
1999年　立教大学大学院社会学研究科博士課程前期課程修了，社会学修士
1978年～1988年　繊維会社勤務
1988年～　(株)マーケッティング・サービス入社
現在　(株)マーケッティング・サービス代表取締役社長
東洋大学社会学部非常勤講師
明星大学人文学部非常勤講師
専門社会調査士，専門統計調査士
(一社)日本マーケティング・リサーチ協会元理事，ＨＲマネジメント委員会教育分科会顧問

鈴木　芳雄（すずき　よしお）<第Ｖ部担当>

1955年	東京都生まれ
1979年	早稲田大学文学部卒業
1979年～2018年	（株）ビデオリサーチ勤務，取締役，顧問
現在	（一社）日本マーケティング・リサーチ協会元専務理事，ＨＲマネジメント委員会教育分科会委員

マーケティング・リサーチに従事する人のためのデータ分析・解析法
－多変量解析法と継時調査・時系列データの分析－

検印省略

2020年4月30日　第1版第1刷発行
監修者　(一社) 日本マーケティング・リサーチ協会
編著者　島崎　哲彦
共著者　中山　厚穂・大竹　延幸・鈴木　芳雄
発行所　株式会社 学文社
発行者　田中千津子
〒153-0064　東京都目黒区下目黒3-6-1
電話　03 (3715) 1501 (代) fax 03 (3715) 2012
口座振替　00130-9-98842

印刷／東光整版印刷㈱

ISBN 978-4-7620-2986-8